rowohlt

Verena Mayer / Roland Koberg

elfriede jelinek Ein Porträt • **rowohlt**

1. Auflage Januar 2006
Copyright © 2006 by Rowohlt Verlag GmbH,
Reinbek bei Hamburg
Alle Rechte vorbehalten
Lektorat Frank Wegner
Buchgestaltung Joachim Düster
Satz aus der Apollo PostScript
von hanseatenSatz-bremen, Bremen
Druck und Bindung Clausen & Bosse, Leck
Printed in Germany
ISBN 13: 978 3 498 03529 7
ISBN 10: 3 498 03529 0

inhalt

● vorwort

Elfriede Jelinek trifft man in ihrem Haus in Wien. Man wird ins Empfangszimmer geleitet, einen hellen Raum mit Parkettboden, in dem ein Flügel steht. Es ist ein Ambiente, in dem man beim Sitzen unwillkürlich an die Stuhlkante rückt und den Rücken durchbiegt, um der Eleganz der Hausherrin etwas entgegenzuhalten. Sie widmet sich Besuchern mit jener Zugewandtheit, wie sie typisch für eine Wiener Dame ist: Selbst nach Stunden würde Elfriede Jelinek nicht auf die Idee kommen, auf die Uhr zu schauen oder mit irgendeiner anderen Geste anzudeuten, dass sie noch etwas anderes vorhat. Sie erwartet, dass das Gegenüber dies von selbst bemerkt.

In einer Ecke steht eine moderne Skulptur, im Regal liegen, zwischen Nippes und Stofftierpärchen, ausgesuchte Bücher, darunter Werke Sigmund Freuds und die Autobiografie von Oliver Kahn. Von ähnlicher Bandbreite sind die Gesprächsthemen. Mit Elfriede Jelinek unterhält man sich nicht, man macht Konversation. In ihrem weichen, singenden Wienerisch streift sie das, was sie gelesen oder gehört hat, was sie aufregt und was sie interessiert. Das kann die jüngste Schlingensief-Inszenierung genauso sein wie das Sachbuch des Monats, der Kannibale von Rotenburg oder das Modelabel Comme des Garçons.

Aus diesem Material gilt es einen Gesprächsfaden zu spinnen, und zwar so, dass er weder reißt noch allzu dick wird. Konversation, ob sie nun mündlich oder schriftlich geführt wird, bedeutet für Elfriede Jelinek, Ansichten auf die Probe zu stellen und mit Meinungen zu spielen, die sie von anderen und von sich selbst hat. Zum Schmäh ist es da nicht weit. Das gemischte Doppel musternd, das sie im Sommer 2004 darum gebeten hatte, persönlich vorbeikommen zu dürfen, weil man das Anliegen nicht per E-Mail vortragen wolle, meinte Elfriede Jelinek: «Gründe, die nicht per E-Mail verraten werden, sind immer Schwangerschaft.»

Es ist ein Porträt geworden. In Buchform gab es bisher keines, trotz einer enormen Menge an Sekundärliteratur über Elfriede Jelinek. Sie ist keine Autorin, die das eigene Erleben empfindsam literarisiert oder autobiografisch gefärbte Figuren auftreten lässt – mit der berühmten Ausnahme ihres Romans *Die Klavierspielerin*. Obwohl sie selbst gerne Biografien liest und in ihre Texte einfließen lässt, hat sie an der Möglichkeit gezweifelt, ein Leben biografisch zusammenfassen zu können. Dies hat offenbar eine gewisse Scheu erzeugt, mit einem solchen Vorhaben an sie heranzutreten.

Zum Porträt gehören die Subjektivität und die Zeitbezogenheit der Darstellung. Zu beidem fühlten wir uns nach mehreren ausführlichen Gesprächen mit Elfriede Jelinek ermutigt. Was zu fragen übrig blieb, haben wir mit Freunden und Weggefährten besprochen, mit Theaterleuten und Lehrern, Lektoren und Schriftsteller-Kollegen. Mithilfe von unerforschtem Archivmaterial haben wir die Geschichte ihrer Familie rekonstruiert, die Elfriede Jelinek selbst vor allem aus Erzählungen kennt. In dieser Familiengeschichte, insbesondere der ihres Vaters, der als «Halbjude» den Nationalsozialisten zuarbeiten musste, bildet sich Österreichs wechselvolle Zeitgeschichte ab. Die Geschichte ihrer Familie war es auch, die Elfriede Jelinek immer wieder angetrieben hat, sich mit der Vergangenheit ihrer Heimat zu beschäftigen.

Die Familie und die Stadt Wien, die ihrerseits wie eine «liebe Familie» funktioniert, sind konstante Kraftfelder im Leben der Schriftstellerin. Jahrzehntelang hat sie allein mit ihrer Mutter gelebt. Wien, die Stadt der Musik und der Psychoanalyse, des Schmähs und der Abgründe, ist bei Elfriede Jelinek allgegenwärtig, genauso die Wiener Lust an der Inszenierung, ob sie in ihrer überbordenden Sprache zum Ausdruck kommt oder in der Art, sich zu stilisieren, zur Zigarillo rauchenden Frau in Leder, zum Girlie mit Zöpfen oder zur Trainingsjacken-Trägerin. Isabelle Huppert, die Elfriede Jelineks berühmteste Frauenfigur verkörpert hat, Erika Kohut in *Die Klavierspielerin*, sagt über sie: «Sie hat die Fähigkeit, in die tiefsten, schrecklichsten Dinge zu dringen. Aber dazu kommt eine gewisse Leichtigkeit. Sie interessiert sich auch für die Oberflächlichkeiten des Lebens und kann sie genießen.»

In diesem Porträt erschließen wir Elfriede Jelineks umfangreiches Werk in seinen Grundzügen. Es umfasst nicht nur Romane und Dramen, sondern auch Gedichte, Kompositionen, Drehbücher, Hörspiele, Libretti, Übersetzungen, journalistische Texte und Hunderte Essays. Sie ist eine Schriftstellerin, die sich immer wieder neu erfunden hat. Ihre Werke sind Auseinandersetzungen mit Genres, die sie sich zugleich aneignete und parodierte, den realistischen Roman genauso wie die Posse mit Gesang. Elfriede Jelinek hatte immer ein großes Gespür für die Themen einer Zeit. Sie schrieb über Fabrikarbeiterinnen, den Anarchismus der siebziger Jahre und am Vorabend des Mauerfalls über deutschen Nationalismus. Ob es um historische Schuld ging, um Pornografie oder den Irakkrieg – mit ihren Büchern setzte sie Themen. Unser Buch geht den thematischen Zusammenhängen nach und bringt sie in eine lose Chronologie.

In ihrem Heimatland Österreich wurde Elfriede Jelinek häufig auf ihre Rolle der «Nestbeschmutzerin» reduziert, von ihren Feinden genauso wie von ihren Fans. Aber gerade dass sie eine politisch engagierte Frau ist, hat sie davor bewahrt, eine politische Schriftstellerin sein zu müssen. Als Schriftstellerin nimmt sie sich das Recht auf Kunst, als öffentliche Person das Recht auf entschiedene Auffassungen. Diese Mischung hat vor allem Männer zu oft sehr unvorteilhaft wirkenden Reaktionen provoziert, wodurch manch einer selbst eine gewisse Berühmtheit erlangte. So zum Beispiel der 82 Jahre alte Knut Ahnlund, Mitglied des Nobelpreiskomitees, der polternd sein Amt niederlegte, nachdem er ihr Werk gelesen hatte. Er tat es allerdings erst im Herbst 2005, ein Jahr nachdem Elfriede Jelinek vom Komitee, dem er angehörte, ausgezeichnet worden war.

Die Nobelpreis-Urkunde liegt auf dem Flügel, dem Relikt ihrer Musikerinnenkarriere. Elfriede Jelinek spielt äußerst selten, hin und wieder Schubert- und Brahms-Lieder, wenn sie eine befreundete Sängerin begleitet. Nur die Gitarren-, Geigen- und Bratschenkoffer, die unter dem Flügel stehen, fasst sie noch seltener an. Nach dem Nobelpreis hat sie weiter geschrieben, so wie sie immer geschrieben hat. Essays und Zeitungsartikel, ein Theaterstück ist 2005 uraufgeführt worden, ein weiteres hat sie fertig gestellt.

Elfriede Jelineks Werk ist äußerst heterogen, nicht zuletzt deshalb, weil es sich unterschiedlicher Medien bedient, das Internet ist inzwischen ihr liebstes Instrument. Was ihr Werk allerdings zusammenhält, ist die Auseinandersetzung mit der Sprache, die mit jeder Arbeit stärker zu werden scheint. «Jede Ablehnung der Sprache bedeutet den Tod», hat Roland Barthes einmal geschrieben. Bei Elfriede Jelinek ist es die Sprache, die überlebt.

● einstimmen – die instrumente *klage 1964*

Wenn die Klavierschülerin Elfriede Jelinek übte, standen die Fenster der Wohnung weit offen. Draußen war es laut, alle paar Minuten rumpelte die Straßenbahn die abschüssige Laudongasse im achten Bezirk hinunter. Im Haus gegenüber befand sich ein zwielichtiges Café, Männer gingen ein und aus, um per Tischtelefon Damenbekanntschaften zu machen. Ein Ventilator blies den Rauch und die Essensdämpfe auf die Straße, die Gerüche drangen bis zur Klavierschülerin in den ersten Stock. Abends schoben sich Trauben von Leuten an dem Haus vorbei, sie waren auf dem Weg ins Revuetheater an der nächsten Kreuzung, sie lachten und lärmten. Doch die Fenster wurden nicht geschlossen – die Nachbarn im Mietshaus und die Menschen auf der Straße sollten die Musik des Kindes hören. Elfriedes Mutter wollte das so, sie nannte das «Konzertgeben». Und so saß das Mädchen Stunde um Stunde drinnen am Flügel und spielte gegen ein Draußen an.

Die Kunst gehörte zu den ersten Dingen, die Elfriede Jelinek im Leben lernte. Als Kleinkind wurde sie in eine private Tanzschule zum Ballettunterricht geschickt. Dann kamen die Instrumente. Sechsjährig begann Elfriede mit Klavier, sie lernte schnell. Im Alter von neun folgten die nächsten Instrumente, Blockflöte und Geige. Bereits die Grundschülerin hatte einen Terminplan wie ein Berufsmusiker. Sie stand morgens um sechs auf und übte eine Stunde, danach ging sie zur Schule. Am Nachmittag war sie an der Musikschule, beim Ballett oder übte, am Abend musste sie noch ihre Schularbeiten machen. Nicht einmal in den Ferien wurde pausiert. Die Familie verbrachte ihre Sommer meistens im Haus der Großmutter. Das

Haus liegt hoch über einem kleinen Dorf in der Steiermark, eingeschneit im Winter, schwer zu erreichen auch im Sommer. Außer ein paar Häuschen rundherum gab es nichts als Wald und Wiesen. Es fehlte jeder Komfort in diesem Gehöft auf fast tausend Metern Seehöhe. Aber es gab ein Klavier. Die Dorfbewohner hatten im Auftrag der Mutter einen Flügel den steilen Weg hinaufgeschleppt.

Während Sommerfrischler vorbeiwanderten und die Dorfjugend unten am Fluss planschte, saß Elfriede an ihren Instrumenten. Sie tat das nicht gerne, sie spielte ihre Stücke, bis die Uhr das Ende der Übungseinheit anzeigte. Die Mutter wachte streng darüber, denn sie wollte, dass das Kind eine berühmte Musikerin würde. Sie war es, die in der Familie den Ton angab. Die Fenster mussten auch am Alpenrand beim Üben offen stehen.

wien, stadt der musik Elfriede Jelinek, geboren am 20. Oktober 1946, ist das einzige Kind eines stillen, eigenbrötlerischen Vaters und einer patenten, ehrgeizigen Mutter. Wäre sie woanders groß geworden, hätte eine Mutter wie Ilona Jelinek[1] sie vermutlich auf einen Eislauf- oder Tennisplatz gestellt. Aber die Jelineks waren aus Wien. Und Wien ist die Stadt der Musik.

Musik ist in Wien stets ein Mittel der Distinktion gewesen. Dem Walzerkomponisten Johann Strauß hat die Stadt ein opulentes Denkmal gesetzt, die Statue, die den Musiker mit der Geige am Kinn darstellt, ist in Gold gehalten. Eine Wiener Familie, die etwas auf sich hält, hat ein Klavier zu Hause stehen, die kleinen Leute ein Pianino, die Großbürger einen Flügel der Wiener Firma Bösendorfer oder Besseres. Bis heute ist Klavierunterricht für eine bestimmte Schicht ein Statussymbol, und wer wirklich etwas darstellt, besitzt ein Abonnement für die Staatsoper oder die Wiener Philharmoniker. Oftmals von Generation zu Generation weitergegeben, sind diese festen Plätze so etwas wie Insignien gesellschaftlichen Ranges. Es gibt die, die nächtelang anstehen, um dann doch nur Karten am «Juchhe» zu bekommen, wie der letzte Rang in Wien genannt wird. Und es gibt die, die von jeher auf ihre festen Plätze gebucht sind. In Wien mit seiner jahrhundertelangen höfischen und katholischen Tradition wird man immer eher daran gemessen werden, wo man steht, als daran, was man kann oder was man hat. Für das Selbstverständnis des Wiener Bürgertums zählt einzig und allein die Herkunft. Das hat die Konsequenz, dass das Wort «neureich» zu den despektierlichsten Dingen gehört, die man in Wien über jemanden sagen kann, zum Beispiel über die, die an jenem Tag die Staatsoper frequentieren, an dem diese hohe Gewinne einfährt, also anlässlich des Wiener Opernballs. Zum anderen bedeutet das aber, dass man immer als Teil der Gesellschaftsschicht wahrgenommen wird, in die man hineingeboren wurde. Es sei denn, man wird Künstler, am besten Musiker.

Elfriede Jelineks Eltern lebten in kleinbürgerlichen Verhältnissen. Friedrich Jelinek, Jahrgang 1900, kam aus einer typischen Wiener Arbeiterfamilie. Sein Vater war aus Böhmen und arbeitete als Lagerhalter. Ilona Jelinek war die Tochter eines gelernten Fleischers, der als Fleischeinkäufer die Länder der Donaumonarchie bereiste und später bei der Post arbeitete. Aber Ilona Jelinek hatte eine Ahnung davon, was ein gutes Haus ist. Ihr Großvater Wenzel Buchner war Seidenfabrikant.[2] Als in Wien die Seidenindustrie blühte, hatte er es zu großem Reichtum gebracht, er besaß ein Vermögen in Wertpapieren, dazu etliche Häuser. «Unser Vater war a Hausherr und a Seidenfabrikant», heißt es im Wienerlied, die Kombination aus Stoffproduktion und Hausbesitz scheint eine Wiener Urvorstellung von Ansehen und Reichtum zu sein. Mit seiner Familie lebte er in einer Villa in Kalksburg am Stadtrand von Wien. Dienstboten kümmerten sich um alles, die Söhne hatten französische Erzieher und wuchsen damit auf, dass Geld keine Rolle spielt. Ilona, geboren 1904, hatte als Kind viel Zeit bei ihren Großeltern in der Kalksburger Villa verbracht. Der Reichtum der Familie war zwar durch Kriegsanleihen und die Inflation nach dem Ersten Weltkrieg verloren gegangen, doch Ilona Jelinek hatte in Kalksburg ein Gefühl für großbürgerliche Verhältnisse bekommen. Sie selbst konnte nicht mehr dorthin zurück. Aber ihre Tochter sollte den Sprung schaffen.

Elfriede Jelinek wurde zur Musik und zu etwas Besserem erzogen. Das Mädchen bekam, kaum dass es den Flohwalzer beherrschte, einen Konzertflügel von Steinway. Ilona Jelinek war eines Tages in ein Musikgeschäft in der nahe gelegenen Alser Straße gegangen und hatte einer Aushilfskraft das Instrument weit unter seinem Wert abgeschwatzt, der Ladeninhaber versuchte später vergeblich, es zurückzukaufen. Der Flügel – er steht heute in Elfriede Jelineks Empfangszimmer – war vermutlich der teuerste Gegenstand des überalterten Wohnblocks, die meisten Mieter hatten noch nicht einmal eine Toilette für sich allein.

Kurioserweise verstand Ilona Jelinek nicht besonders viel von Musik. Zwar hatte sie, wie man sich in der Familie vom Kirchenbesuch her erinnert, «eine schöne Naturstimme». Aber am meisten faszinierten sie an der Musik eigentlich die Musiker, der Anblick von Menschen, die etwas an einem Instrument leisteten. Elfriede Jelineks Tragödie dieser Jahre wurde es, dass sie musikalisch war und die Ansprüche erfüllen konnte, die ihre Mutter zumeist ohne Sinn und Verstand an sie stellte.

der orgelprofessor Mit dreizehn Jahren sollte Elfriede Jelinek eine Karriere als Berufsmusikerin beginnen. Ihre Klavierlehrerin hatte ihr geraten, auf die Orgel umzusteigen; Elfriede bewarb sich am Konservatorium Wien um einen Studienplatz.

Die Ausbildung am Konservatorium, das ähnlich der staatlichen Musikhochschule Musiker ausbildet, ist äußerst anspruchsvoll, das Ausleseverfahren hart. Jedes Jahr bewerben sich Tausende Schüler aus aller Welt, nur ein Bruchteil schafft es und kommt bis zum Abschluss.

Für die Aufnahmeprüfung wurde Elfriede im September 1960 unvorbereitet aus der Schulklasse herausgeholt. Bei der Prüfung fiel die Dreizehnjährige als «sehr gute musikalische und rhythmische Begabung»[3] auf und wurde angenommen – als jüngste Studentin der Hochschule. In die erste Orgelstunde kam sie an der Hand der Mutter, Ilona Jelinek saß auch daneben, als Elfriede ihre Fingerübungen machte. In der zweiten Stunde konnte sie nur mit Mühe davon überzeugt werden, *vor* dem Übungsraum auf ihre Tochter zu warten.[4]

Elfriedes Lehrer war Leopold Marksteiner. Heute Professor h. c. und im Ruhestand, lebt Leopold Marksteiner im imperialen Teil der Wiener Innenstadt, umgeben von Büchern, Kunstwerken und seiner Orgel. Wenn er beim Spielen die Fenster offen lässt, hören die Leute am Graben seine Musik. Von dem Mädchen, das damals in seine Stunde kam, sei er sofort angetan gewesen. Damals notierte er in der Studentenakte, in der die Lehrer halbjährlich Beurteilungen über ihre Schüler abgaben: «Gleichermaßen Intelligenz und Musikalität.»[5] Viermal in der Woche saß Elfriede für zwei Stunden an der Orgel des Konservatoriums und übte, einmal in der Woche hatte sie eine Doppelstunde bei ihrem Lehrer. Ihr Fortschritt sei von «phänomenaler Resonanz», stellte Leopold Marksteiner fest.[6]

Elfriede gefiel die Orgel. Dass man ein Instrument unter absoluter Kontrolle haben musste, dabei aber etwas fast Rauschhaftes entstehen konnte. «Irgendwie hat man da dauernd überlastete Sicherungen», schrieb sie später in einem Essay für ihren Lehrer, es sei, «als würde das Wesen total überfüllt mit Informationen, die einen suchen, und vor denen man gleichzeitig, um sich zu retten, fliehen muß, weil man sonst durchknallt von all dem vielen Strom, der durch einen hindurchschießt. Paradox. Als wäre die Musik (bei mir dann später, sozusagen als Endstation: die Sprache) die Erde, auf der man geht, aber vor diesem Grund, auf dem man sich bewegt, möchte man immer wieder davonlaufen, was naturgemäß nicht möglich ist, weil man ja sonst ins Bodenlose stürzen würde.»[7] Aber das Orgelspiel war für Elfriede auch mit hoher körperlicher Anstrengung verbunden, zumal sie sehr zart war. Sie kämpfte sich durch, wie sie es seit frühester Kindheit gewohnt war, absolvierte Zwischenprüfungen und Schülerkonzerte. «Ich sagte mir, du mußt es können und du wirst es, nein umgekehrt, du wirst es können und du mußt es.»[8] Was ihre Mutter von ihr erwartete war Leistung, Leistung war überhaupt das Einzige, was für Ilona Jelinek zählte.

Zehneinhalb Jahre studierte Elfriede Jelinek am Konservatorium Wien. Unweit der Staatsoper in einer schmalen grauen Innenstadtgasse gelegen und die längste Zeit dem Wiener Magistrat unterstellt, hat das Konservatorium atmosphärisch von einer Behörde genauso viel wie von einer Schule. Unter den Lehrern sind viele Mitglieder der Wiener Symphoniker oder Philharmoniker, am Konservatorium, so heißt es, werde der Wiener Klang gelehrt. Musiziert wird überall. Auf den Toiletten stehen Schüler mit der Geige und üben noch schnell, bevor sie in die Stunde müssen. Diese Toiletten des Konservatoriums werden sich übrigens in Jelineks Roman *Die Klavierspielerin* wiederfinden, als Ort sexueller Praktiken, durch die der Körper geschunden wird wie ein Instrument.

Ihrem Lehrer Leopold Marksteiner entging nicht, unter welchem Druck Elfriede stand. Sie war schüchtern und still und hatte so gar nichts mit den Jugendlichen ihres Alters gemeinsam. Im Laufe der Zeit wurde er seiner Schülerin ein Ersatz für den zurückgezogenen Vater, der an einer voranschreitenden Demenzerkrankung litt und mit seiner Umgebung nichts mehr anfangen konnte. Als Elfriede Jelinek älter war, diskutierte sie mit Leopold Marksteiner über Literatur und Kunst, tauschte sich mit ihm über Filme aus. Gerade in den Teenagerjahren war ihr der Orgellehrer eine wichtige Bezugsperson, beide wussten sie das, ohne dass sie darüber groß geredet hätten. Sie erlebte ihn zwar als streng, aber sie war sich sicher, von ihm mehr zu lernen als von jedem anderen. Der Unterricht war für sie ein Ort, «an dem die Welt zwar auch nicht langsamer war, an dem man ihr aber etwas entgegensetzen konnte: eine Hörbarkeit des Zeitablaufs. Das, was Musik ist.»[9]

Sie spielte Stücke von Buxtehude, Bach, Reger und Hindemith, wie es der Studienplan vorsah. Und sie interessierte sich für alles, was modern war. Das Land, das damals die interessanteste Orgelmusik hervorbrachte, war Frankreich. Elfriede Jelinek bat ihren Lehrer, mit ihr Stücke des Komponisten Olivier Messiaen durchzunehmen. Wenn es um die Avantgarde ging, war ihr nichts zu schwierig. Sie war von «fast fanatischem Eifer im Erlernen zeitgenössischer Musik», stellte Leopold Marksteiner fest.[10] Elfriede Jelineks Interesse für neue Formen und Techniken hat ihren Ursprung in diesen Jahren. Das Absorbieren der jeweils modernsten Ausdrucksformen zieht sich durch Leben und Werk.

Ein Jahr nachdem sie die Aufnahmeprüfung für das Orgelfach geschafft hatte, bewarb Elfriede Jelinek sich am Konservatorium für das Klavierstudium. Die Lehrerin schrieb ihr eine Probezeit von einem halben Jahr vor, denn sie war entsetzt darüber, wie viele Fächer das Mädchen gleichzeitig belegte.[11] Elfriede spielte noch immer Geige und Blockflöte an einer Bezirksmusikschule, später nahm sie Gitarre und Bratsche hinzu. Trotz ihrer vielen Fächer bestand Elfriede die Probezeit und erschien immer vorbereitet, nun wurde sie auch zur Pianistin ausgebildet. Das Klavier lag ihr allerdings nicht so sehr wie die Orgel. An der Orgel drückte sie, wie sie sagt, «einen Knopf und hat die Klangfarbe und kann den Ton selbst mit den Händen nicht mehr verändern».[12] Klavier, das bedeutete «Anschlagskultur», wie es in *Die Klavierspielerin* heißt. Die Wucht des Instruments und das «Unemotionale beim Orgelspiel, bei dem die größten Gefühlsbewegungen ein mathematisches Maß haben»[13], lagen ihr mehr.

Die Klavierlehrerin sah in Elfriede Jelinek eine außergewöhnlich talentierte und «sehr interessante Schülerin»[14], fand aber, dass sie wegen ihres Wachstums etwas schwerfällig sei und zu große Hände habe[15]. Elfriede biss sich durch Regers Spezialstudien für die linke Hand und die «Französischen Suiten» von Bach, sie spielte Beethoven und Schönberg, dazwischen immer wieder Czerny, *Die Kunst der Fingerfertigkeit*. Am meisten faszinierte sie Schuberts *Winterreise*. Der Liederzyklus mit den Texten von Wilhelm Müller, in dem sich der Wanderer nach einer verlorenen Liebe auf seine kalte Reise macht, begleitete sie durch ihr Studium. Besonders von den letzten Liedern des Zyklus, in denen es um Einsamsein und Ausweglosigkeit geht, fühlte sie sich angesprochen.

anna, erika und clara Zweimal hat Elfriede Jelinek ihre musikalische Laufbahn zum Thema von Romanen gemacht. In *Die Ausgesperrten* aus dem Jahr 1980 wächst die Gymnasiastin Anna, «von einer verrückten Mutter asozial gemacht», in einer kleinbürgerlichen Familie heran. Sie studiert Klavier, während alle anderen Jugendlichen Schlagermelodien hören. Ihr Fremdsein wird ihr bei jeder Gelegenheit vor Augen geführt. Bei einem Schulausflug kommt sie mit der Klasse in ein Gasthaus, in dem eine Musicbox steht. Ein Mädchen behauptet im Scherz, dass es auch eine Platte von Bach gebe. Anna läuft hin, «damit sie auch eine eigene Musik hat, die keiner versteht, nur sie allein, und die sie erklären kann», wie es sarkastisch heißt. Aber es gibt nur Elvis Presley, und die Schulkolleginnen haben wieder einen Grund gefunden, Anna zu verspotten. Die zieht schließlich mit einer Jugendbande durch die Gegend.

Der Roman *Die Klavierspielerin*, drei Jahre später erschienen, handelt von der Pianistin Erika Kohut, die als Klavierlehrerin am Konservatorium Wien Klavier unterrichtet. Der Weg dorthin war hart. Als Kind wurde sie «ins Geschirr» der Musik gezwungen und «mit den Stricken ihrer täglichen Pflichten verschnürt wie eine ägyptische Mumie».[16] In vier Rückschau-Kapiteln wird Erikas Jugend aufgerollt, die geprägt ist von Zwang und musikalischer Besessenheit. Das Mädchen Erika eilt von einer Probe zur nächsten, zwängt sich mit Geige, Bratsche, Flöte als «sperrig behängter Falter» zur Stoßzeit in die Straßenbahn. Der «Volkszorn» trifft das Mädchen und schiebt es an der erstbesten Haltestelle hinaus. Als die nächste «Elektrische» kommt, geht die Schülerin, in der es kocht wie in einer Terroristin, zum Angriff über, «sie torkelt mühselig und instrumentenübersät in die Arbeitsheimkehrer hinein und detoniert mitten unter ihnen wie eine Splitterbombe».[17]

Auch wenn Elfriede dem Druck standhielt und fast immer vorbereitet im Konservatorium erschien, betrachteten ihre Lehrer sie mit Sorge. Sie hatte sich nach den Fächern Orgel und Klavier am Konservatorium auch für Blockflöte eingeschrieben; keine sechzehn Jahre alt, nahm sie Komposition dazu, und das alles neben der Schule. Am Gymnasium belegte Elfriede zusätzlich zu den Pflichtgegenständen vier Freifächer, Russisch, Französisch, Literaturpflege, Chorgesang. Es gab einige Versuche von Lehrern, auf Ilona Jelinek einzuwirken und der Tochter ihre Jugend zu lassen, vergeblich. «Die Elfi packt das schon», lautete die typische Reaktion der Mutter.

«Meiner persönlichen Meinung nach Opfer einer verfehlten Erziehung», konstatierte der Kompositionslehrer.[18] Elfriede besuchte einen Tanzkurs am Konservatorium, spielte Bratsche im dortigen Orchester und machte Kammermusik in der Bezirksmusikschule. Die Streichinstrumente empfand sie in diesem Alltag sogar als Rettung. So zeitaufwändig die Orchesterproben waren – Elfriede war dabei immerhin unter Leuten und hatte soziale Kontakte.

Wo die Kunst vorging, wurde die Gesellschaft Gleichaltriger überflüssig. Elfriede Jelinek, das um seine Kindheit betrogene Wunderkind, sollte außerhalb des Unterrichts mit anderen so wenig Kontakt wie möglich haben. Ein Standpunkt, der Erika in *Die Klavierspielerin* in Fleisch und Blut übergegangen ist: «Über andere ist SIE während jeder Zeit ganz erhaben. Über andere wird sie während dieser Zeit von ihrer Mutter ganz hinausgehoben.»[19] Eine groteske Mischung aus Funktionierenmüssen und Dressur bestimmte Elfriede Jelineks Jugend. Ihr Cousin Hans Uhl, der ebenfalls oft in der Steiermark war und dessen Züge die Figur des «Burschi» in *Die Klavierspielerin* trägt, hat bis heute eine Szene in Erinnerung: Als Elfriede im Urlaub in der Steiermark über die Wiese laufen wollte, war die Mutter hinter ihr her und befahl ihr, Rad zu schlagen, damit sie graziös werde. Um Elfriedes Karriere nicht zu gefährden, unterband Ilona Jelinek zeitweise sogar den Kontakt zu Verwandten, so etwa den beiden Schwestern ihres Mannes, Elfriedes Tanten Vilma und Emmy.

Elfriede übte, die anderen lebten. Von der Realität, vom zwielichtigen «Theatercafé» gegenüber zum Beispiel, sollte sie so wenig wie möglich mitbekommen. Die Mutter holte Elfriede von der Straßenbahn ab oder wartete vor dem Haustor auf sie. Jeden Sonntag nahm sie die Tochter zur Messe in die Maria-Treu-Kirche mit. Elfriede sollte das liebe, anständige Mädchen bleiben, das per Zangengeburt auf die Welt gekommen war und das Ilona Jelinek nicht wieder losließ. Elfriede besuchte keine Bälle, wie man das als Wiener Gymnasiastin macht, und ging nicht aus. Als ferne Beobachterin nahm sie die pastellfarbene Welt der fünfziger und sechziger Jahre wahr, zu der sie so gerne gehört hätte, das künstliche Idyll zwischen Nierentischen und Espresso-Cafés, die «Ströme von Neonlicht»[20], die aufgedonnerten Mädchen mit ihren rauschenden Petticoats,

Bleistiftabsätzen und aufgetürmten Frisuren. Abends bekam sie mit, wie die Straßenbahn, der «Fünfer», die arbeitenden Menschen ausspuckte, «miefige Treppenhäuser beleben sich sprunghaft, Familienmütter hechten zur Wohnungstür, um ihre Erhalter in Empfang zu nehmen. Reißen ihnen die schäbigen Aktentaschen, abgestoßenen Kochgeschirre, Thermosflaschen, bessere Leute reißen ihnen Aktenmappen plus Zeitungen, Reste von Beamtenforellen, fettigen Papieren etc. vom Leibe. [...] Die ersten geohrfeigten Kinder erheben schrill ihre geschundenen Stimmen.»[21]

Das Alleinsein mit sich und der Musik ist auch die Grunderfahrung der Klavierschülerin Anna in *Die Ausgesperrten*. Wenn sie zu Hause übt, hackt sie «drauflos und denkt, wie gut, daß ich endlich meinen starken Haß irgendwo herauslassen kann, ohne daß ich ihn gegen mich selbst richten muß, wo er am falschen Ort wäre».[22] Die Wut über ihre Ausweglosigkeit macht sie sprachlos, im Laufe des Romans hört sie ganz auf zu sprechen, in Antithese zu Elfriedes Fabuliersucht, mit der sie zu Hause und in der Schule auffiel.

Elfriede Jelineks Hohn ihrer Anna gegenüber kennt keine Grenzen. Sobald sie ihr eigenes Leben in ihre Bücher bringt, wird sie gnadenlos. «Anna will das Meiste in Musik ausdrücken. Heute hat sie bereits Schumann und Brahms in die Tastatur gelegt, morgen werden es vielleicht Chopin und Beethoven sein. Was ihr Mund nicht sagen kann, das sagt die Musik, auch etwas, das vom lieben Gott herrührt, wie viele Komponisten (Bruckner) von sich behauptet haben.»[23] Anna ist auf den Hass und das Unvermögen, unter Gleichaltrigen zu bestehen, den ganzen Roman lang festgelegt. Das Motiv wiederholt sich so monoton, dass selbst die Erzählerin irgendwann nur noch genervt ist. Wenn Anna um Hilfe schreit, steht daneben in Klammern: «Was man hört: krächz, krächz.»

Annas Freund, der Arbeitersohn Hans, nimmt sie nicht ernst, ihr Zwillingsbruder Rainer liest den ganzen Tag Sartre und Camus und ist ebenfalls keine Hilfe. Das ersehnte Amerika-Stipendium, das Anna wegbringen soll aus Wien, wurde einer Mitschülerin, der höheren Tochter Sophie Pachhofen («vormals von Pachhofen»), zuteil. Elfriede Jelinek verarbeitet in dieser Geschichte ein schulisches Trauma: Das ihr zugesagte Amerika-Stipendium ließ ihre Mutter sie nicht annehmen.

Sophie kommt aus einer jener Wiener Familien, die nach dem Ersten Weltkrieg zwar das «von» im Namen, nicht aber ihren Einfluss verloren haben. Sie wohnt in einer Villa in Wien-Hietzing, die Eltern besitzen ein Abonnement für die Philharmoniker. Sophie hat von Geburt an alles, was Anna nie bekommen wird. Auch durch die Kunst nicht, «das einzige Reich, das einem offen steht, wenn man Glück hat».[24] Denn die wird erst recht vereinnahmt von Familien wie den Pachhofens, deren Haus voll von Gemälden und Gegenständen ist, «die eine alte Kultur und Kunst ausstrahlen, an der man erst teilhaben kann, wenn man sich diese Sachen irgendwie angeeignet hat».[25]

Anna und Erika: Sie sind zwei unterschiedliche Klavierspielerinnen mit ein und demselben Problem. Sie wollen aus ihrer Haut heraus. Die eine ergeht sich in pubertärer Rebellion und überfällt mit einer Jugendbande Passanten, die andere, zwanzig Jahre älter, gerät auf sexuelle Abwege. Der Musik und ihrem Milieu entkommen sie beide nicht.

Sie bleiben nicht die einzigen Pianistinnen im Werk von Elfriede Jelinek. In Die Kinder der Toten (1995) ist es die Mittfünfzigerin Karin Frenzel, die ihr Brot mit dem Klavierspielen verdient hat und nun eine Untote ist. Im Roman Gier (2000) wird die ältliche Nebenerwerbs-Pianistin Gerti von einem Gendarmen um ihr Haus gebracht. Für ihr Stück Clara S. (1982) nahm Elfriede Jelinek den Mythos einer verhinderten Künstlerin aufs Korn: das Leben von Clara Schumann, geborene Wieck, die vom Vater zur Pianistin erzogen wurde und an der Seite eines später verdämmernden Ehemannes für den Unterhalt der acht Kinder sorgen musste. Die Musik erscheint in Clara S. als das Joch, unter dem man (in diesem Fall die von männlichem Geniewahn unterdrückte Frau) buckeln muss, um zu gesellschaftlichem Status zu kommen. Schon in der ersten Szenenanweisung der «musikalischen Tragödie», wie der Untertitel des Stücks ironisch lautet, wird der Zwangscharakter der Musik sichtbar. Die Autorin ordnet als Dekor einen Konzertflügel an. «Darauf übt, in eine Art Trainingsgestell gespannt [...], das die richtige Körperhaltung beim Klavierspiel dem Schüler beibringen soll, die kleine Marie penetrant und durchdringend Finger- und Trillerübungen von Czerny.»[26]

die klavierlehrerin Ihren großen Durchbruch sollte Elfriede Jelinek nicht als Musikerin erleben, sondern mit dem Roman, in dem sie mit allem abrechnet, mit Wien, mit der Mutter und mit der Musik. Die Klavierspielerin, inzwischen in 37 Sprachen übersetzt, darunter ins Arabische und Chinesische, zeigt eine Erika Kohut, die auf Ende dreißig zugeht und noch immer zu Hause lebt. Ihr geisteskranker Vater ist im Sanatorium gestorben, die Mutter, die Erika einst «zurechtgezartet» hat, lässt sie nicht los.

Verächtlich peitscht die Klavierlehrerin mit ihren Schülern das Programm durch, das Elfriede Jelinek selbst am Konservatorium auf dem Stundenplan hatte.[27] Die Musik ist in Die Klavierspielerin keine zarte Kunst, sondern mühevolles Bearbeiten von Instrumenten. Die Schüler lassen die «Zahnräder klicken, die Kolben boxen, die Finger werden an- und wieder abgestellt»[28], die Lehrerin muss «den trägen Schülermotor durch heftiges Gasgeben auf höhere Touren schrauben»[29]. Der Traum von der großen Karriere ist zu einem musikalischen Albtraum geworden. Schülerabende unter Mitwirkung der Professoren sind die Höhepunkte des Pianistinnendaseins, hin und wieder tritt Erika bei Hausmusikabenden auf, mit denen sich das gehobene Wiener Bürgertum traditionell selber feiert.

Unverheiratet und von der Mutter dominiert, bleibt dem späten Mädchen Erika nur mehr, als Voyeurin durch die Praterauen zu schleichen oder sich mit ihrem Schüler Walter Klemmer auf der Konservatoriumstoilette zu treffen. Doch aus der Beziehung zu Klemmer wird nichts, schon gar nicht sexuell. Klemmer will «seine Lehrerin in Betrieb nehmen»[30], Erika möchte ihm ihre masochistischen Phantasien diktieren. Mehrere Versuche, einander körperlich näher zu kommen, scheitern kläglich. «Erika steht auf dem Boden wie ein vielbenutztes Instrument, das sich selbst verneinen muß, weil es anders gar nicht die vielen dilettantischen Lippen aushielte, die es andauernd in den Mund nehmen wollen.»[31] Die abgedroschene Metapher vom Körper als Instrument, das in der Liebe bespielt wird, ist grausam wörtlich genommen. Ob Körper oder Klangkörper – die damit verbundene Qual ist die gleiche.

Die Klavierspielerin ist ein psychologischer Roman, der die Mittel des psychologischen Romans anwendet und gleichzeitig parodistisch mit ihnen spielt. Elfriede Jelinek greift die klassischen Motive der Psychoanalyse auf: frühkindliche Erfahrungen als Ursprung der Sexualität, Kunst als Sublimierung, die Frau als Kastrierte. «Der Mann schaut auf dieses Nichts, er schaut auf den reinen Mangel»[32], heißt es. Schon der Name Erika Kohut ist eine ironische Anspielung, geborgt vom Narzissmus-Theoretiker Heinz Kohut. In dem Roman wird in einem fort gedeutet und interpretiert, in Rückblenden erfährt der Leser, was eine «SIE», Erika als junges Mädchen, erlebt, also erlitten hat. Der Roman ist wie alle Jelinek-Texte eine vielschichtige Komposition, in der Trivialität und Pathos, Tragik und Ironie einander abwechseln. Ansatzlos fließen Zitate aus der Musikphilosophie oder aus Programmtexten von philharmonischen Konzerten in die Handlung ein, dazwischen das Pausengeplapper der Opernfoyers. «Zuerst starben die Meister vor, dann stirbt die Musik, weil alle nur mehr Schlager, Pop und Rock hören wollen. [...] Heute stampfen die Akademiker nur noch im Takt zu Bruckners Elephantentrompeten und preisen diesen oberösterreichischen besseren Handwerker.»[33]

Die Anstrengung des Kleinbürgers, es über die Musik an die Spitze der Gesellschaft zu schaffen, bildet ein Leitmotiv des Romans. Zwar hat Erika bei einem entscheidenden Konzert versagt und wurde keine «überregionale Pianistin»[34], als «Fräulein Professor»[35] der Musik hat sie aber einen festen Platz in der Wiener Gesellschaft. Ganz im Unterschied zu einem ihrer Schüler, der sich auf der Toilette übergibt, weil er an einer Obertastenetüde gescheitert ist. «Er kommt aus einer kleinbürgerlichen Greißlerfamilie und wird dorthin auch wieder zurück müssen, wenn er die Prüfung beim nächsten Anlauf nicht schafft. […] Er wird dann von einem ‹künstl.› in einen ‹kaufm.› Beruf wechseln müssen, was sich in der Heiratsanzeige, die er aufgeben wird, sicher niederschlägt.»[36]

Immer wieder tauchen in *Die Klavierspielerin* Zitate aus der *Winterreise* auf. Die Beschäftigung mit Franz Schubert, einem dieser «Komponisten des brüchigen Bodens»[37], wie Elfriede Jelinek es nannte, dauerte nicht nur während des Studiums an. In dem Roman finden sich Zeilen aus Schubert-Liedern dort, wo es um existenzielle Erfahrungen geht. «Folge nach nur meinen Tränen, nimmt dich bald das Bächlein auf», heißt es etwa in dem Lied «Wasserflut», in dem der Wanderer seine Tränen ins Schmelzwasser fallen lässt, damit sie so zur Liebsten gelangen. In *Die Klavierspielerin* ist das Zitat Teil einer Selbstverletzungsszene, in der sich Erika mit einer Rasierklinge in die Hand schneidet: «Auf dem Fußboden und auch schon auf dem Bettzeug vereinigen sich die vier kleinen Bächlein zum reißenden Strom. Folge nach nur meinen Tränen, nimmt dich bald das Bächlein auf. Eine kleine Lache bildet sich. Und es rinnt immer weiter. Es rinnt und rinnt und rinnt und rinnt.»[38]

staatlich geprüfte organistin Die Laufbahn der Erika Kohut – vom überforderten Kind zur überforderten Lehrerin – schlug Elfriede Jelinek genau *nicht* ein. Schon während der Ausbildung war ihr klar, dass sie keine Berufsmusikerin werden wollte. Als Gymnasiastin begann sie, Gedichte zu schreiben. Einer der Ersten, dem sie ihre Gedichte zeigte, war der Orgellehrer. Leopold Marksteiner ermunterte sie weiterzumachen, in der Orgelstunde wurden nun immer öfter ästhetische Fragen diskutiert. Die Diskussionen bekam auch ein Kommilitone mit, eine Woche lang ging es etwa um den Satz «du hast mich/durch die flöte gezogen/wie einen schrei ...»[39] Es ist der erste Teil eines Gedichts aus dem Jahr 1964. *Klage* heißt es, drei Abschnitte folgen. «die saiten deiner harfe/haben löcher in mein gesicht/gerissen .../du hast mir mein rot/genommen – /und meine stimme .../trocken/sind meine lippen/und meine augen/hat der weinevogel/in den wind/gestreut ...» Ein Jahr später vertonte sie das Gedicht, als musikalische Besetzung sah sie ein Klavier und eine Singstimme (Sopran) vor.

Elfriede Jelinek beließ es bei diesem und zwei anderen kleinen Kompositionsversuchen. Komponieren war ihr zu viel Getüftel, «ein entsetzlicher Abstraktionsvorgang»[40], sie wollte nicht erst in Noten umwandeln, was ihr durch den Kopf schoss. Das Schreiben erwies sich als der bessere Weg. Die erste Zeit schrieb sie mit der Hand, ihre Freundin Ilse Barta, die sie zum gemeinsamen Musizieren besuchte, tippte die Gedichte auf ihrer Schreibmaschine ab. Bleistifte brachen ihr ab, kaum dass sie sie auf dem Papier aufsetzte, weil sie so stark aufdrückte. Elfriede Jelinek legte sich bald eine eigene Schreibmaschine zu, lernte per Fernkurs den Zehnfingersatz, sehr früh ist sie auf Computer umgestiegen. Das Tippen war von Anfang an ein organischer Vorgang. Wenn sie schreibt, fliegen ihre Finger energisch über die Tastatur, die Hände sind Tasteninstrumente gewöhnt.

Als Musikerin hob sie noch zu einem donnernden Schlussakkord an. Sie wollte zwar keine musikalische Laufbahn einschlagen, aber das Konservatorium wollte sie als staatlich gepüfte Organistin verlassen. Für März 1971 war ihre Abschlussprüfung im Fach Orgel angesetzt. Elfriede Jelinek übte fast täglich, die Pensa waren so anstrengend, dass sie eine Sehnenscheidenentzündung bekam. Neben Buxtehude und Bach, Stücken von François Couperin und Franz Schmidt bereitete sie auch «Chants d'oiseaux» und «Les yeux dans les roues» des damals ultramodernen Olivier Messiaen vor.[41]

Ein Stück aus Messiaens *Livre d'Orgue* hatte sie schon einmal bei einem Schülerkonzert auf der Orgel gespielt, im Mozartsaal des Wiener Konzerthauses. Leopold Marksteiner erinnert sich an eine souveräne Leistung, vor allem wenn man bedenke, wie schwierig Messiaen sei. Mit Auftritten vor Publikum kam Elfriede Jelinek immer zurecht, wenn die Fronten klar waren, sie also die Spielende war und die Zuhörer zu einer diffusen Menge verschwammen, die ihr nicht zu nahe kommen konnte. Durch das ständige Vorspielenmüssen war sie an eine bestimmte Art von öffentlichem Auftritt von Kindesbeinen an gewöhnt. Mit ihrem Messiaen war Elfriede Jelinek allerdings überhaupt nicht zufrieden. Sie glaubte, dass sie zu schnell gespielt habe. Bevor sie von der Bühne stürmte, rief sie laut und vernehmlich: «Scheiße!»

Eine ähnliche Szene findet sich in *Die Klavierspielerin* wieder, ein verpatzter Messiaen ist der Grund für Erikas Scheitern als Konzertpianistin. Die Stelle ist ein anschauliches Beispiel für Jelineks Lust an der Zuspitzung, die ein stilprägendes Element ihrer Texte werden sollte. In der literarischen Übertragung liest sich die Begebenheit wie der Albtraum einer Musterschülerin, die zum ersten Mal eine Zwei bekommen hat. «Dann versagt Erika einmal bei einem wichtigen Abschlußkonzert der Musikakademie völlig, sie versagt vor den versammelten Angehörigen ihrer Konkurrenten und vor ihrer einzeln angetretenen Mutter [...]. Erika hat zudem kein Stück für die breit sich dahinwälzende Masse gewählt, sondern einen Messiaen, eine Wahl, vor der die Mutter entschieden warnte. [...] Unter Schimpf taumelte Erika vom Podium, unter Schande empfängt sie ihre Adressatin, die Mutter. [...] Eine große Chance ist nicht genützt worden und kommt nie mehr zurück. Es wird ein Tag herannahen, da Erika von niemandem mehr beneidet wird und der Wunsch von niemand mehr ist.»[42]

Anders Elfriede Jelinek. Sie beendete ihr Orgelstudium nach einer 25-minütigen Orgelprüfung mit der Note «Sehr gut»[43].

● krankheit oder ein fräuleinwunder

wir sind lockvögel baby! 1970

Elfriede Jelinek war auf dem Gymnasium und in der Pubertät, als ihre Mutter ein weiteres Projekt begann. Sie wollte ein Haus bauen. Ilona Jelinek kaufte ein Grundstück am westlichen Rand von Wien und begann mit den Planungen. Obwohl sie selbst schon auf die sechzig zuging, beschaffte sie die Materialien, dirigierte die Handwerker und war ständig auf der Baustelle. Ihr Mann, der verschlossene Wissenschaftler, war ihr keine große Hilfe, auch machten sich erste Anzeichen seiner Krankheit bemerkbar, er verdrehte Wörter und vergaß deren Bedeutung. Elfriede war einen Großteil der Zeit allein mit dem Klavier in der Stadtwohnung in der Laudongasse. Von hier aus waren es fünf Minuten zum Realgymnasium für Mädchen in der Albertgasse. Eine Stunde brauchte sie dagegen mit der Straßenbahn nach Hütteldorf, wo die Eltern während des langwierigen Hausbaus oft in der Gartenhütte übernachteten.

Elfriede Jelinek musste ihren reglementierten Tagesplan zwischen Schule und Musikausbildung einhalten und sich dabei auch noch selbst versorgen. Andererseits ergab sich unverhoffter Freiraum. Sie füllte ihn mit Extravaganzen. Wenn sie schon nicht zu den anderen Mädchen gehören konnte, so wollte sie wenigstens anders aussehen. Sie hüllte sich in dunkle Männerpullover und trug das Haar eine Zeit lang zentimeterkurz. Sie umrandete sich dick die Augen, zur Schule ging sie mit einer Ledertasche, die Stricke hatte statt Riemen und die Ilona Jelinek für Elfriede nach Maß hatte fertigen lassen. Für ihr erstes Geld, das sie bei einem Fernsehkonzert als Bratschistin verdiente, kaufte sich Elfriede Jelinek ein Kleid. Die Mutter hatte für solche Dinge durchaus etwas übrig, es hob ihre Tochter von den anderen ab. Trotz ihrer ständigen Überforderung strahlte Elfriede Jelinek auf ihre Klassenlehrerin Adele Kraft «eine innerliche Souveränität» aus. Sie haderte nicht mit den Lehrern und schien über den Dingen zu stehen.

Fünfzehnjährig sammelte sie erste Erfahrungen mit Jungen, die sie in der Musikschule kennen gelernt hatte. Im achten Bezirk führte Elfriede Jelinek ein Doppelleben im Rahmen des Möglichen. Sie hatte einen Freund und ging aus. Im Wiener Burgtheater stellten sie sich für Stehplätze an. Elfriede Jelinek himmelte den Schauspieler Oskar Werner an, für seine «Gebrochenheit und seine wunderbare musikalische Stimme»[1]. Wie für Generationen von Wiener Gymnasiasten waren diese Theaterabende eine auratische Begegnung mit der Kunst. Elfriede Jelinek hat es in ihrem Stück *Burgtheater* parodiert: «Zauberland der Kindheit! Erstes glühendes Regen am vierten Rang! Das rotbackige Anstellen um Stehplätze! Erstes Erspüren, was Kunst sein kann, sein soll!»[2]

fromme miene Sexualität war einer der wenigen Bereiche ihres Lebens, über den ihre Mutter keine Kontrolle ausüben konnte, sooft sie es auch versuchte. Noch der Achtzehnjährigen wollte Ilona Jelinek verbieten, sich mit einem Jungen zu treffen. Sie war streng katholisch. Alles Körperliche blieb ausgeblendet, über das Thema wurde nicht geredet. Sexualität war für sie etwas, mit dem man bis zur Ehe wartete und dem immer etwas Fremdbestimmtes anhaftete, ja, das im Grunde nichts anderes war als Missbrauch durch den Mann. Als Grundschule hatte sie für ihre Tochter einst die Klosterschule Notre Dame de Sion in der Burggasse gewählt, ein wuchtiges graues Gebäude mit einem turmartigen Vorbau, schon von außen wie eine Trutzburg gegen alles Weltliche. Ein französischer Orden betrieb die Schule, die Erziehung dort war ganz in Ilona Jelineks Sinn. Schweigend, die Hände gefaltet, gingen die Mädchen zu Elfriede Jelineks Zeiten durch das Haus, alle in dunklen Schuluniformen mit weißem Kragen und einem Kreuz zum Umhängen. Einmal im Monat fand die so genannte Grande Assemblée statt, eine Versammlung, bei der die Mädchen öffentlich getadelt oder ausgezeichnet wurden (zu beidem mussten sie knien). «In der Klosterschule habe ich gelernt, die fromme Miene heraus- und hineinzuschrauben, je nachdem, wo die Miene explodieren sollte.»[3]

Explodiert ist sie nie, aber die Systeme aus Belohnen und Strafen, die Elfriede Jelineks Kindheit und Jugend bestimmten, der Drill zur Exklusivität, zeitigten bald Folgen. In der Pubertät begann sie unter Angstzuständen zu leiden, die sich im Laufe der Jahre verstärkten. Eine Zeit lang fügte sie sich Verletzungen zu, ein Verhalten, das hauptsächlich bei pubertären Mädchen auftritt und als dessen Ursache unter anderem psychisch kranke Mütter gelten.[4] Mit vierzehn schickte man Elfriede Jelinek zur Gesprächstherapie, mit siebzehn noch einmal. Der Psychiater bekam ein schüchternes Mädchen zu sehen, das den Jugendlichen ihres Alters überlegen und unterlegen zugleich war. Er gab Elfriede Jelinek den wohlgemeinten Rat, sich andere Mädchen zum Vorbild zu nehmen. «Der Psychiater, den sie [...] aufsuchen muß, fragt immer: Sag mal, Kind, warum ziehst du dich nicht schön an und machst dir Locken, weil du im Prinzip ein hübsches Mädel bist und in die Tanzschule gehen solltest. Schau, wie du daherkommst, wobei einem jungen Burschen vor dir graust. Der Anna graust ihrerseits vor allem», heißt es in *Die Ausgesperrten*.[5]

Erfahrungen mit der Psychatrie hatte Elfriede Jelinek seit ihrer Kindheit. Weil sie hyperaktiv war und wie gehetzt hin und her lief, hatte die Ärztin damals medizinische Behandlung empfohlen. Anstatt sie einfach mit anderen Kindern zusammenzubringen, hatte Elfriede einen weiteren Schritt in eine geschlossene Welt tun müssen. Die Samstagnachmittage verbrachte die Grundschülerin in der psychiatrischen Kinderklinik am Allgemeinen Krankenhaus. An der Kinderklinik war damals der Wiener Arzt Hans Asperger tätig. 1944 hatte er zum ersten Mal das später nach ihm benannte «Asperger-Syndrom» beschrieben, eine Störung, die er selbst «autistische Psychopathie» nannte. Elfriede Jelinek war alles andere als ein autistisches Kind, dennoch musste sie sich auf Aspergers Station einer heilpädagogischen Therapie unterziehen. Asperger war fast immer anwesend und las den Kindern vor. Nach zwei Jahren wurde Elfriede entlassen, es war der Beginn einer Jugend in Therapie, die nicht die Ursachen der Kankheit behob, dafür bei Elfriede Jelinek aber eine fast zwanghafte Fähigkeit herausbildete, sich in einem fort selbst zu analysieren.

matura und studium Bedrohlich wurde Elfriedes Zustand in einer Zeit, als sie eigentlich ins Leben hätte treten sollen. Es war der Sommer 1964. Elfriede hatte eben mit Auszeichnung ihre Matura unter anderem in den Fächern Deutsch, Chemie und Kunst abgelegt und war mit ihrer Klasse und der Klassenlehrerin wie in Österreich üblich auf Maturareise gefahren. Im Bus ging es nach Spanien, in die Nähe von Barcelona. Wie die anderen schlief Elfriede Jelinek auf dem Boden und tanzte die Nächte in der örtlichen Diskothek durch. Danach fuhr sie wie so oft mit der Mutter in die Steiermark zur Großmutter. Am letzten Tag der Ferien brach Elfriede zusammen. Der über Jahre aufgebaute Druck war weggefallen und hatte einer existenziellen Zukunftsangst Platz gemacht. Elfriede Jelinek begann zu hyperventilieren, plötzlich wurde ihr Körper starr. Sie kam zur Behandlung ins Krankenhaus in Mürzzuschlag, doch die panikartigen Anfälle wiederholten sich, als sie wieder in Wien war. Eigentlich wollte sie nach dem Sommer Medizin oder Biologie studieren. Doch in ihrem Zustand war an ein so aufwändiges Fach, bei dem man Laborplätze ergattern und sich in überfüllten Kursen zusammendrängen musste, nicht mehr zu denken. Sie entschied sich für Theaterwissenschaft und Kunstgeschichte und schrieb sich im Herbst 1964 an der Universität Wien ein. Auf ihren Stundenplan setzte sie in den folgenden Semestern Vorlesungen über das Theater der Antike, die österreichische Dramatik des 20. Jahrhunderts, Gustav Klimt und die Barockzeit. Sie hatte eine Einführung in die Philosophie zu absolvieren und ein «Praktikum für Theaterkritik»[6]. Doch von den bis zu 21 Wochenstunden, die sie sich jedes Semester vorgenommen hatte, besuchte sie nur einige Vorlesungen. Sie konnte nicht regelmäßig erscheinen, in den Hörsälen musste sie aufgrund ihrer Ängste in der Nähe der Tür sitzen. Es fiel ihr immer schwerer, in die Straßenbahn zu steigen, oft konnte sie nur in Begleitung der Mutter unterwegs sein. Mit einer Mischung aus Zureden und Zwang setzte Ilona Jelinek ihre Tochter in die öffentlichen Verkehrsmittel, brachte sie zur Universität oder ins Konservatorium und wartete dann in zugigen Fluren auf sie. In der Mutter fand Elfriede Jelinek in diesen Jahren Deckung, und so sollte es auch später bleiben. Für das Studium reichte Elfriede Jelineks Kraft nicht aus. Sie schrieb ein paar Hausarbeiten etwa über *Medea* und Tanztheater, nach sechs Semestern gab sie das Studium krankheitsbedingt auf.

Auch auf dem Konservatorium, das Elfriede Jelinek bis 1971 besuchte, war ihre Krankheit ein Thema. Sie fehlte häufig im Unterricht, die halbjährlichen Einschätzungen der Lehrer ähnelten zu dieser Zeit mehr einer Krankenakte als künstlerischen Beurteilungen. Die Schülerin, ein «künstlerisch begabter Mensch» und «extrem modern eingestellt», sei «durch Krankheit sehr beeinträchtigt», hielt die Klavierlehrerin fest[7], dem Lehrer für Komposition fiel auf, dass Elfriede Jelinek durch «Medikamente in Gang gehalten» würde[8]. Körperlich stark geschwächt, musste Elfriede Jelinek sich von den theoretischen

Ergänzungsfächern abmelden[9] und ersuchte um Befreiung vom Chorgesang, da «ich bereits seit drei Jahren an einer schweren Angstneurose leide, die es mir unmöglich macht, mich mit vielen Menschen in einem geschlossenen Raum aufzuhalten»[10]. Elfriede Jelineks Weiterkommen am Konservatorium war gefährdet, sie lief Gefahr, ihren Studienplatz zu verlieren. Die Klavierlehrerin, die ihrer begabten Studentin mit liebevoller Sorge zugetan war, setzte sich für sie ein und sprach sich im Konservatorium vehement dafür aus, ihr die Ausbildung nicht zu verwehren.[11] Der Orgellehrer wiederum traf mit seiner Schülerin eine Abmachung. Sie musste nur dann in seine Stunde kommen, wenn sie sich auch wohl fühlte.

die gedichte In den Jahren nach der Matura, die von Krankheitsschüben und kurzen Phasen der Besserung bestimmt waren, wurde Elfriede Jelinek das Schreiben Ablenkung und Ventil. Anfangs konnte sie sich nur die Königsdisziplin der sechziger Jahre vorstellen, die Lyrik. «Über mich», begann ein Text, in dem Elfriede Jelinek mit zwanzig eine erste Selbstauskunft gab. «unwiderruflich geboren am 20. Oktober 1946. erstes gedicht mit sechs jahren. über die liebe. bemerkenswerter vergleich mit brennenden kerzen. ähnliche vergleiche in späteren arbeiten etwas weniger harmlos, dafür anschaulicher.»[12]

In vielen Gedichten von Elfriede Jelinek geht es um zwischenmenschliche Beziehungen. Aber nicht die Liebe ist es, die die junge Autorin in ihren Liebesgedichten beschwört, es ist der Sexualakt in seiner Mechanik. Da wird der «karren der gleißenden braut»[13] beschlagen, der «brunnen/wund und wund»[14] gehackt und «heiß läuft das gewinde mein/gewinde»[15]. Die salbungsvolle rhythmische Sprache lässt die kalte Funktionalität des Geschlechtsverkehrs erst recht hervortreten – eine Technik, die Elfriede Jelinek 1989 in ihrem Roman *Lust* zur sprachlichen Perfektion bringen wird.

Mit «der kuss» ist ein Gedicht in Anlehnung an das Bild von Gustav Klimt überschrieben: «hoffnung/der gärten/il bacio/der vorname franz/zwischen den zähnen/und darüberliegendem/klimt gold». Doch unter der goldüberglänzten Oberfläche, für deren Darstellung Klimt berühmt wurde, brodelt es gewaltig. Irgendwann schießt das Unterdrückte mit Wucht hervor: «wegziehen/woran noch ein/silberfaden hängt/zerbeiß ihn nicht/mon ami/ah!/er schleift am kies/kies/in einem garten/oder/terrarium/fette ihn ein/speichel mit speichel/und spiel/gitarre darauf/rote lippen/soll man/............»[16]

Dass man Gedichte veröffentlichen kann, kam 1966 im Gespräch mit der Mutter auf, die auf eine Anzeige der Österreichischen Gesellschaft für Literatur gestoßen war, die junge Autoren aufforderte, Gedichte einzusenden. Elfriede Jelinek wählte ein paar aus, ihre Mutter trug den Brief zur Post. Die Österreichische Gesellschaft für Literatur war eine der wenigen Institutionen für literarisches Leben, die es damals in Wien gab. Otto Breicha, der stellvertretende Leiter, lud Elfriede Jelinek ein, ins Palais Wilczek in der Herrengasse zu kommen. Gemeinsam mit ihrer Mutter ging sie hin, Ilona Jelinek wartete auf dem Flur.

Otto Breicha wurde Elfriede Jelineks erster Mentor. Damals Mitte dreißig, hatte er in seiner ausgeruhten Art viel von einem altösterreichischen Beamten. In Briefen, wie sie sie noch jahrzehntelang austauschen sollten, sprach er sie als «Hochverehrte!» oder «Hochverehrteste!» an (sie nannte ihn, wie es sich gehört, «Dr. Breicha»). Er wies sie auf Kleinverlage und Literaturwettbewerbe hin und riet ihr, sich mit ihren Gedichten für die «Österreichische Jugendkulturwoche» in Innsbruck zu bewerben. Ilona Jelinek reagierte zwiespältig auf die Gedichte ihrer Tochter. Mit dem Inhalt konnte sie nichts anfangen, die Anerkennung durch Otto Breicha schmeichelte ihr aber und sie hoffte, dass ihre Tochter – angesichts ihrer Schwierigkeiten im Studium und in der Musikausbildung – im Schreiben einen Beruf finden würde. Die sexuellen Aspekte von Elfriede Jelineks Texten verdrängte sie so wie alles Sexuelle.

Im April 1967 fuhren Mutter und Tochter nach Innsbruck. Die 18. Jugendkulturwoche war «gewidmet der schöpferischen Jugend Österreichs auf den Gebieten der Literatur und Malerei», wie es weihevoll im Programm hieß.[17] Altväterliche Tiroler Politiker fanden sich zur Begrüßung ein, im Tagungsraum im Haus der Begegnung hing ein mannshohes Kruzifix. Dennoch war die Jugendkulturwoche ein wichtiger Umschlagplatz für junge österreichische Künstler. Hier kamen die gleichaltrigen Autoren Barbara Frischmuth, Gert Jonke, Werner Kofler und der spätere Filmemacher Michael Haneke zusammen, unter den offiziellen Gästen waren die Berliner Autoren Nicolas Born und Peter O. Chotjewitz. «Dort haben wir uns ja fast alle kennen gelernt, die wir uns heute noch kennen», wird Elfriede Jelinek später schreiben. «Wir haben damals so viel entdeckt, und alle anderen hatten mir voraus, daß sie schon viel mehr entdeckt hatten als ich.»[18] Der Schriftsteller Gert Jonke erinnert sich an «ein stilles, hübsches Mädchen, wir haben uns gleich über Neue Musik unterhalten. Aber man fragte sich: Warum ist sie mit ihrer Mutter da?»

Auch Peter O. Chotjewitz hat die beiden Frauen in Erinnerung: «Die beiden strahlten eine symbiotische Klammerbeziehung aus, sie saßen allein am Tisch und gingen dann auch wieder gemeinsam. Man dachte sich: Glucke und Küken. Auffällig war auch die offenkundige Bereitschaft des Mädchens, sich unterzuordnen. Sie war ausgesprochen blass damals, nicht stilisiert, man dachte, sie muss vor dem Einschlafen knien und beten.» Wegen seines schnoddrigen Stils bezeichnete Elfriede Jelinek Chotjewitz später als ihr Vorbild und seinen Erzählband *Die Insel* als wichtigste Leseerfahrung dieser Jahre. Von seiner lakonischen Art habe sie sich damals viel abgeschaut;

dass Pathos immer eine Ableitung braucht, etwas Triviales oder einen Kalauer. «Sie hat einmal geschrieben, das mit dem Vorbild könnte ich ruhig ernst nehmen», sagt Chotjewitz. «Ich nehme das aber nicht ernst, das ist, als würde eine Sonne zu einer Sternschnuppe sagen, sie sei ihr Vorbild. Elfriede Jelinek brauchte mich nicht, sie brauchte niemanden.»[19] In die Dokumentation zur Jugendkulturwoche aufgenommen zu werden, hoffte Elfriede Jelinek noch vergeblich. Dafür erschien 1967 *Lisas Schatten* in einer kleinen Edition in München. Elfriede Jelineks Erstveröffentlichung war ein dünnes Heftchen mit rotem Einband und ohne Seitenzahlen, mehr Broschüre als Lyrikband. Im selben Jahr jedoch wurde sie in der Radiosendung «talente und tendenzen» vorgestellt, und sie fiel einer der höchsten lyrischen Instanzen Österreichs auf: Ernst Jandl. Er, der auch gerne im Literaturbetrieb mitmischte, verwendete sich bei der Literaturzeitschrift *manuskripte* für diese «Neuentdeckung als Lyrikerin». In einem Brief schlug er dem *manuskripte*-Herausgeber Alfred Kolleritsch Leute und Projekte vor, den Namen Elfriede Jelinek unterstrich er. «Ich finde, diese Gedichte haben Niveau, sind neu, und interessant.»[20]

Als Erster veröffentlichte die Gedichte Otto Breicha. Er war nicht nur in der Gesellschaft für Literatur tätig, er gab auch – gemeinsam mit dem Schriftsteller Gerhard Fritsch, der 1969 Selbstmord beging – die Literaturzeitschrift *protokolle* heraus. Auf mehreren Seiten erschienen im Band von 1968 Elfriede Jelineks Gedichte, in einem Umfeld, das sie beeindruckte, zwischen Beiträgen von Peter Handke, Albert Paris Gütersloh, Friederike Mayröcker oder Ernst Jandl.[21] Breicha ließ Elfriede Jelinek im Palais Wilczek lesen und versorgte sie mit dem neuesten Lesestoff, vor allem mit experimenteller Literatur und den Texten der Wiener Gruppe.

Die Wiener Gruppe befand sich gerade im Zenit ihres Ruhms. Ihre gemeinschaftliche Aktivität war zwar bereits weitgehend abgeschlossen, im Rowohlt Verlag war aber 1967 ein Sammelband erschienen, der die Künstlervereinigung gewissermaßen zur Marke machte.[22] Das Buch war herausgegeben von Gerhard Rühm und fasste nicht nur die Texte, sondern auch die Heldentaten des Kreises um Oswald Wiener, Konrad Bayer, Friedrich Achleitner, H. C. Artmann und seine eigenen zusammen. Vom Philosophen Ludwig Wittgenstein genauso inspiriert wie von pubertären Männlichkeitsritualen, ließ die Wiener Gruppe die Sprache nicht nur formvollendet gegen die Grenzen ihrer Welt krachen, «der poetische act» wurde in diversen Wiener Bars auch ordentlich begossen. So wie Achleitner und Rühm Ende der fünfziger Jahre auf dem Motorrad bei einer Performance in den Veranstaltungssaal eingefahren waren, so heizten sie auf ihrer «dichtungsmaschine» (Bayer) durch die literarischen Genres.

flucht nach innen Die Krise, die sich durch Elfriede Jelineks Schul- und Studentenzeit gezogen hatte, erreichte 1968 ihren Höhepunkt. Nach einer Panikattacke in der Stadtbahn auf dem Weg zu einer Orchesterprobe schaffte sie es nicht mehr, ihren Verpflichtungen nachzukommen. Sie schaffte gar nichts mehr, was der Alltag mit sich brachte. Sie ging nicht mehr hinaus, nicht zu Proben, sie ging nicht einmal auf die Straße. «Schade um diesen begabten Menschen», notierte die Klavierlehrerin.[23] Für Elfriede Jelinek begann ein Jahr der vollkommenen Isolation.

Sie lebte nun wieder bei ihren Eltern. Das neue Haus war fertig gebaut, der fehlende Hausrat wurde angeschafft, «unter dem Gesichtspunkt Aussteuer für das Kind», wie Ilona Jelinek es ausdrückte, «und natürlich auch, nur selbst einen schönen Lebensabend zu haben»[24]. Schon geographisch war Elfriede Jelinek von allem abgeschottet. Das neue Haus liegt auf einer Anhöhe in der Peripherie von Wien, dort, wo die Stadt in den

Wienerwald übergeht. Die «hingestreute Vorortesiedlung am westlichen Stadtrand», wie es in *Gier* heißt, ist alles andere als urban. Ein- und Zweifamilienhäuser, viele selbst gebaut, die älteren grau, die neuen in grellen Baumarktfarben gestrichen. Ein kleiner Laden, eine Haltestelle, an der alle halbe Stunde ein Bus stehen bleibt. Jeder kennt hier jeden, Spaziergänger werden von Vorgärten aus kritisch beäugt. Stadtrandtypisch sind die Rücksichten, die man aufeinander nehmen muss. Sie betreffen Rasenmäher, Grillgeruch oder die Hecke, die aufs Nachbargrundstück wuchert. Der Lebenstraum der Mutter sollte der Lebensmittelpunkt der Tochter bleiben. Bis heute wohnt und arbeitet Elfriede Jelinek in dem Einfamilienhaus, bis zum Tod Ilona Jelineks im Jahr 2000 lebte sie mit der Mutter unter einem Dach.

Die Zeit, die Elfriede Jelinek in ihrem Krisenjahr zu Hause verbrachte, muss ein Albtraum auf engstem Raum gewesen sein. Nervlich und physisch angeschlagen, saß sie mit ihrer Mutter und dem schwer kranken Vater fest. Friedrich Jelineks Krankheit war seit seiner Pensionierung 1965 weit fortgeschritten. Er konnte sich nicht mehr mitteilen, er erkannte seine Umgebung und seine Familie nicht mehr. Als er einmal das Telefon abnahm und ein Anrufer Elfriede Jelinek sprechen wollte, wusste er nicht, was er tun sollte. «Wissen Sie, ich existiere hier nur nebenbei», sagte er dem Anrufer. Friedrich Jelinek litt unter einer hochgradigen Geistesschwäche, in einem ärztlichen Gutachten wurde Alzheimer diagnostiziert.[25] Elfriede Jelinek, die seit ihrer Pubertät keinen Zugang mehr zu ihm gefunden hatte, erlebte auch noch den Verfall des Vaters hautnah mit.

Bis zehn Monate vor seinem Tod lebte Friedrich Jelinek daheim[26], versorgt von seiner Frau, die sich gleichzeitig um die kranke Tochter zu kümmern hatte. Es gab kein Entrinnen voreinander. Elfriede Jelineks Angstneurose hinderte sie daran, das Haus zu verlassen. Der Vater litt an dem für Alzheimerpatienten typischen Wandertrieb, Frau und Tochter waren gezwungen, alle Türen nach außen zu verschließen. «Ende»[27] heißt ein Gedicht, das Elfriede Jelinek in dieser Zeit schrieb.

mein vater
    der fremde mann
der klippenfisch
mit dem hahnenkamm
springt
in die sonne
steil
vorbei
schon lang vorbei
    sein rosaroter
hahnenschrei

Vater, Mutter und Kind versuchten, sich aus dem Weg zu gehen und waren einander ständig ausgesetzt. Die Familie hatte Elfriede Jelinek ohnehin nie als Ort der Geborgenheit erlebt. Jetzt wurde sie vollends zum Schauplatz einer psychischen Ausnahmesituation, eine Erfahrung, die Elfriede Jelinek nachhaltig prägte. Die Familie ist eines der zentralen Themen ihres Werks. Immer wieder beschrieb Elfriede Jelinek beschädigte Familien, die sich von allem abschotten und deren Mitglieder aufeinander geworfen sind. In *Die Ausgesperrten* ist die Familie eine kleinbürgerliche Hölle, genauso wie in *Die Liebhaberinnen* oder in *Lust*. Selbst Österreich, in Elfriede Jelineks Büchern häufig präsent, ist letztlich nichts anderes als ein auf das Staatsganze umgelegtes Bild einer Familie. Die Mechanismen, die sie als beispielhaft für das Land zeigt – Schuldabwehr, Verdrängung und Nicht-wahrhaben-Wollen unangenehmer Wahrheiten –, sind familiäre Mechanismen.

Im neuen Haus trat Elfriede Jelinek die Flucht nach innen an. Sie las alles, was ihr in die Hände fiel. Schon als Kind hatte sie verschlungen, was der Vater, der bei den Wiener Elektrizitätswerken beschäftigt war, aus der Betriebsbibliothek mitgebracht hatte, die antiken Dramen, die Klassiker, Ibsen. Sie vertiefte sich in Comics, Krimis und Groschenromane, keine künstliche Welt konnte ihr fern genug von ihrem eigenen Leben sein. Sie sah sich im Fernsehen an, was die beiden österreichischen Programme FS1 und FS2 zu bieten hatten, von der Kindersendung *Betthupferl* bis zu den täglichen Nachrichten *Zeit im Bild*. Und sie schrieb. «Schreiben müssen», nannte sie einen Text über dieses Jahr. «Den Gebrauch von Instrumenten war ich seit längerem gewöhnt, jetzt war eben ein neues Instrument dazugekommen: die Sprache, die alles öffnet und alles schließt und sich allem verschließt und selber alles ist.»[28]

ein hörroman Einer der wenigen, der in diesem Krisenjahr zu Elfriede Jelinek Kontakt hatte, war der junge Maler Robert Zeppel-Sperl. Die beiden kannten sich aus Innsbruck, Zeppel-Sperl durfte ins Haus der Jelineks zu Besuch kommen. Robert Zeppel-Sperl, der gerne eine k.u.k. Uniformjacke und selbst gebastelte Orden aus Holz trug, brachte Elfriede Jelinek Neuigkeiten von draußen, vom Leben, und spielte ihr Beatles-Lieder vor. Sie ließ sich von ihm Franz nennen, er war ihr «Sergeant Pepper Kunst». Zeppel-Sperl entging nicht, was in der Familie los war. Wenn die beiden in Elfriede Jelineks Zimmer Musik hörten «oder sonst was» machten[29], schlich ihr Vater «als blickloses Gespenst» durch das Haus. Immer wieder tauchte er im Zimmer auf, während sich Elfriede Jelinek «auf dem besten Weg dahin, ins Abtauchen» fühlte. Zeppel-Sperl versuchte Elfriede Jelinek abzulenken, malte sie, kümmerte sich um sie, «es war durchaus die Zuwendung, wie sie eine Frau von einem Mann halt bekommt, Zuneigung als Zuwendung, die trotz Unwissenheit umeinander beginnt (der psychisch Kranke ist ja fast immer mit sich selbst beschäftigt [...].)»[30]

Im August 1968 musste Friedrich Jelinek, voll entmündigt wegen Geistesschwäche, in ein Sanatorium gebracht werden.[31] Einen Monat später stellte Elfriede Jelinek ihren ersten Roman fertig: *bukolit*. Es geht um zwei Wesen, bukolit und bukolita, die miteinander kopulieren: «plop machte das brettende das den boden ankrachte also einmal das von herrn bukolit einmal das seiner frau jedoch wie klar ersichtlich niemals beide gleichzeitig sondern wechselweise immer schneller einer oben hockte der andre unten krachte.»[32]

Die Stellungen, in denen bukolit und bukolita miteinander Sex haben, ändern sich, sonst passiert in dem Roman nicht viel. In dem hermetischen Kosmos, in dem *bukolit* angesiedelt ist, massieren sich nur sprachliche Bilder: «rot soll sie sein rot wie die rose rot wie spezialreisende in herren unterwaren rot wie frischgestrichene schlafende taschen spieler in einem tapezierten kabinett rot wie gute oder schlechte seiten rot wie eleanor rigby in seifen lauge rotwein rotlauf rotang rotauge rothenburg (o.d.t.) rotgerber rotkäppchen (& b.w.) rotbuche rote kreuz lotterie roter mineralfarbstoff rothaut rothaar rotkehlchen rotor rotraut rotte rottenartige zusammenballung rotulieren rotwangig rotation rotary rotunde rottomane rotemma rotemm rotem rote rot rot rot rotrotrotrotrotrotrotrotrotrotrotrotrotrotrotrotrotrotrotrot rotz.»[33]

Elfriede Jelinek orientierte sich in ihrer ersten Prosaarbeit noch streng an den literarischen Kapazitäten. Wie die Wiener Gruppe wollte sie die Grenze zwischen Geschriebenem und Gesprochenem aufheben, sie nannte *bukolit* einen «hörroman». In *bukolit* – der Titel ist eine Mischung aus «bukolisch» und dem Kunststoff Bakelit – wechseln einander Textblöcke in Kleinschreibung und ohne Satzzeichen ab mit visueller Textgestaltung. Elfriede Jelinek experimentierte mit Wortschöpfungen «lingamuniär/mofettenjelänger/jenisch/roseolensuche/aufstöbern/ansichreiszen/bukolit» und mit der konkreten Poesie. «es folgt eine aufzählung», heißt es auf Seite 21. Was tatsächlich folgt, ist eine leere Seite. «ende der aufzählung», heißt es dann.

Die Rebellion, die es 1968 in Österreich gab und an der Elfriede Jelinek nur schreibend zu Hause teilnehmen konnte, vollzog sich größtenteils im Bereich der Form. Während sich Künstler anderswo mit der Verteilung von Produktionsmitteln beschäftigten, eignete man sich in Österreich die Mittel der Sprache an. «und wenn da einer sagt, die bedeutung eines worts sei sein gebrauch in der sprache, so ist das lieb von ihm und sicherlich auch gut gemeint!», schrieb Oswald Wiener. «wir anderen aber werden so gut sein und sagen: die worte mitsamt ihrem gebrauch sind untrennbar mit politischer und sozialer organisation verbunden, sind eigentlich diese organisation.»[34] In einem von Kaiserreich und Katholizismus geprägten Land, in dem die Form unter allen Umständen gewahrt bleiben muss, beginnt auch die Revolte bei der Form.

Das Ereignis, das die größte Aufregung verursachte, war eine Kunst-Aktion und fand im Juni 1968 im Hörsaal 1 des Neuen Institutsgebäudes der Wiener Universität statt. Es sollte dort ein Teach-in zum Thema «Kunst und Revolution» geben, nach wenigen Minuten funktionierten unter anderem Oswald Wiener, Günter Brus und Otto Muehl die Veranstaltung zu einem aktionistischen Happening um. Sie stiegen auf den Tisch, zogen sich vor den versammelten Studenten aus und verrichteten ihre Notdurft. Dazu sangen sie *Gaudeamus igitur* und die Bundeshymne. Die Beteiligten kamen vor Gericht, wegen Herabwürdigung österreichischer Symbole wurden Arreststrafen ohne Bewährung ausgesprochen. Einige Protagonisten der Aktion gingen nach Berlin, wo alsbald ein Restaurant namens «Exil» gegründet wurde.

zwei preise in innsbruck Kaum hatte Elfriede Jelinek ihr erstes Manuskript fertig gestellt, saß sie schon am nächsten: einem «Illustriertenroman», ihrem späteren Buch-Debüt *wir sind lockvögel baby!*. Sie schrieb und schrieb, besessen und beseelt zugleich, als habe sich in ihr etwas gelöst. Das Schreiben empfand sie als etwas, das sie unter Kontrolle hatte, das aber – anders als die Musik – keine Kontrolle erforderte. Man musste nicht abstrahieren, keine Technik beherrschen und nicht immer und immer unter größter körperlicher Anstrengung üben. Beim Schreiben entstand etwas, sobald man losließ, sich entäußerte – es war «die vollkommene Freiheit».[35]

Am «Illustriertenroman», in dem sie Versatzstücke aus der Popkultur montierte und collagierte, saß sie mit einem «Omnipotenzgefühl», ja, sie hatte, wie sie sagte, «geradezu einen Höhenkoller». Nach den Jahren der familiären Zwänge und dem Korsett der Verpflichtungen war da plötzlich das Gefühl, «alles schaffen zu können, alles zerstören zu können, alles verändern zu können».[36]

Textproben daraus sowie einige Gedichte sandte sie in den Sparten Prosa und Lyrik für den Wettbewerb der Innsbrucker Jugendkulturwoche ein. Die Jury kannte die Namen der Einreicher nicht, jeder Text musste vom Autor mit einem Kennwort versehen werden.[37] Als die beiden Fachjurys im Januar 1969 unabhängig voneinander ihre Siegertexte ermittelt hatten, gab es ein großes Hallo. Es war ein und dieselbe Person, die beide mit je 5000 Schilling dotierten Preise für Lyrik und Prosa erhalten sollte: Elfriede Jelinek, 1140 Wien.

Im Mai reiste Elfriede Jelinek zur Preisverleihung nach Innsbruck, wieder gemeinsam mit ihrer Mutter. Diesmal hielt sich Ilona Jelinek jedoch im Hintergrund und nahm sich ein Einzelzimmer in der Nähe. Die 22 Jahre alte Elfriede Jelinek fand sich im Mittelpunkt des Interesses einer ihr unvertrauten Szene wieder. Sie wurde als eine Art Fräuleinwunder bestaunt und von Funktionären, Journalisten und Scouts beäugt. Den

«Illustriertenroman» hatte sie schon dem Suhrkamp Verlag gesandt, dort war das Manuskript allerdings abgelehnt worden.

Hingegen hatte der Schriftsteller Gerald Bisinger, damals mit der Lyrikerin Elfriede Gerstl verheiratet, Elfriede Jelinek an den Rowohlt Verlag empfohlen, für den er als Außenlektor arbeitete. Dessen Cheflektor Fritz J. Raddatz hatte ein Faible für das Aktionistische und die Wiener Gruppe, er signalisierte Interesse.

Das offizielle Programm bei der Jugendkulturwoche hatte Niveau. Der Komponist György Ligeti hielt ein Seminar, der schwedische Organist Karl-Erik Welin gab ein Konzert. Die Orgelstudentin Elfriede Jelinek verehrte beide und nahm an den Veranstaltungen teil. Jean-Marie Straub zeigte seine Filme, Ernst Jandl und Friederike Mayröcker, Gerhard Rühm und H. C. Artmann traten auf. Rebellion streifte das Tiroler Land. Bei der Eröffnungsfeier rissen drei junge Männer dem Bürgermeister das Mikrofon aus der Hand und protestierten gegen eine «dünnwandige Barriere aus Subventionen und Preisen» und gegen die «Scheinavantgarde» im Programm. Ihren Protest nahmen sie auf Tonband auf und spulten ihn noch einmal ab. Das war zu viel für Tirol. Die Landesväter blieben schon am nächsten Tag der Preisverleihung fern. Endlich war man unter sich, die Veranstaltung ging zu Ende wie eine Klassenfahrt, wenn sich die Lehrer zurückgezogen haben. Es wurde gesoffen, getanzt und Radau gemacht, Tulpenbeete gingen zuschanden.

Elfriede Jelinek war bei allem mittendrin und, wie sich der Schriftsteller Peter Henisch erinnert, «überschäumend». Das «Mädchen mit dem roten Samtanzug, der romantischen Mähne und den zwei Literaturpreisen», wie die *Tiroler Tageszeitung* festhielt[38], feierte und flirtete. Elfriede Jelinek war seit einem Jahr wieder unter Leuten und sie war unter Gleichgesinnten. Sie genoss die Aufmerksamkeit der anderen Künstler, die Bewunderung der Männer. Sie ging aus sich heraus, ließ sich in

Umarmung mit einem Kollegen fotografieren, lüpfte vor einem Kamerateam des Österreichischen Fernsehens den Rock und phantasierte eine Aktion, bei der sie mit einem Hubschrauber landen und dabei ihre Gedichte lesen würde. Als ihr Siegertext vorgelesen wurde, unterbrach sie den Vortrag und las selbst weiter.

Schon anlässlich dieses allerersten Auftritts war viel von Obszönität in Elfriede Jelineks Texten die Rede, auch der für Preisgelder zuständige Landesjugendreferent fühlte sich provoziert und äußerte sich prototypisch für viele, die nach ihm kommen sollten. Der «Illustriertenroman» sei in einer Form geschrieben, «wie sie Ärzte und Psychologen in ihren wissenschaftlichen Veröffentlichungen als geistige Leistung unter Drogeneinfluß als Beispiel anführen». Er fand es einen «Skandal und eine Provokation aller Österreicher, die unter Kultur noch wirklich Kultur verstehen, dass die Jury diesem Roman den ersten Preis gegeben hat».[39] Die Jugendkulturwoche fand danach nicht mehr statt, die junge Szene zog weiter zum neu gegründeten «steirischen herbst» nach Graz.

Zum Abschluss gab Elfriede Jelinek Otto Breicha ein Interview und posierte vor dem Haus der Begegnung, lachend, ausgelassen, mit vielen Ketten behängt. Breicha, der über die Talente, die er förderte, gerne im *Kurier* oder *Express* schrieb, erkannte das optische Potenzial der Jungschriftstellerin. Das Foto illustrierte den ersten Artikel über Elfriede Jelinek, den Breicha unter dem Titel «Pop ist gut!» im Mai 1969 im *Kurier* veröffentlichte. Bei einem ihrer nächsten Besuche im Palais Wilczek fotografierte Breicha sie wieder, wie alle Schriftsteller, die zu ihm in die Gesellschaft für Literatur kamen. Die Frau, die man auf diesen Bildern sieht, wirkt, als sei sie es gewohnt, vor der Kamera zu stehen. Dunkel gekleidet, mit glatt herabfallendem Haar und groß geschminkten Augen, sitzt Elfriede Jelinek auf der Schreibtischkante und sieht in die Ferne wie eine französische Filmdiva. Auch die ersten professionellen Fotografen waren auf sie aufmerksam geworden. Sascha Manowicz schuf das Bild einer geheimnisumwitterten ernsten Frau, machte aber genauso Fotos, auf denen eine burschikose Elfriede Jelinek mit Schirmkappe zu sehen ist.

ein illustriertenroman Der in Innsbruck vorgestellte «Illustriertenroman» wurde unter dem Titel *wir sind lockvögel baby!* Elfriede Jelineks erste Buchpublikation. Der Roman erschien im Frühjahr 1970 bei Rowohlt. Der «hörroman» *bukolit*, für den Robert Zeppel-Sperl kopulierende Wesen gezeichnet hatte, sollte aus Sicht des Verlags danach erscheinen – wenn überhaupt. In einem anonymen Gutachten, das der Verlag hatte anfertigen lassen, hieß es über *bukolit* nicht gerade schmeichelhaft: «Originell an ihrem kosmischen Sex ist allein, daß sie das Wort ‹ficken› ganz bedenkenlos hinschreibt – das ist einer so jungen Autorin gewiß zugute zu halten. Aber im Übrigen weist ihre Vorliebe für vegetative Monstrositäten, Kannibalen und Mitesser nur wieder auf den schon bei der Elsner [der Schriftstellerin Gisela Elsner, Anm.] deutlich gewordenen Weiber-Masochismus zurück: Weil sie in der Küche nicht mehr und in der Politik noch nicht herumwühlen können, wühlen sie in den eigenen Eingeweiden und in denen anderer Leute herum.»[40]

wir sind lockvögel baby! ist wie *bukolit* in der künstlichen Welt angesiedelt, die Elfriede Jelinek während ihres Isolationsjahres abgelenkt hatte. Micky und Minny Maus, Sergeant Pepper, Batman oder Robin sind die Helden des Romans, dazwischen tauchen Axel Springer, die Kennedys und Brian Jones auf. Die Konstellation der Figuren wird in 73 Kapiteln kaleidoskopartig immer neu arrangiert, eine, die immer wiederkehrt, ist Otto. Ottos Identität ändert sich so schnell, wie sich sein Name vorwärts und rückwärts lesen lässt. Er ist einmal eine internationale Berühmtheit, dann wieder Marxist, eine «oberschwester», ein «rechter lauser» oder ein brutaler Schläger beziehungsweise «killertüp», wie das bei Elfriede Jelinek heißt. Das Subjekt ist nicht mehr fassbar. Es ist eine willkürlich erzeugte Einheit, sein einziges Bezugssystem sind die endlos reproduzierbaren Muster des Trivialen.

Die Forderungen, die in den sechziger Jahren an die künstlerische Avantgarde gestellt wurden, hat Elfriede Jelinek sofort berücksichtigt. Der Roman ist, wie schon *bukolit,* durchgehend kleingeschrieben und hat, bis auf Punkte, keine Satzzeichen. Die Hierarchie der Wörter sollte der Leser selber (wieder)herstellen, oder besser: in seinem Kopf neu sortieren. Bevor das Buch in Druck ging, widmete es Elfriede Jelinek kurzerhand «dem österreichischen bundesheer», gegen das damals ein Volksbegehren initiiert wurde.

Ähnlich unbekümmert trat Elfriede Jelinek im Rowohlt Verlag auf, einem «BRD-Verlag», wie man in Österreich damals so skeptisch wie ehrfurchtsvoll sagte. Dort gab es nach einer delikaten deutsch-deutschen Affäre einige Turbulenzen. Bücher aus dem Hause Rowohlt waren, in grünen Kunststoff gebunden, mittels Raketen und Luftballons auf DDR-Gebiet befördert worden. Auftraggeber dieser Bücherverschickung war das Verteidigungsministerium, in den Büchern befand sich eine Anwerbung für Agenten. Zahlreiche Schriftsteller protestierten dagegen, dass der Rowohlt Verlag sich so hatte vereinnahmen lassen, Cheflektor Raddatz, der, wie er in seiner Autobiographie versichert, in Details nicht eingeweiht war, musste seinen Hut nehmen.[41]

Verleger Heinrich Maria Ledig-Rowohlt kümmerte sich nun selbst um das Debüt aus Wien. Die junge Dame hatte genaue und extravagante Vorstellungen – sie wollte, dass ihr Buch aussieht wie ein Schulheft und in silbernes Plastik gebunden wird. Weil das zu teuer gewesen wäre, musste sich Elfriede Jelinek mit einem schwarz glänzenden Plastikeinband begnügen. Der Umschlag war immer noch auffällig genug. Der Titel steckte in Form eines weißen Kärtchens in einem Sichtfenster.

Der Kunst wurde in den sechziger und siebziger Jahren oft ein Gebrauchswert abverlangt, einen solchen wollte Elfriede Jelinek bieten. Das weiße Schildchen konnte man austauschen, sechs alternative Titel zum Ausschneiden waren auf die Aufschlagseite gedruckt. Sie lauten etwa «liebe machen in geschützten fichten» oder «ist das nicht schon krieg?». Und Elfriede Jelinek wollte eine «gebrauchsanweisung» als Einleitung. Mehrere Male ließ Ledig-Rowohlt sie den Text umschreiben, in dem die Leser aufgefordert werden, «dieses buch sofort eigenmächtig» zu verändern. «sie sollen hergehen & sich überhaupt zu VERÄNDERUNGEN ausserhalb der legalität hinreissen lassen. ich baue ihnen keine einzige künstliche sperre die sie nicht durch brechen könnten.»

Als Ledig-Rowohlt nach dem Erscheinen des Buches einmal in Wien war, wollte er die junge Autorin persönlich kennen lernen. Eine Limousine, wie sie sich noch nie in die Gegend verirrt hatte, fuhr vor dem Einfamilienhaus der Jelineks vor, ein Chauffeur klingelte und brachte Elfriede Jelinek zum Hotel Sacher. Im Restaurant saßen Ledig-Rowohlt und C. W. Ceram, der Autor von *Götter, Gräber und Gelehrte*. Elfriede Jelinek war zum ersten Mal im Hotel Sacher. Schüchtern saß sie mit den beiden Herren am Tisch und führte, so gut es ging, Konversation.

befreiungsakt *wir sind lockvögel baby!* wurde selbst vom *Times Literary Supplement* wahrgenommen und als «a finely-wrought, inventive and sustained piece of writing»[42] gelobt. Die Helden der Filme, Heftchenromane und Comics kommen nicht nur vor, sie kommen auch *wie* in einem Comic, Film oder Heftchenroman vor. Szenen sind mit Sätzen eingeleitet, wie sie in Sprechblasen stehen könnten, dazwischen finden sich stereotype Sätze oder Dialoge aus Agententhrillern und Groschenheften. Zusammenhänge werden ausgespart, kleine Details riesengroß gemacht: «die klingelschnur ist abgerissen & baumelt haltlos ihre wangen glühen vor beschämung. das weisse telefon mit der goldenen wählscheibe gibt keinen laut von sich. eine weisse riesenhand wirft die autotür mit aller riesenkraft ins schloss ein zarter kleiner körper wird dabei in zwei zarte kleine hälften geschnitten [...] king kongs oberlippe ist mit schweiss bedeckt sein volles schlaffes kinn zittert wir müssen amputieren flüstert er wir müssen den kopf amputieren.»[43] Die Jelinek'sche Technik ist bereits vollständig angelegt, im Lauf des Werks wird sich hauptsächlich ihre Leistungsstärke verbessern: In einem kompositorischen Akt werden unterschiedliche Ebenen und Stimmen, Reales und Gesagtes, Gemachtes und Erfundenes, Angelesenes und Zugetragenes zusammengeführt. Wie bei einem Mosaik ergeben die Einzelteile ein Bild.

Der Roman fand viel Beachtung, Elfriede Jelinek war nun keine Musikschülerin mit schweren Notentaschen mehr, sondern eine Schriftstellerin mit Karriereaussichten. Sie wurde zu Lesungen eingeladen und fürs Fernsehen gefilmt. Leopold Marksteiner, der Orgellehrer, sah «nach überstandener Krise»[44] endlich wieder eine Perspektive, wenn er auch monierte, dass sich durch «ausgedehnte schriftstellerische Tätigkeit» Elfriedes Interesse «zu ungunsten der Musik verlagert» habe.[45]

Die Anerkennung ihres Schreibens war für Elfriede Jelinek mit einem Befreiungsakt verbunden. Eines Tages sei ihr klar geworden, dass es mit den Ängsten so nicht weitergehen könne, sagt Elfriede Jelinek. Dass es absurd sei, mit Anfang zwanzig zu Hause festzusitzen. In gewisser Weise habe sie sich dann selbst am eigenen Schopf herausgezogen. Sie verließ das Haus, benutzte wieder öffentliche Verkehrsmittel und ging unter Leute. Das Jahr 1969 hatte die Wende gebracht. Von der Jugendkulturwoche war sie bestärkt nach Hause zurückgekehrt. Zwei Wochen später starb ihr Vater.

● wilde jahre
michael 1972

Den Tod ihres Vaters, der am 22. Mai 1969 im Psychiatrischen Krankenhaus Baumgartner Höhe den Folgen einer Lungenentzündung[1] erlegen war, schob Elfriede Jelinek beiseite, sie erlebte ihn kurzfristig sogar als Erleichterung. Nach dem Zusammengeschlossensein der Familie auf engstem Raum, nach ihrer jahrelangen Krankheit hatte sie wieder Luft zum Atmen. Die Trauer um den Vater wird mit großer Intensität wiederkehren, einstweilen warf sich Elfriede Jelinek ins Leben.

An ihrer Seite hatte sie den Komponisten und Musikwissenschaftler Wilhelm Zobl. Er war ein schmaler Junge, drei Jahre jünger als sie, mit ihm war sie schon bei der Jugendkulturwoche gewesen. Die beiden verband viel. Zobl war als Einzelkind in kleinbürgerlichen Verhältnissen aufgewachsen wie sie, er hatte Musik studiert, Gitarre, Schlagzeug und Komposition, und interessierte sich für alles, was mit Neuer Musik zu tun hatte. Und er war eine schillernde Figur. Wie sich nach seinem Tod 1991 herausstellte, hatte er seine Biographie ähnlich phantasievoll zusammengebastelt wie Elfriede Jelinek die Identität Ottos in *wir sind lockvögel baby!*. Zobl behauptete, jüdischer Abstammung zu sein, seine Kindheit wollte er in Brasilien verbracht haben.[2]

Der damals Neunzehnjährige holte seine ältere Freundin jeden Samstagnachmittag vom Orgelüben ab und nahm sie mit zu politischen Veranstaltungen. Elfriede Jelinek ließ sich anstecken von Zobls Überschwang. Selbst in Wien ging man nicht ohne Suhrkamp-Taschenbuch auf die Straße, auch Elfriede

Jelinek wollte sich politisieren. Sie las die gängige Literatur, besuchte Teach-ins, Diskussionen und Vorträge. Sie gab sich maoistisch und anarchistisch und sog die Phrasen von revolutionärem Bewusstsein und Volkskrieg so begierig auf wie zuvor in ihrer Isolation die Slogans der Fernsehreklame. In Zobls Gesellschaft gab sie das Buch «Materialien zur Musiksoziologie» heraus. In einem Essay, in dem sie Worte wie «vermassung» und «religionssurrogat» verwendete, analysierte sie Udo Jürgens' Liedtexte und kam zu dem Schluss, dass Schlager und Faschismus einander bedingen. Auch arbeite Jürgens an der «verewigung des herrschenden elends», vermittle er doch in seinen Liedern, dass jeder Mensch das kleine Glück bekommen könne. «udo zuhörer kommen jedenfalls nicht auf die idee selber was in die hand zu nehmen außer einen aktendeckel im büro.»[3]

Und Elfriede Jelinek wollte im Literaturbetrieb gehört werden. Eben noch bei der Jugendkulturwoche, mischte sie sich gemeinsam mit Zobl in den so genannten Realismus-Streit. Ausgetragen 1969 in der Literaturzeitschrift *manuskripte,* war dieser Streit eine Miniaturversion der legendären Debatte um den Tod der Literatur. Deutschlands Dichter und Denker hatten sich im *Kursbuch,* der Zeitschrift für linke Intellektuelle, und anderswo die Köpfe heiß geredet, ob Literatur in Zeiten gesellschaftlicher Umbrüche noch Literatur sein dürfe oder schon Agitation sein müsse. Die Diskussion erreichte auch Graz, wo der Herausgeber der *manuskripte,* Alfred Kolleritsch, den Ton anschlug. Er verteidigte die Literatur, die seiner Ansicht nach «zu leichtfertig politisch angreifbar gemacht» würde, und fand, dass «ein konkretes Gedicht heute genauso eine Kampfansage gegen das Establishment ist wie ein ästhetisches Maoabzeichen».[4]

Den Part von Peter Schneider, der im *Kursbuch* schwärmerisch die Kulturrevolution als Perspektive ins Spiel gebracht hatte[5], übernahm in Österreich Michael Scharang. Der Jung-

schriftsteller hatte wie Jelinek bei der letzten Jugendkulturwoche einen Preis gewonnen und wurde später ihr KPÖ-Ge-
nosse. Er fand Kolleritsch vom System korrumpiert und
vermisste den kämpferischen Ansatz. Da es nicht gelungen
sei, durch Kunst das Bewusstsein zu verändern, forderte er
seine Kollegen auf, Theater und Rundfunkstationen zu besetzen.[6] Dies trug ihm eine Ladung Spott von Peter Handke ein,
dem ungekrönten Haupt der österreichischen Literaturszene
mit Suhrkamp-Vertrag: «So ein unempfindliches Zeug», antwortete Handke. «Wenn Scharang nachprüfbare Änderungen
sehen will, ist es sicher am besten, er hört auf, Literatur zu
machen, auch solche Polemiken, die wieder nichts als öde Literatur sind.»[7] Für den mit seinen Sprechstücken äußerst erfolg-
reichen Handke waren solche Debatten ein gefundenes Fressen. Er verhöhnte sie alle für ihre Unempfindlichkeit und ließ
durchblicken, dass es ihm nichts ausmachen würde, als einziger Dichter mit Kunstverstand übrig zu bleiben, wenn alle anderen auf die Straße gehen wollten.

Hier setzten Elfriede Jelinek und Wilhem Zobl an. 21 und
19 Jahre alt, verfassten die beiden einen kampfeslustigen «Offenen Brief an Alfred Kolleritsch und Peter Handke». Man kann
nicht behaupten, dass ihr Beitrag programmatisch ausgefallen
wäre. Was nun die Aufgabe der Literatur sein solle, darüber
geben Jelinek und Zobl keine Auskunft. Auch nicht darüber,
ob sie nun ein Fernsehstudio besetzen würden. Aber der Brief
ist das beredte Zeugnis von zwei Künstlern, die beschlossen haben: Wir möchten Teil einer Jugendbewegung sein! Die Basis
dieser Jugendbewegung, nämlich das Theorie-Praxis-Problem
nach Marx und Engels («grundlegende Dinge, die längst behandelt sind»), wollten sie nicht in Frage gestellt sehen: weder
von einem Pragmatiker wie Kolleritsch noch von einem «der-
zeitigen Erfolgsautor (der ja ohnehin keine [Revolution] will)».
Vor allem für Handke hatten Jelinek und Zobl nur Empörung
übrig: «Nun zu Dir, Peter Handke», schrieben sie. «So ein emp-

findliches Zeug! Verlangst Du Empfindlichkeit und Sensibilität für Revolutionäre?»[8]

An einer Anthologie, die Peter Handke im selben Jahr herausgab, beteiligte sich Elfriede Jelinek nichtsdestotrotz. Sie wollte im Literaturbetrieb mehr als Schreibende ernst genommen werden denn als Zwischenruferin. *Der gewöhnliche Schrecken* hieß der Sammelband und versammelte «Horrorgeschichten»[9]. Elfriede Jelinek schrieb über einen mysteriösen Fremden, der in einer idyllischen Kleinstadt als Vampir zu wüten beginnt. Viel näher als in dieser Anthologie und während des *manuskripte*-Streits ist Elfriede Jelinek Handke nicht mehr gekommen. Zu ihrem Kärntner Kollegen pflegte sie ein Verhältnis faszinierten Abstandhaltens. Es gibt kaum ein Interview, in dem sie ihn nicht erwähnt, und sei es nur, um den Gegensatz zwischen ihnen beiden zu betonen. Der um vier Jahre ältere Handke ist der Autor ihrer Generation, an dem Elfriede Jelinek sich misst und den sie sehr genau beobachtet, manchmal wienerisch-versnobt, wenn sie sein Schreiben mit seinen ländlichen Wurzeln in Zusammenhang bringt oder ihn unter die «Kostbarkeits- oder Einmaligkeitsautoren»[10] reiht. Meistens aber äußerte sie sich fast schwärmerisch über Handkes Kraft des Schreibens, der immer eine Kraft des Erlebens vorausgeht.

rotwäsche und flugblätter Zobl und Jelinek waren ein enges und gutes Gespann. Sie mochte seine lärmende Radikalität, das Ungestüme und Lebendige. Eine Zeit lang steckten sie mit einem Maler zusammen, der sich bis heute Aramis nennt und damals Zobls bester Freund war. Die drei entwarfen 1969 *rotwäsche*, ein «Terrorstück mit Publikum», das in einem Undergroundkeller bei Stuttgart aufgeführt werden sollte. Geplant war, auf der Bühne Gegenstände rot einzufärben und sich gegenseitig mit roter Farbe voll zu spritzen, das Publikum sollte beworfen werden, aus Lautsprechern sollten Orgasmus-

Geräusche dringen. Zu dritt tüftelte man am Konzept, Elfriede Jelinek brachte die Szenenanweisungen zu Papier. Sie selbst wollte als «stumme Sängerin» auftreten und sich Männern im Publikum auf den Schoß setzen. Vorgesehen war zudem eine Kopulation auf dem Klavier, das anschließend zertrümmert würde, und zum Abschluss sollte Aramis Buttersäure in die Belüftungsschächte kippen und dem Publikum, das den Saal nicht verlassen durfte, durch «irrsinnig laute geräuschmontagen»[11] die Unfreiheit des Handelns illustrieren. Das Stück kam nicht zur Aufführung. Erst gab es Probleme, einen geeigneten Raum zu finden, dann zerstritt sich Aramis mit Zobl und Jelinek, weil ihm die Ansichten der beiden zu radikal schienen.

Elfriede Jelinek wollte endlich auch woanders heimisch sein als in der Welt der klassischen Musik. Beim «Wettlauf auf den getippten, hektographierten oder gedruckten Papieren um das möglichst revolutionäre, möglichst allgemeingültige Ideengut» (F. C. Delius)[12] versuchte sie eine Zeit lang mitzuhalten. So stellte sie in einem Anflug von sozialistischer Selbstkritik fest, «bisher öde kunst gemacht zu haben»: «meine literatur wird nicht mehr für literaturmanager gemacht werden dürfen. meine literatur wird ihre isolation aufgeben haben. meine literatur wird heiss werden müssen wie eine explosion wie in einem rauchpilz wird das sein. wie napalm», schrieb sie. «ich als kunstproduzent muss die wirkung eines kampfgases besitzen.»[13]

Im November 1969 organisierte die Österreichische Jungarbeiterbewegung, die den Konservativen nahe stand, eine Jugendmesse, den «Twen-Shop», Musik, Kleidung und andere Konsumgüter wurden beim «Twen-Shop» präsentiert, die Wiener Studentenbewegung rüstete sich zum Protest. Man plante Demonstrationen, baute Info-Stände und schrieb Transparente. Auch Elfriede Jelinek machte mit und tippte ein Flugblatt. «Zerschlagen wir den Twen-Shop», beginnt es, «denn wir haben kapiert: eine Gesellschaft die uns nur nach ihren Marktgesetzen beurteilt die scheißt auf unsere Hobbies, auf unsere Musik, unsere Mode. Die will unser Geld und sonst nichts.» Sie schloss mit einem «Aufruf»: «Kotzen wir ihnen hin auf ihre Schallplatten, ihre Disc-Jockeys, ihre Supermode, ihre alkoholfreien Getränke etc.»[14]

Und sie machte ihre erste Lesung im Ausland. Sie fuhr nach München, um aus ihrem Gedichtband *Lisas Schatten* zu lesen. Sie war das Vorprogramm zur legendären Gruppe Amon Düül II, der aus einer Münchner Kommune hervorgegangenen und gerade mit ihrem Album *Phallus Dei* bekannt gewordenen Krautrockband. Das Publikum wollte Musik hören, es war laut, als Elfriede Jelinek auftrat. Irgendwann rief sie «Scheiße!» ins Mikrofon, und verschaffte sich so Gehör.

wohngemeinschaft mit hundsblume Elfriede Jelinek machte erste Schritte weg von zu Hause und ging in einer Wohngemeinschaft ein und aus. Die Wohngemeinschaft war eine reine Männer-WG in der Berggasse unweit des Hauses, wo einst Sigmund Freud gewohnt und ordiniert hatte, und entsprach allen Klischees studentischen Zusammenlebens. In der Badewanne stapelte sich das schmutzige Geschirr, im größten Zimmer wurden Flugblätter und eine Zeitschrift produziert. Sie hieß *Hundsblume* und versammelte Gedichte und Essays, dazu Referate über Hegel. Herausgegeben wurde sie von Robert Schindel und seinem Mitbewohner Leander Kaiser. Kaiser, Anfang zwanzig, war eine stadtbekannte Figur. In *frontal,* der Zeitschrift der sozialistischen Mittelschüler, hatte er einen Text über die «Die Kirche und die Sexualität» veröffentlicht und mit einem Bildausschnitt aus einem Aufklärungsfilm von Oswalt Kolle illustriert, auf dem ein Pärchen beim Sex zu sehen war. Die Staatsanwaltschaft hatte gegen Kaiser ein Verfahren wegen Verstößen gegen das Pornografiegesetz, das «Schmutz- und Schundgesetz», wie es in Österreich hieß, eingeleitet.[15] Elfriede Jelinek freundete sich mit Kaiser an, bald war sie öfter in der Berggasse als zu Hause.

Leander Kaiser ist heute Maler, auch Robert Schindel wurde Künstler, Schriftsteller. Wenn man Schindel in seinem Lieblingscafé trifft, wo er Leute empfängt und schreibt, meint man, in einem versunkenen Wien gelandet zu sein, einer Welt der Literaten und Kaffeehausgänger, deren Zuhause das Reden und das Schreiben ist. Schindel ist der Sohn jüdischer Kommunisten, der nach der Deportation seiner Eltern in einem Kinderheim der nationalsozialistischen Volkswohlfahrt überlebt hatte. Er schrieb Gedichte, 1992 wurde er durch seinen autobiografischen Roman *Gebürtig* bekannt. Ende der sechziger Jahre war Schindel noch der «Linksaußen des Philosophischen Instituts», als der er später in den Roman *Der Mai ist vorbei* seines Kollegen Peter Henisch einging. Schindel war in Berlin bei der Kommune I gewesen und versuchte, etwas zackigeren revolutionären Geist nach Wien zu importieren. In den Rauchschwaden des Cafés Hawelka entstand die Idee, dass Wien ebenfalls eine Kommune brauche. Die so genannte Kommune Wien wurde gegründet und rief im Oktober 1967 zu einem «Love-in» in der Aula der Universität auf. Später stießen Leute wie der Aktionist Otto Muehl dazu, der Kaffeehausliterat Joe Berger plante die Besetzung des Wiener Burgtheaters. Der Versuch wurde jedoch abgebrochen, nachdem der Portier, so überliefert es zumindest die Anekdote, gesagt hatte: «Was? Das wollt ihr besetzen? Da sind doch nur Rentner drinnen!»[16] Verglichen mit den Demonstrationen und Straßenschlachten in Deutschland, tendierten die österreichischen Aktionen dieser Jahre ins Spielerische.

Elfriede Jelinek war in diesen Kreisen «ein Faszinosum», wie sich Robert Schindel erinnert, eine äußerst attraktive Erscheinung, groß und schlank, bis zur Provokation modisch gekleidet und charmant. «Unter uns vielen Selbsternannten war sie die einzig Durchgesetzte.» Seit *wir sind lockvögel baby!* erschienen

war, kannte man sie in der Wiener Literaturszene als Schriftstellerin, die es in einen deutschen Verlag geschafft hatte und
Mythen und Typen mit «ü» schreibt. «Ihr persönlicher Erfolg
dürfte der glücklichen Vereinigung von Geist und Schönheit
zu danken sein; ihr literarischer einer mit 25 Jahren ungewöhn-
lich starken Persönlichkeit, ein Resultat von Intelligenz, Selbst-
disziplin und Ausstrahlungskraft», schwärmte die Schriftstellerin Marie-Thérèse Kerschbaumer 1971.[17] Die jungen Männer in
der Wohngemeinschaft brachten Elfriede Jelinek jene Art von
Sorge entgegen, mit der man jungen Talenten gerne den Erfolg
madig macht: Sie würde «verheizt», warnte man sie.

Leander Kaiser wurde schließlich wegen seines Artikels zu
drei Monaten Arrest verurteilt. Elfriede Jelinek schrieb über
den Prozess und machte mit jugendlicher Entschiedenheit einen ihrer Meinung nach totalitären Staat für das Urteil verantwortlich. Es war der erste von unzähligen Texten, mit denen
sie in den folgenden Jahrzehnten für Freunde und Institutionen eintreten sollte. Es wurde ihre Art, sich mit der Welt draußen in Beziehung zu setzen, Kontakt zu halten und Kontakte
zu knüpfen.

«der fall des leander kaiser»[18], wie Elfriede Jelinek ihren
Text überschrieb, hatte aber noch eine andere Dimension. Der
Richter wollte, dass Kaiser psychiatrisch begutachtet wird,
sogar eine Zwangspsychiatrierung stand im Raum. So weit
kam es zwar nicht (das Urteil wurde später in eine Bewäh-
rungsstrafe umgewandelt[19]), aber Kaiser musste sich vom Arzt
Heinrich Gross untersuchen lassen. Gross war Vorstand des
Psychiatrischen Krankenhauses Baumgartner Höhe und steht
idealtypisch für die österreichische Verstrickung in Schuld. Er
gehörte zu jenen Ärzten, die zwischen 1940 und 1945 auf der
Baumgartner Höhe tätig waren, wo im «Spiegelgrund» Kinder
und Jugendliche der nationalsozialistischen «Euthanasie» zum
Opfer fielen. Nach dem Krieg machte Gross nicht nur Karriere
als Psychiater und Neuropathologe, er forschte auch weiterhin

mit den Präparaten von «Euthanasie»-Opfern. Als sich Aussagen von Überlebenden häuften, gab es im Jahr 2000 endlich einen Prozess gegen Gross. Doch der mimte den Demenzkranken, der nicht verhandlungsfähig sei. Elfriede Jelinek und die Komponistin Olga Neuwirth griffen das Thema in einer Oper auf, die aber unvollendet blieb.

ein schönes erlebnis Es waren Jahre des Ausprobierens, was Stile und was Lebensweisen betrifft. Elfriede Jelinek lebte sich aus. Sie ging auf Partys und war viel unterwegs. Von Kaiser trennte sie sich, auf der Frankfurter Buchmesse hatte sie den um vieles älteren Arnulf Rainer dabei. Arnulf Rainer war durch seine Übermalungen bekannt geworden, an seiner Kunst faszinierte Elfriede Jelinek das, worin sie ihr eigenes Projekt erkannte: eine Ästhetik, die sich dem, was sie abbildet, verweigert.

Andere Männer traten in Elfriede Jelineks Leben und mussten es genauso schnell wieder verlassen. Man machte Liebe oder Kunst miteinander, die Grenzen waren fließend, und beides war von Experimenten geprägt. Dem Paarverhalten dieser Zeit widmete sie sich in ihrer Kurzgeschichte *ein schönes erlebnis mit christoph, wenn es auch kurz war, war es doch schön*[20]. In scheinbarer Rollenumkehr geht es um den Verkäufer Christoph, der von einer selbstbewussten, Sportwagen fahrenden Ich-Erzählerin erst vernascht («im stiegenhaus küsse ich ihn kurz & hart. fast brutal.») und am nächsten Morgen fallen gelassen wird. «und später alle halben stunden ein heulender chr., der mir einen pullover stricken will und die wohnung saubermachen und kuchenbacken und mich seiner mutter vorstellen und abends mit mir fernsehen will (einen krimi) und so fort. doch von meiner seite ist nur freundliches dazu zu hören und die schicksalshaften worte: ‹es ist aus!› und so ist es auch. der tag ist aus, und christoph = auch zur neige gegangen.»

Elfriede Jelinek, die Orgelstudentin mit den guten Manieren, die daheim weiter ein Zimmer hatte, suchte die Gesellschaft von Männern, die nicht nur auf die Konventionen, sondern auch gerne mal auf den Boden spuckten. Warm wurde sie zwischen den hemdsärmeligen Künstlern und den Protagonisten der Studentenbewegung allerdings nicht. Das bemerkte auch ihr neuer Lektor Jürgen Manthey. Dieser hatte sich bei der Jungautorin gleich nach seinem Einstieg bei Rowohlt im August 1970 in Wien vorgestellt. Manthey übernachtete, von Mutter Jelinek bekocht, im Haus der Familie, ging mit Elfriede Jelinek tanzen und wurde von ihr in die Wiener Szene eingeführt. Dort ging es gerne ordinär und brutal zu, wie er sich erinnert. «Sie hat darunter gelitten, und sah nicht ein, warum sie als Bürgerliche zu Unterwerfungsgesten gegenüber dem Proletariat gezwungen sein sollte.» Dem vom Wiener Dichtermilieu eher abgestoßenen Lektor klagte Elfriede Jelinek auf selbstironische Weise ihr Leid: «Ich bin hier ja die einzige, die ‹Hochdaitsch› spricht.»

Als Frau stand sie in der österreichischen Literaturszene relativ allein da. Schriftstellerinnen wie Friederike Mayröcker, Ilse Aichinger oder Elfriede Gerstl waren etwas älter als Elfriede Jelinek und die längste Zeit mit mindestens ebenso bekannten Schriftsteller-Männern zusammen. Ingeborg Bachmann als Ikone des weiblichen Schreibens war sowohl geographisch als auch milieubedingt weit weg. Elfriede Jelinek wirkte, wie sich Schriftsteller-Kollegen erinnern, anfangs äußerst schüchtern. In Diskussionsrunden war sie zurückhaltend, als wollte sie sich kleiner machen, als sie ist, oder sie versuchte, sich hinter einer Pose zu verschanzen. Souverän war sie in überschaubaren Gruppen, auf Autofahrten zu Lesungen, in Zwiegesprächen, wie sie sie in der WG führte. Dann konnte sie ihr Wissen unter Beweis stellen und ihren schlagfertigen Witz. Über Männer habe sie dabei gesprochen, «wie man über ungeschickte Kinder spricht», fiel ihrem Mitbewohner Robert Schindel auf.

In einer Sammlung von Kindergeschichten hat Elfriede Jelinek ihre Erfahrungen mit Männern später auch verarbeitet. *Aufforderung zur Unfreundlichkeit* heißt Elfriede Jelineks Beitrag zum Langhaarigen-Machismo der siebziger Jahre. Die Ich-Erzählerin ist diesmal die Freundin von Edi, «der ein großer Künstler gewesen ist». Edi findet, dass Mann und Frau in einer Beziehung selbständig sein sollen. «Auf einem Fest zum Beispiel, hat das so ausgesehen, daß Edi, kaum daß wir bei der Tür drinnen waren, sofort auf einen andren Mitkünstler zugegangen ist und mit ihm ein Gespräch über Kunst begonnen hat [...]. Im Lauf des Abends hat Edi dann kein Wort mehr mit mir gesprochen zum Zeichen für unsre Unabhängigkeit.» Edis emanzipierte Ansichten halten allerdings nur so lange vor, bis eine gewisse Susi auftaucht, die nichts dabei findet, einen Mann zu bedienen. «Sofort hat Edi seine Quadratlatschen unter den echt antiken Tisch von Susi gepflanzt und ist von dort nicht mehr aufgestanden.» Als Lösung – es ist schließlich ein «Mädchenbuch auch für Jungen» – schlug die junge Autorin ihren kleinen Leserinnen vor: «Dann schickt den Edi zu seiner Mama zurück, die ihm immer gesagt hat, er ist der größte, stärkste und klügste von allen, und keiner, schon gar nicht eine Frau, kann ihm auch nur das Wasser reichen, oder das Bier.»[21]

berlin, berlin Irgendwann war es gut damit. Nach einigen Jahren im Umfeld der Weltrevolution (jedenfalls einer wienerischen Vorstellung davon) und nach ihrer 1971 bestandenen Orgelprüfung wollte Elfriede Jelinek weg. Ihr nächstes Roman-Manuskript *Michael. Ein Jugendbuch für die Infantilgesellschaft* hatte sie gerade abgegeben, und so konnte sie 1972 raus aus Wien, der Stadt, in der jeder jeden kennt und man ständig damit beschäftigt ist, es sich mit niemandem zu verscherzen. Damals wie heute war die erste Adresse, wenn man Wien hinter sich lassen wollte: Berlin. In Westberlin waren alle, es war der Ort, um sich in Ruhe dem zu widmen, wozu man sich berufen fühlte. Wer als Schriftsteller in Westdeutschland blieb, was nicht mehr auf viele zutraf, drohte etwas zu verpassen. In Berlin war die außerparlamentarische Opposition in ihrem Zenit, die Frauenbewegung am Start, und es war alles getan, damit sich in der Frontstadt wenigstens Studenten, Künstler und Wehrdienstverweigerer ansiedeln würden, wenn schon die Unternehmen und die Familien nicht zu halten waren.

Es gab einige Österreicher-Fraktionen in Berlin, die stärkste hatte sich um Oswald Wiener und Günter Brus geschart. Sie taten, was Österreicher in Berlin von jeher tun: Sie aßen Wiener Schnitzel, tranken Grünen Veltliner und blieben am liebsten unter sich, um ihr Fremdsein unter den «Piefkes» zu thematisieren. Damals traf man sich in einem Lokal, dessen Name Programm war: im «Exil». Oswald Wiener hatte es gegründet und zu einer Legende gemacht. Aber es gab auch Österreicher, die sich stärker am deutschen Literaturbetrieb orientierten, wie etwa den DAAD-Stipendiaten Gert Jonke. Seine Anlaufstation in Berlin war das «Bundes-Eck», die Kneipe, wo man nach Lesungen im «Buchhändlerkeller» zusammensaß.

Elfriede Jelinek kam im Frühjahr 1972 an. Sie belegte ein Zimmer in einer WG mit jungen und alten Leuten am Platz der Luftbrücke in Tempelhof. Als Erstes ging sie in die Schaubühne, um sich ein theatralisches Großereignis anzusehen: *Peer Gynt* an zwei Abenden in der Inszenierung von Peter Stein. An die Literaturszene fand die junge Wienerin schnell Anschluss. Gerald Bisinger, der seit den sechziger Jahren in Berlin lebte und Elfriede Jelinek dem Rowohlt Verlag vorgeschlagen hatte, unterstützte sie dabei. Elfriede Jelinek lernte den Schriftsteller Gert Loschütz kennen, der im Dunstkreis der «Exil»-Österreicher verkehrte. Der große, dunkelhaarige Loschütz entsprach mit seiner fast behäbig wirkenden Unerschütterlichkeit ganz Elfriede Jelineks Männergeschmack, die beiden wurden ein Paar. Mit Gert Loschütz testete Elfriede Jelinek zum ersten und letzten Mal eine Form von Zweisamkeit, die nach damaligem Dafürhalten bürgerlichen Existenzen vorbehalten blieb. Sie zog zu ihm, in die Friedrich-Franz-Straße nach Tempelhof, einen schon damals nicht gerade undergroundigen Bezirk, mit Respektabstand zu Kreuzberg. Die beiden gingen viel zusammen aus, in das Lokal «Zwiebelfisch», oder waren mit Loschütz' Künstlerfreunden unterwegs. Sie besuchten Lesungen und Diskussionen, machten Ausflüge nach Ostberlin.

Der Schriftsteller Gert Loschütz arbeitete nebenbei für Luchterhand und hatte über den Verlag Kontakt zu Leuten wie Enzensberger, Grass oder Johnson. Im Mai 1970 hatte sich für ihn noch ein anderer Kontakt ergeben: Nachdem sie Andreas Baader bei einem Freigang aus dem Gefängnis zur Flucht verholfen hatte, stand Ulrike Meinhof, die Haare kurz und blond gefärbt, mit ihrem Gefolge vor Gert Loschütz' Tür. Für einige Tage ließ man sich «zu Brötchenholern und Kaffeekochern der Revolution» machen, wie Gert Loschütz später in seiner Kurzgeschichte «Besuch» festhielt.[22]

1972, zu Elfriede Jelineks Zeit in Berlin, waren die großen Illusionen über eine von Grund auf umgekrempelte Gesellschaft freilich schon etwas welk. Nicht nur waren viele Literaten bereits auf dem Weg in die so genannte Innerlichkeit, auch in der politischen Realität machte sich Ernüchterung breit. Baader-Meinhof okkupierten die Diskussion, die Verhaftung der flüchtigen Köpfe der RAF im Juni 1972 sowie die Notstandsgesetze wogen stärker als die Träume, denen man sich zwischen «Exil» und der «Rostlaube» der Freien Universität in Dahlem hingegeben hatte. Das Interesse für die RAF wird in Elfriede Jelineks Werk wiederkehren: Im Stück *Wolken.Heim.* (1988) sind die Worte des deutschen Idealismus mit Zitaten von Meinhof und Ensslin ununterscheidbar verflochten. Die beiden Stammheimerinnen treten 2006 in *Ulrike Maria Stuart* wieder gegeneinander an, Elfriede Jelineks Vers-Adaption von Schillers Trauerspiel.

Auch Elfriede Jelineks Beziehung mit Gert Loschütz war eine Art Trip in die Innerlichkeit. Ihr Jahr in Berlin war die einzige Zeit, in der sie permanent mit einem Mann zusammenlebte. Es war eine Beziehung zwischen zwei jungen Schriftstellern, die relativ früh in den Literaturbetrieb eingestiegen waren. Sie führten «scharfe Diskussionen über die Probleme des Schreibens», wie Loschütz sagt, und kultivierten unschuldige Sorgen, «dass es zu symbiotisch werden könnte, man hatte andere Künstlerbeziehungen vor Augen, wie etwa Bachmann und Henze». Die beiden wohnten und arbeiteten zusammen, auf der Basis einer Rohübersetzung übertrugen sie kubanische Erzählungen und Gedichte aus Nicaragua. Für ein Kinderbuch, das Loschütz herausgab, lieferte Elfriede Jelinek eine süße Geschichte über einen kleinen Jungen namens Franz ab, der Besuch von einem Hamster bekommt. «Ich gab ihr den naiven Rat, den Schaum vom Mund zu nehmen, aber sie brauchte diesen Motor», erinnert sich Gert Loschütz. «Sie war gezielt in ihrem Wollen, wenn es auch Phasen gab, in denen sie vor dem Fernseher hing. Sie war sehr offen, sehr ängstlich und sehr suchend.»[23]

ein jugendbuch Elfriede Jelinek (die sich von Loschütz gerne «Anna» nennen ließ) baute in ihrer Berliner Zeit Ängste ab, ihr Alltag wurde normaler. Sie war viel mit Loschütz unterwegs, nahm ihn mit nach Wien und stellte ihn ihrer Mutter vor. Sie konnte es sich leisten, wenig zu arbeiten – jedenfalls im Vergleich zu anderen Jahren. Sie hatte das «Österreichische Staatsstipendium für Literatur» bekommen, monatlich 5000 Schilling, auch erschloss sie lukrative Einnahmequellen für leichte, mit Spaß verbundene Arbeit. Für den Sender Freies Berlin rezensierte sie Krimis, von denen sie Stöße zu Hause hatte. Und sie nahm ein weiteres Medium in ihr künstlerisches Repertoire auf, das Radio. Hörspiele waren für junge Schriftsteller eine gute Möglichkeit, Geld zu verdienen. Nach den ersten, exklusiv fürs Radio konzipierten Texten fertigte sie später von den Stoffen, die sie für Bücher oder für Theaterstücke bearbeitete, zusätzlich Hörspielfassungen an. Dafür passte sie die Vorlage den akustischen Gegebenheiten an, reduzierte Figuren, stellte Szenen um oder veränderte Schauplätze.

wenn die Sonne sinkt ist für manche auch noch büroschluß, erstmals gesendet 1972, wurde ein großer Erfolg und zog Aufträge für deutsche Radioanstalten nach sich. In dem Hörspiel geht es abermals um die Muster des Trivialen, diesmal um die Heftchenromane. Gaby, Unschuld aus der Stadt und Verkäuferin in einem Kaufhaus, wird von einem reichen und attraktiven Herrn namens Markus von der Wäscheabteilung in ein besseres Leben geführt. Es gibt die üblichen Verwicklungen, der Mann trifft sich mit einer anderen Frau, doch die ist keine Nebenbuhlerin, sondern eine Ärztin, die der Mann wegen einer schweren Krankheit aufsuchen muss. Am Ende stirbt Markus, und Gaby erbt alles. In dem Hörspiel sind bereits die Strukturen von Jelineks dramatischem Werk angelegt: Die Figuren haben keine Identität, sie sind nur das, was sie oder andere sagen. Das wiederholen sie dann als nimmermüde Sprechpuppen ihrer selbst: «Der schaut dich an, als ob der Blitz in ihn eingeschlagen hätte», stellt Gabys Kollegin fest, als Markus Gabys Abteilung betritt. «Ich fühle mich, als ob der Blitz in mich eingeschlagen hätte», sagt der darauf. Wie in ihrem Debüt *wir sind lockvögel baby!* hantiert Jelinek mit den Genres. Den hölzernen Stil der Groschenromane kombinierte sie mit Quizfragen und Straßenumfragen, wie sie sich auch in ihrem Roman *Michael* wiederfinden.

Michael. Ein Jugendbuch für die Infantilgesellschaft erschien im Juni 1972. Es war einer der ersten Titel von Jürgen Mantheys – mit einem Werk von Peter Rühmkorf eröffneten – Reihe «das neue buch». Die Reihe mit dem pink umrandeten Umschlag sollte die Lücke zwischen Literatur und Politik schließen. Rowohlt hatte einen Ruf zu verlieren. Für bestimmte Experimentalformen, wie etwa die der Wiener Gruppe, schien die Zeit abgelaufen, einige Autoren waren im Zuge der Verlagskrise um Cheflektor Fritz J. Raddatz abgewandert, andere, wie Rolf Dieter Brinkmann oder Nicolas Born, liefen nun wiederum zu Rowohlt über. Manthey hatte, als er neu zum Verlag kam, eine «Tabula rasa» vorgefunden und war dankbar, dass in Wien eine Jungautorin auf ihn gewartet zu haben schien, noch dazu eine, die er für «eine sinnliche und abwechslungsreiche Sprache» schätzte. Mit dieser Meinung stand Manthey manchmal allerdings sehr alleine da. Die form- und sprachbewusste österreichische Literatur gefiel vielen deutschen Schriftstellern nicht, und Manthey musste immer wieder erklären, dass Elfriede Jelinek nicht «das reine Sprachspiel» betreibe. Mit ihr zusammen konnte man, so Manthey, wiederum gut lästern über die Engstirnigkeit der deutschen «DKP-Literatur», wie sie es nannte.[24]

In *Michael* widmete sich Elfriede Jelinek nach den Comics, Trashfilmen und Heftchenromanen dem Fernsehen. Medien und Medienkritik, wie von Marshall McLuhan praktiziert, standen Anfang der siebziger Jahre hoch im Kurs, Elfriede Jelinek erzählte in *Michael* eine klassische Seifenoper. Michael heiratet eine schöne Frau und macht Karriere in der Firma des Schwiegerpapas, wo er Schwierigkeiten souverän meistert. Dem ist das Schicksal von Gerda und Ingrid entgegengesetzt, die es nie zu etwas bringen werden, weil sie Lehrlinge sind und dazu Mädchen. Dazwischen mischen sich Figuren aus Fernsehserien oder schalten sich Moderatorenstimmen («na meine lieben buben und mädel!»[25]) in das Geschehen ein.

Elfriede Jelinek sah viel und begeistert fern. In dem im *F.A.Z.-Magazin* erscheinenden Fragebogen, den der Schriftsteller Marcel Proust in seinem Leben zweimal ausfüllte, schrieb sie später in die Zeile «Wo möchten Sie leben?»: «Vor dem Fernseher.» Auf die Frage «Was wäre für Sie das größte Unglück?», antwortete sie nicht weniger ironisch: «Fernseher kaputt».²⁶ Dem Medium begegnete Elfriede Jelinek nicht wie andere Intellektuelle mit düsterem Kulturpessimismus, es war für sie ein Untersuchungsgegenstand. «Erika haßt Menschen, die nicht denkend fernsehen», heißt es in *Die Klavierspielerin*. 1970 hatte Elfriede Jelinek eine Störaktion einer Fußballübertragung phantasiert. Nicht der (im autoritätshörigen Österreich mit Doktortitel angesprochene) Fußball-Kommentator sollte zu vernehmen sein: «wir hören alle statt dr. kurt jeschko und seinem sümpatisch berührenden volkswitz 2 halbzeiten lang das knattern von presslufthämmern auf einer großbaustelle elektronisch verstärkt.» Ihr «konzept einer television des innen raums», wie sie es nannte, enthielt auch einen praktischen Vorschlag: «dem gesunden humor mit terror begegnen».²⁷

In den siebziger Jahren wurde noch gerne auf die Bildungsfunktion des Fernsehens hingewiesen, bei Elfriede Jelinek spielt sie keine Rolle mehr. Der Titel *Michael* geht zurück auf Goebbels' faschistischen Bildungsroman *Michael. Ein deutsches Schicksal in Tagebuchblättern,* in dem ein Student dem Geistesleben und seiner Freundin den Rücken kehrt, um im Bergwerk den Heldentod eines nationalsozialistisch erweckten deutschen Arbeiters zu sterben. Das Fernsehen ist in Jelineks Roman eine Mythenfabrik, deren alleiniger Zweck es ist, nichts zu bezwecken. Die Serienfiguren in *Michael* treffen auf authentische oder weniger authentische Fernsehlegenden (Dietmar Schönherr oder eine «inge meise»), sie heiraten und werden glücklich bis ans Ende ihrer Tage. Die Lehrlingsmädchen bleiben von allem ausgeschlossen, selbst von der Fersehwirklichkeit. In einer höhlengleichnishaften Szene lässt Ingrids Mutter ihre Tochter «zur strafe mit dem rücken zum fernsehapparat knien so dass ingrid nichts sehen kann. schade.»²⁸

Marshall McLuhans These vom Medium, das die Wirklichkeit nicht nur abbildet, sondern auch eine eigene schafft, ist in *Michael* mit Sinn für Entertainment umgesetzt. Die Geschichten der Serienfiguren gehen nahtlos über in die Geschichten der Lehrlingsmädchen, erzählt wird das Ganze so, als würde Fernsehgeschehen protokolliert. «aus dem handtaschengeschäft von ida rogalski dringen dicke rauchschwaden es brennt! frau rogalski läuft schluchzend wie ein aufgeschrecktes huhn hin & her um ihre modelltaschen aus kroko/dil in sicherheit zu bringen denn das sind die teuersten. [...] michael mein lebenswerk brennt! mutter ich bin schuld. nein mein junge du kannst nichts dafür.»[29] Als Buch über das Fernsehen vereint *Michael* das, was das Fernsehen bewirkt und sagt, mit dem, was über das Fernsehen gesagt wird. Diese Technik greift auch in späteren Werken. In ihren Stücken *Bambiland* und *Babel,* in denen sie 2003/04 den Irakkrieg mit der Berichterstattung im Fernsehen und Elementen der griechischen Mythologie verschränkte, tritt das Thema sogar noch einmal in den Vordergrund.

rom, blicke, graz Den Jahreswechsel 1972/73 verbrachten Elfriede Jelinek und Gert Loschütz beim Schriftsteller Peter O. Chotjewitz in Rom. Loschütz hatte für Januar bis März ein Stipendium der Akademie der Künste für Olevano in der Nähe von Rom bekommen, Elfriede Jelinek begleitete ihn. In Olevano bezogen sie die Villa Serpentara. Das Haus liegt in den Weinbergen, auch zwei Jagdhunde gehörten zum Inventar. Als Elfriede Jelinek ankam, gab es einen Wurf junger Hunde. Stundenlang konnte sie sich mit den Hündchen beschäftigen, gab ihnen Namen und ließ sich mit ihnen fotografieren.

Wie die Gegend aussah, kann man bei Rolf Dieter Brinkmann nachlesen. Brinkmann war Stipendiat der römisch-deutschen Institution Villa Massimo in Olevano und unternahm von der Casa Baldi aus seine ausgedehnten Spaziergänge. Der Aufzeichnungszeitraum des Klassikers *Rom, Blicke*, in dem Brinkmann bissig seinen Italien-Aufenthalt protokollierte, endet zwar einige Tage bevor Jelinek/Loschütz eintrafen, das Erblickte jedoch wird weiter zu sehen gewesen sein. «Wald der 100-jährigen Eichen, Wald der Schlangennester, Serpentara, und dann Preußische Akademie, Parco Privato, Vorsicht bissiger Hund, unten fault Abfall, und die Stille ist schön.»[30] Es waren Monate der Leichtigkeit und der Lebensfreude. Jelinek und Loschütz arbeiteten wenig und waren viel unterwegs. Oft liefen sie gemeinsam mit Brinkmann über die vom Winternebel verhangenen Weinberge, Brinkmann verschroben, Elfriede Jelinek im auffälligen schwarzen Fellmantel. Sie kamen gut miteinander aus und gingen in eine der Trattorien essen. Als Elfriede Jelinek ihr Hörspiel *Untergang eines Tauchers* umschreiben musste und deswegen ziemlich deprimiert war, gab ihr Brinkmann Tipps.

Nach drei Monaten in Olevano fuhren Loschütz und Jelinek wieder nach Berlin. Für den Sommer hatte Loschütz ein Stipendium für die Villa Massimo in Aussicht, und Elfriede Jelinek hätte ihn abermals gerne nach Italien begleitet. Doch Gert Loschütz wollte nun plötzlich keine feste Bindung mehr, die beiden trennten sich.

Das Jahr im Ausland war ein wichtiger Einschnitt im Leben von Elfriede Jelinek. Sie hatte es geschafft, sich von Wien und ihrer Mutter abzunabeln, und sie stand auf eigenen Beinen. Aber allein in Berlin wollte sie nicht mehr sein, dazu war ihr die Stadt, war ihr Deutschland doch zu fremd geblieben. Sie entschied sich für die Rückkehr nach Wien, wo weiterhin ihre besten Freunde waren. Eine Entscheidung, die gleichbedeutend war mit der Rückkehr zur Mutter, zum Kindsein, zu den Zwängen. Es war eine bedingungslose Entscheidung für ihren Weg – für die Kunst. Für eine Karriere als Schriftstellerin und den damit verbundenen Resonanzraum.

Dass sie das Schreiben zu ihrem Beruf machen würde, war ihr klar, seit ihre ersten Gedichte in den *protokollen* erschienen waren. Jetzt wollte sie persönlich mit den Leuten in Kontakt treten, in deren Umfeld sie ihren Namen das erste Mal gedruckt gesehen hatte. Wie so viele Autoren ihres Alters wurde sie Mitglied der Grazer Autorenversammlung. Die Schriftstellervereinigung begriff sich als Alternative zum österreichischen P.E.N.-Club. Dieser war in Österreich die dominierende Organisation und vertrat die österreichischen Schriftsteller im Ausland. Das Sagen hatte eine Riege reiferer Damen und Herren, darunter etwa Hilde Spiel oder Friedrich Torberg. Präsident des P.E.N.-Clubs war der Schriftsteller Alexander Lernet-Holenia. Er ist mit einem viel zitierten Satz in die österreichische Literaturgeschichte eingegangen: «In der Tat brauchen wir nur dort fortzusetzen, wo uns die Träume eines Irren unterbrochen haben.» Er hat damit in gewisser Weise das Motto für ein ganzes Land formuliert, das nach 1945 nichts lieber tat, als die Vergangenheit so schnell wie möglich als Albtraum abzuhaken.

Der P.E.N. konnte mit den jungen Wilden der avantgardistischen Literatur nicht viel anfangen und weigerte sich, einige Autoren in seine Reihen aufzunehmen. Als Lernet-Holenia 1972 auch noch aus Protest zurücktrat, weil Heinrich Böll den Nobelpreis bekommen hatte, war für die Jungen das Maß voll. Etwa fünfzig Autoren und Künstler, der Großteil aus Wien, trafen sich Anfang 1973 zu einer konstituierenden Versammlung in Graz, daher der Name Grazer Autorenversammlung. Mit dabei waren Ernst Jandl, Friederike Mayröcker, H. C. Artmann, Oswald Wiener, Peter Handke, Wolfgang Bauer, Gerhard Roth, Hermann Nitsch oder Peter Weibel, das erste Mal seit dem Krieg waren alle jüngeren Autoren beisammen. Elfriede Jelinek stieß italienbedingt später zur Grazer Autorenversammlung. Sie war kein aktives Mitglied, aber sie trat bei Lesungen auf und nahm an internen Treffen teil. Ein Foto aus diesen Jahren zeigt sie mit anderen Schriftstellern auf einer Heurigenbank sitzend, die Kollegen rustikal, Elfriede Jelinek geschminkt und mit Pelzkragen.

das phantom pynchon 1973/74 nahm sie einen gewichtigen Übersetzungsauftrag an. In den Verlagen war man der Meinung, Schriftsteller seien die besseren Übersetzer, und Jürgen Manthey hatte Elfriede Jelinek an den US-amerikanischen Schriftsteller Thomas Pynchon herangeführt. Zwei seiner Werke aus den sechziger Jahren standen für die Reihe «das neue buch» an, zuerst brachte Rowohlt Pynchons schlanken Roman *Die Versteigerung von No. 49* heraus. Elfriede Jelinek war mit der Redaktion der Übersetzung von Wulf Teichmann beauftragt worden und hatte das Buch in Olevano durchgesehen. Zu dem um einiges dickleibigeren und anspruchsvolleren Pynchon-Debüt *V* sollte Elfriede Jelinek ein Gutachten verfassen und die deutsche Ausgabe mit einem Nachwort versehen. Da lag schon der neueste Pynchon in Reinbek auf dem Schreibtisch, sein Hauptwerk *Gravity's Rainbow,* in den USA 1973 erschienen.

In dem Buch bildet die von den Nazis als Wunderwaffe gepriesene V2-Rakete die Leitmetapher und eine Art Klammer für eine Fülle von Schauplätzen und Ereignissen. Viel mehr ist über den Inhalt nicht zu sagen, *Gravity's Rainbow* ist ein Roman über menschliche Vorstellungskraft. Die Welt ist bei Pynchon das, was sich ein Mensch über die Welt zusammenreimen kann, und das ist grenzenlos. Es betrifft gesichertes Wissen genauso wie Verschwörungstheorien, Drogenrausch oder Paranoia. Bei Pynchon hat alles mit allem zu tun, damit muss sich der Mensch zurechtfinden, in diesem Fall Tyrone Slothrop, eine der Hauptfiguren. Auf der Suche nach einer mysteriösen Rakete hetzt er von Schauplatz zu Schauplatz, von London, wo die letzten Raketen des Krieges abgeschossen wurden, nach Peenemünde, wo Raketen gebaut wurden, durch das besiegte Deutschland.

Elfriede Jelinek bohrte sich in das Buch wie ein «wurm still durch den apfel», wie sie notierte.[31] Pynchon, das war für sie ein Autor, der über alles schreiben konnte, ohne es zu kennen, der ein Nachkriegsdeutschland entwerfen konnte, ohne je dort gewesen zu sein. Das war es, worin sie sich erkannte, über Dinge zu schreiben, die nicht auf Erlebtem basieren, sondern auf einer Vorstellung davon. Darauf, dass Realität nicht ohne die Dinge gedacht werden kann, die diese Realität wiedergeben. Dazu kam Pynchons Sprachgewalt, diese «manische energie in pynchons fiktionen, dieser hoffnungslose versuch, die leere mit worten anzufüllen»[32]. Nicht zuletzt die Person Pynchon faszinierte Jelinek. Pynchon ist seit fast vierzig Jahren mehr oder weniger untergetaucht. Ein verwaschenes Paparazzo-Foto gibt es von ihm, das ihn beim Einkaufen in New York zeigt. Zur Verleihung des National Book Award, den er für *Gravity's Rainbow* bekam, erschien er nicht selbst, sondern sandte einen Komiker. Pynchon ist ein Schriftsteller, dessen Leben hinter der Deutung eines Lebens zurücktritt. (Seinen Gastauftritt in der Zeichentrickserie *The Simpsons* sprach Pynchon zwar selbst, seine Figur trug allerdings eine Tüte mit einem Fragezeichen über den Kopf gestülpt.) Im «Legen von Spuren, hinter denen man verschwinden kann», wie es Elfriede Jelinek an Pynchon bewunderte, trifft amerikanische Postmoderne auf das Urwiener Bedürfnis, in dem Bild aufzugehen, das man nach außen abgibt.

Drei Jahre war Elfriede Jelinek mit der Übersetzung beschäftigt. Heute weiß sie, dass sie sich diese Aufgabe gar nicht erst hätte zutrauen sollen und ihr die Fähigkeiten eines Übersetzers fehlten. Abgesehen von der Menge, war es Pynchons Sprache, diese Melange aus Jargons und Stilen, die für jemanden ohne viel Erfahrung kaum zu bewältigen ist. Dazu kam das enzyklopädische Wissen Pynchons, für das sie, wie sie es ausdrückte, einen «Beraterstab gebraucht hätte wie der amerikanische Präsident»[33]. Doch sie war jung und ehrgeizig. Sie versuchte, Pynchon etwas Eigenes entgegenzusetzen, in der intensivsten Phase saß sie zwischen acht und zehn Stunden am Tag am Schreibtisch. Im Winter hatte sie die Füße in einem Heizschuh stecken, weil zu Hause die Fenster nicht dicht waren. Aufgeben kam nicht in Frage, auch wenn sie sich nicht mehr in einen Apfel bohrte, sondern sich längst durchbeißen musste.

Der Auftrag wurde trotzdem ein Fiasko. 1976 stellte sie einen Auszug ihrer Übersetzung in den *manuskripten* vor (so wie sie heute Proben auf ihre Homepage stellt) und veröffentlichte das Nachwort zu *V.* unter dem Titel *kein licht am ende des tunnels*. Ein solches sah man auch in Reinbek nicht. Die Übersetzung der 760 Seiten missfiel und hielt wohl auch der Kritik von Amerikanisten und Pynchonianern nicht stand. Ein Übriges tat die damals von Jelinek praktizierte Kleinschreibung. Ledig-Rowohlt schrieb das Projekt ab und gab die Rechte an *Gravity's Rainbow* wieder her. Er war nur mit Mühe zu einem Rückkauf und einem zweiten Übersetzerhonorar zu bewegen. Thomas Piltz wurde hinzugezogen und übersetzte das Buch auf der Basis von Elfriede Jelineks Text. Das Resultat war ein sprachliches wie rhythmisches Flickwerk, das schließlich 1981 als Gemeinschaftswerk von Piltz und Jelinek erschien, immerhin mit Jelineks Titel *Die Enden der Parabel*.[34]

heirat Die Institutionen bestimmten Elfriede Jelineks Jahr 1974. Sie trat aus der Kirche aus und in die Kommunistische Partei Österreichs (KPÖ) und den Stand der Ehe ein. Ihren Mann, den Informatiker Gottfried Hüngsberg, hatte Elfriede Jelinek bei einer Lesung in einem Kulturzentrum für Jugendliche in München kennen gelernt. Zuvor hatte er ihre Stimme im Radio gehört. Sie trug erste Texte aus *Die Liebhaberinnen* vor, ihrem Roman über zwei Arbeiterinnen, der 1975 erscheinen sollte. Gottfried Hüngsberg hörte die Sendung und beschloss, er müsse diese Frau kennen lernen. Bei der Lesung fiel sie ihm durch eine besondere Art von Hut auf[35], er ihr durch die gern gestellte Frage, ob sie als Intellektuelle wirklich glaube, die Leute zu erreichen, über die sie schreibt. Während der Diskussion dachte sie: Hoffentlich geht der nicht weg. Er ging nicht weg, kaum acht Wochen später standen die beiden auf dem Standesamt in Wien-Penzing. Am 12. Juni gaben sich Elfriede Jelinek und Gottfried Hüngsberg das Jawort, Ilona Jelinek und die Schriftstellerin Marie-Thérèse Kerschbaumer waren die Trauzeuginnen. Zu Alice Schwarzer sagte Elfriede Jelinek viele Jahre später, sie habe aus «Kuriosität» geheiratet, um bewusst «ein anderes Modell der Ehe» auszuprobieren – ihres würde eine jahrzehntelange Fernbeziehung einschließen.

Gottfried Hüngsberg, 1944 geboren, verkehrte Ende der sechziger, Anfang der siebziger Jahre dort, wo München wahrscheinlich am interessantesten war, im Umkreis von Rainer Werner Fassbinder. Angefangen hatte Hüngsberg beim Action-Theater. Eine Gruppe von Schauspielern, Laien und Paradiesvögeln bespielte in der Nähe des Sendlinger Tors ein Kleintheater nach dem Vorbild des Living Theatre und teilte, abgesehen von der Bühne, Tisch und WG-Betten miteinander. Fassbinder stieß 1967 mehr oder weniger zufällig dazu und machte sich bald zur dominanten Figur der Gruppe. Unter dem Namen «antiteater» wurde die Bühne dann berühmt. Hüngsberg, von Fassbinder wegen der adeligen Anmutung seines Namens Gottfried *von* Hüngsberg genannt, wohnte zusammen mit Fassbinder, Peer Raben, Irm Hermann und Ingrid Caven in einer WG.

Sonst zog er im Fassbinder-Kosmos seine Bahnen eher am Rand. Wo als Prinzip galt: Alle machen alles und jeden Monat ein Stück oder einen Film, spezialisierte sich Hüngsberg auf Sound- und Tontechnik. In Theaterproduktionen (*Iphigenie* 1968) und Filmen (*Katzelmacher* 1969, *Götter der Pest* 1970) kümmerte er sich gemeinsam mit dem Komponisten Peer Raben um die Musik, in dem Film *Liebe ist kälter als der Tod* (1969) taucht er zudem als Kleindarsteller mit Schlapphut auf. Als er Elfriede Jelinek kennen lernte, hatte er schon etwas Abstand zur Truppe und arbeitete mit dem jungen Schweizer Regisseur Daniel Schmid (an *La Paloma* 1974 und der Fassbinder-Bearbeitung *Schatten der Engel* 1975). Sosehr man, angefangen vom

Thema kleinbürgerlicher Faschismus bis hin zum Interesse für Marieluise Fleißer, inhaltliche Beziehungen zwischen Jelinek und Fassbinder entdecken kann – persönliche Berührungen zwischen Elfriede Jelinek und der Szene um Fassbinder blieben spärlich. Einmal besuchte sie das Filmset und bekam etwas von der aufreibenden Arbeitsweise mit, für die Fassbinder berüchtigt war. Sie selbst blieb Fassbinder, wie sie später erfuhr, als «sehr nett» in Erinnerung.

«ich hab geheiratet, sonst gehts mir auch gut», schrieb Elfriede Jelinek, frisch gebackene Hüngsberg, übersprudelnd an Otto Breicha. «gottseidank keinen künstler (NIE wieder!) sondern einen naturwissenschaftler (elektronik), der auch elektronische musik erzeugt, nicht zum zwecke der kunst, sondern zum zweck des gebrauchs (film, tv, hörspiel etc.). das ist sehr angenehm. einen münchner, daher teil ich jetzt meine zeit zwischen wien und münchen, ist ja nicht weit, hätt ja auch ein hamburger sein können.»[37]

Das Paar fuhr in Hüngsbergs klapprigem Mercedes durch Italien, manchmal auch nach Paris, wo Elfriede Jelinek mit Freunden, unter anderem mit Brigitte Classen, der Herausgeberin der feministischen Zeitschrift *Die schwarze Botin,* eine Wohnung gemietet hatte. In München suchten Elfriede Jelinek und ihr Mann eine Wohnung, zogen aber nicht gänzlich zusammen. Er blieb in Deutschland, sie bei ihrer Mutter in Wien. Kinder wollte Elfriede Jelinek nicht, sie konnte sich, von ihrer Mutter ein halbes Leben in der Rolle des Kindes gehalten, kein Leben mit Kindern vorstellen.

Seit mehr als dreißig Jahren führt sie mit ihrem Mann eine konventionell-unkonventionelle Beziehung. Man besucht einander regelmäßig, aber nie unangemeldet. Teilt, was es zu teilen gibt, und respektiert sonst das Leben des anderen. Gottfried Hüngsberg arbeitet als selbständiger Informatiker. Mit Computern hatte er schon zu tun, als er noch elektronische Musik machte. Er war einer der Ersten, die privat einen Computer besaßen, schon zu WG-Zeiten hatte er einen Großrechner im Zimmer stehen, den er von Siemens geschenkt bekommen hatte. Durch ihren Mann ist Elfriede Jelinek sehr früh mit Computern in Berührung gekommen.

Gottfried Hüngsberg begleitet Elfriede Jelinek zu ihren Theaterpremieren oder Preisverleihungen. Wenn man die beiden zusammen sieht, den großen, durch nichts aus der Ruhe zu bringenden Hüngsberg und die schmale Elfriede Jelinek, hat man das Gefühl, dass sie in ihm auch eine Art Schutzschild hat. Ansonsten entzieht sich Gottfried Hüngsberg der Öffentlichkeit. Er ist ein stiller, zurückgezogener Mann, der jede Anfrage, die sein Leben betrifft, verweigert. Ein einziges, winziges Interview hat er gegeben, in der Zeitschrift *Cosmopolitan*. In der Rubrik «Männer – Wie sie mit starken Frauen leben» erzählte Hüngsberg vom «Eheleben auf Distanz»[38]. Dass er selbst sich auch hätte vorstellen können, in einem Kollektiv zu leben wie zu Theaterzeiten. Diese Idee habe er aber im ersten Ehejahr aufgegeben.

Für den Fotografen des *Cosmopolitan* setzte Elfriede Jelinek sich auf eine Schaukel, dahinter stellte sich Gottfried Hüngsberg auf und schubste sie an. An ihrer schriftstellerischen Arbeit nimmt Gottfried Hüngsberg nicht als Erstleser oder Lektor Anteil, sondern als Techniker. Gottfried Hüngsberg speichert alle Versionen ihrer Texte, verwaltet ihre Dateien und hilft ihr bei Recherchen im Internet. Sie schreibt, er sichert.

das ist eine schöne landschaft

die liebhaberinnen 1975

Wieder in Wien bei der Mutter, richtete sich Elfriede Jelinek ihren Arbeitsplatz so ein, wie es ihn heute noch gibt. Das Zimmer ist gartenseitig, an der Wand hängt das Gemälde «Flower Power» von Robert Zeppel-Sperl. Der Schreibtisch steht vor dem Fenster, Elfriede Jelineks Blick fällt auf einen waldigen Gegenhang, der Besucher an die Toscana oder an Santa Barbara denken lässt. Die Stadt scheint sehr weit weg zu sein. Vor sich hatte Elfriede Jelinek damals eine mechanische Schreibmaschine der Marke Hermes, im Regal Roland Barthes' *Mythen des Alltags,* ein Bändchen, das sie seit ihrer Beschäftigung mit den Formen des Trivialen griffbereit hatte, und die kleine Handbibliothek, die Elfriede Jelinek für jede ihrer Arbeiten neu anlegte.

Fremdtexte waren und sind das Ausgangsmaterial ihres Schreibens. Nicht immer sind es literarische Texte, es können auch naturwissenschaftliche, philosophische oder triviale Lektüren sein, eine Zeitungsmeldung oder historisches Material. Es sind diese unterschiedlichen Stimmen, die sie beim Schreiben leiten, immer wieder kommt sie auf die Quellen zurück und bettet einzelne Passagen in ihre eigenen Texte ein. Sie braucht die verschiedenen Jargons, als Unterlage, als Gegengewicht oder als Klangfarbe.

Elfriede Jelinek produzierte am laufenden Band: Hörspiele, Übersetzungen, Kurzprosa, Essays. Die Disziplin war sie noch aus Zeiten des musikalischen Drills gewöhnt. Sie stand morgens um sechs Uhr auf, frühstückte schnell und machte sich an die Arbeit. Sie brauchte keine besonderen Rituale, sie fing an, so wie sie gerade dasaß. Nur lesen wollte sie nicht vor dem Schreiben, der Kopf sollte leer von Eindrücken bleiben. Wenn sie in der Früh etwas erledigen musste, einkaufen oder länger mit dem Hund gehen, war der Tag schon halb verloren. An diesem Arbeitsrhythmus hat sich über die Jahrzehnte nicht viel geändert. Elfriede Jelinek setzt immer das Hauptwerk fort, mit dem sie jeweils beschäftigt ist. Sie schreibt sehr schnell und überarbeitet anschließend, was sie hat, so lange, bis sie es gut findet. Erst dann fühlt sie sich sicher, eine neue Passage zu beginnen. Zwei bis drei Stunden schreibt sie, danach kommt die Routine. Sie korrigiert Fahnen, beantwortet Post oder schreibt E-Mails, Leserbriefe und Artikel, die man bei ihr bestellt hat. Am Nachmittag liest sie oder geht ins Kaffeehaus, um sich mit Leuten zu treffen, um für einige Stunden in der Welt zu sein. Wenn sie abends nicht ausgeht, liest sie oder sieht fern, die Arbeit ruht dann. Als junge Schriftstellerin hat sie eine Zeit lang jeden Tag vor dem Einschlafen eine Kurzgeschichte ihres Lieblingsautors Walter Serner gelesen, in der verträumten Hoffnung, so würde sich das Können dieses Autors im Unbewussten mit ihrem eigenen verbinden.

Hat Elfriede Jelinek ein Thema gefunden, verarbeitet sie es äußerst vielfältig. Sie nähert sich meistens schrittweise, über kürzere und längere Texte, in denen sie einen Stoff vorbereitet. Über solche Etappen verdichtet es sich zu einem Hauptwerk, ehe es dann über Hörspiele oder andere Formen der Bearbeitung ausläuft. Manches greift sie später in veränderter Form noch einmal auf.

An die Figur der Paula, einer Arbeiterin vom Land, schrieb sich Elfriede Jelinek heran, während sie an ihrer langwierigen Pynchon-Übersetzung saß. Zunächst mit der Kurzprosa *am beispiel von paula*[1], die sie später unverändert als Kapitel in *Die Liebhaberinnen* übernahm, dann mit der Erzählung *paula, bei der rezeption eines buches, das am land spielt, und in dem sie die hauptrolle spielt*[2]. In dem Monolog gesteht Paula für alles, was ihr im Leben widerfahren ist, Schuld ein. Die letzte Stufe war ihr Roman *Die Liebhaberinnen*, in dem sie Paula der Arbeiterin Brigitte aus der Stadt gegenüberstellt.

Paula ist im Roman 15 und will nicht wie die anderen Mädchen vom Dorf Verkäuferin und danach Hausfrau werden. Gegen den Willen der Familie beginnt sie eine Schneiderlehre in der nächsten Stadt. In den Arbeitspausen Heftchen lesend, «saugt sich paula mit liebe voll» und wird bei der ersten Gelegenheit vom Dorf-Gigolo schwanger, dem Holzarbeiter Erich. Brigitte arbeitet in einer Büstenhalterfabrik in der Stadt. Sie versucht ebenfalls, ihren Lebensumständen zu entkommen, und macht sich an Heinz heran, der ein Elektrogeschäft in Aussicht hat.

Der Roman ist formal so stark organisiert wie kein anderer Elfriede Jelineks. Nachgeahmt und parodiert werden die gleichförmigen Strickmuster von Heftchenromanen. Paulas Schicksal ist Brigittes exakt entgegengesetzt, dazwischen schaltet sich eine Erzählstimme ein, die die sozialrealistische Handlung sarkastisch unterläuft. «immer abwechselnd mit dem guten beispiel brigittes schleppt sich das schlechte beispiel paulas dahin.»[3] Kapitelweise und ohne Illusionen kämpft sich Brigitte durch, zur Mutter von Heinz, deren Toilette sie putzt, in das Bett von Heinz, der ihren Ekel erregt. Endlich wird sie schwanger und darf Anspruch auf ein gemeinsames Heim anmelden. «die ehe schlägt ihr gut an, das sieht man. sie strahlt mit ihren küchenkästen um die wette. der haß hat sie innerlich schon ganz aufgegessen. aber die freude am besitz ist ihr geblieben.»[4] Dass Paula ihr Kind nicht unehelich auf die Welt bringt, hat sie einer Abmachung zwischen den dumpfen Familien zu verdanken. «klar die paula hat eine schweinerei und eine dummheit gemacht aber sie ist doch noch so jung [...]»[5]. Erich heiratet sie. Doch er, der Holzknecht, vertrinkt das Geld im Dorfwirtshaus und schlägt Paula, Paula prostituiert sich heimlich, um

Geld zu verdienen. Sie wird entdeckt, die Kinder werden ihr entzogen. Am Ende ist sie dort, wo Brigitte angefangen hat. Als ungelernte Kraft muss sie in einer Fabrik arbeiten.

anti-heimat Die so genannte Anti-Heimatliteratur hatte sich seit Anfang der siebziger Jahre zu einem viel beachteten Genre entwickelt. Schriftsteller wie Franz Innerhofer, der in *Schöne Tage* 1974 sein Leben als augebeuteter Bauernknecht zum Thema gemacht hatte, setzten dem Heimat- und Alpenidyll aus dem Fremdenverkehrsprospekt die Kälte des dokumentarischen Blicks entgegen. Die zum Verstummen verurteilten ländlichen Existenzen sollten in der Literatur zum Sprechen gebracht werden, auf bayerischer Seite hat etwa Franz Xaver Kroetz dies für das Theater verwirklicht.

Elfriede Jelinek kannte das ländliche Milieu ebenfalls aus eigener Anschauung. Seit sie ein Kind war, verbrachte sie die Ferien im Haus der Großmutter in Krampen, einem winzigen Dorf im steirischen Mürztal. Der Großvater Rudolf Buchner hatte es einst gekauft. Der Sohn des Seidenfabrikanten hatte lange genug als Fleischeinkäufer und Postbeamter gearbeitet und sich als Alterssitz ein Bauernhäuschen gekauft. Bis zu seinem Tod 1947 zog er diese Abgeschiedenheit der Stadt vor, zusammen mit seiner Frau Helene Buchner vermietete er im Winter Zimmer an Ski-Tourengeher. Die beiden Töchter Emma und Ilona waren oft zu Besuch, auch im Herbst 1946, als die Versorgung in der Stadt schlecht war, blieb Ilona Jelinek in Krampen. Ihre Tochter brachte sie im nächsten Entbindungsheim in Mürzzuschlag zur Welt. Mit dem Geburtsort verbindet Elfriede Jelinek nicht mehr als die unabänderliche erste Zeile im Lebenslauf, umso mehr aber mit Krampen und seiner Umgebung.

In Krampen hatte die Mutter ein weiteres blickdichtes Familiennest gebaut. Ilona Jelinek und Helene Buchner wachten als «Habicht Mutter» und «Bussard Omutter», wie es in *Die Klavierspielerin* heißt, über das Geschehen. Elfriedes um dreizehn Jahre älterer Cousin Hans weilte mit seiner Mutter Emma Uhl ebenfalls oft im Ferienhaus. An den Eindruck, den die matriarchalische Stadtfamilie auf die Dorfbewohner machte, erinnert man sich im Ort bis heute. In einem fort beschäftigten Helene, Ilona und Emma die Krampener damit, Güter den steilen Pfad hinauf zu transportieren. Den Bewohnern blieb als Revanche nur der Dorfklatsch. Von dem Flügel, den Ilona Jelinek auf den Berg hatte schleppen lassen, wird immer noch geredet, als wäre ein Schiff über die steirischen Kalkalpen gezogen worden.

Elfriede Jelineks Ferienort war eine Postkartenlandschaft, aus der Schlote ragen. Das Mürztal war wie die gesamte Obersteiermark industrialisiert und sozialistisch geprägt, in den größeren Ortschaften standen Fabriken. Das Dorfleben bekam Elfriede Jelinek mit, sie kannte die jungen Männer, die als Holzknechte im Wald arbeiteten, und die Mädchen, die in der «Konsum»-Filiale am Dorfeingang bedienten oder in die Fabriken pendelten. Eine von ihnen hieß Cilly und hatte ein typisches Landschicksal. Sie heiratete viel zu jung, wurde unglücklich in ihrer Ehe und brach aus der Dorfgemeinschaft aus. Sie wurde das Vorbild für die Figur der Paula. Paulas Mann Erich war einem jungen Forstarbeiter aus der Nachbarschaft nachempfunden, der als Schlurf durch die Gegend zog und als Einziger im Dorf ein Moped vorweisen konnte. Erich wird später in Elfriede Jelineks *Oh Wildnis, oh Schutz vor ihr* noch eine weitere Hauptrolle spielen.

Anders als in der Anti-Heimatliteratur geht es in *Die Liebhaberinnen* weder um das authentische Erleben der Figuren noch um das Durchdringen einer Landschaft. Paula ist genauso wenig ein Charakter wie Brigitte, Heinz und Erich. Sie alle sind Samples vor einer Kulisse der «wiesen, äcker und felder». Ihre Biographien sind unwichtig, «sie sind geradezu symptomatisch für alles, was unwichtig ist»[6]. Der Roman spielt mit dem Immergleichen von Fortsetzungs-, Liebes- und Heimatromanen, das sich für den Leser allerdings als immer gleiches Scheitern darstellt. UNVERÄNDERBARKEIT scheint in großen Buchstaben über dem kleingeschriebenen Roman zu stehen.

Als der Roman 1975 erschien, waren die Reaktionen heftig und ambivalent. Das Spektrum reichte von Lesern, die Elfriede Jelinek vorwarfen, Ehen zu zerstören[7], bis hin zu Frauen aus der Provinz, die das Buch wie eine «Bibel» gelesen hätten, wie Elfriede Jelinek zugetragen wurde.[8] Mit *Die Liebhaberinnen* setzte die bis heute an ihr Werk gestellte Kästner'sche Frage ein: «Wo bleibt das Positive?» – «Mit Demonstrationen von der Art dieser *Liebhaberinnen* ist jedenfalls Leuten wie Brigitte und Paula nicht zu helfen», kritisierte exemplarisch die *Süddeutsche Zeitung*.[9]

Selbst von links musste sie einiges an Kritik einstecken. Als Elfriede Jelinek sich 1978 im «Münchner Literaturarbeitskreis» den Fragen von Gabi, Tobe, Stefan, Angelika und Dorli stellte, wurde ihr vorgeworfen, sie solidarisiere sich zu wenig mit den Frauen, die sie beschreibe. Das Buch sei «deprimierend», fand man. «Das ist auch immer so, immer, bei allen Leuten, die meine Sachen lesen», antwortete Elfriede Jelinek. «Das geb ich auch zu, ich kann nichts Positives schildern. Das ist ein Unvermögen, weil ich wirklich die Verhältnisse sehr schwarz sehe – ich hoffe natürlich auf Veränderung.»[10]

Mit *Die Liebhaberinnen* war sie viel unterwegs, den Roman präsentierte Elfriede Jelinek in deutschen und österreichischen Provinzstädten, so oft wie kein anderes Buch. Sie saß in Buchhandlungen und Kulturzentren, stellte sich Diskussionen und ließ, wie es die Zeit verlangte, keine Gelegenheit aus, den avantgardistischen Bürgerschreck zu geben. Im Wiener Museum des 20. Jahrhunderts bewegte sie, statt zu lesen, nur tonlos die Lippen. Nach einer Weile wandte sie sich ans Publikum und sagte: «So, und jetzt diskutieren wir die Struktur des Ganzen.» Das KPÖ-Mitglied Elfriede Jelinek fiel allein schon durch ihr exotisches Äußeres auf. Auf den Podien erschien sie nicht selten mondän gewandet und im Pelzmantel. Kritik an ihrem antiproletarischen Outfit schmetterte sie ab und hielt mit Bekenntnissen zur kommunistischen Idee dagegen. Manchmal wurde es ihr zu viel, und sie sagte ihrer Zuhörerschaft, diese Lesung wäre ihre letzte.[11]

als interviewerin Bald entdeckte das Fernsehen die Schriftstellerin als kesse Provokateurin mit *country credibility*. Sie wurde in Talkshows eingeladen und folgte den Einladungen. Im Ersten Deutschen Fernsehen traf sie am runden Tisch auf den FC-Bayern-Spieler Uli Hoeneß. Die Schriftstellerin und der frisch gebackene Fußballweltmeister von 1974 entdeckten als Gemeinsamkeit, dass sie jeweils vor kurzem geheiratet hatten, hitzig debattierten sie über die richtige Art, Hochzeit zu halten. In der ARD wurden *Die Liebhaberinnen* in *titel, thesen, temperamente* von Gabriele Wohmann vorgestellt. In dem Beitrag setzte sich die deutsche Schriftstellerin mit Elfriede Jelinek am Wirtshaustisch zusammen. In düsterer Atmosphäre befragte sie Elfriede Jelinek, als sei diese Wienerin mit letzter Kraft einer Nähmaschinenfabrik entkommen.

Das österreichische Fernsehen schließlich bat Elfriede Jelinek 1976, die Schauspielerin Hildegard Knef zu interviewen. Anlass war das neue Buch *Das Urteil* der Knef, die beiden Frauen trafen in Berlin zusammen. Hildegard Knef hatte sich mit mintfarbenem Schalkragen über schwarzem Oberteil entspannt vor ein Bücherregal gesetzt, die Lider halb geschlossen, in der Hand eine Zigarette. Elfriede Jelinek, das Haar kurz und dunkel, saß in einem unverhältnismäßig großen Lehnstuhl. Auch sie hatte sich eine Zigarette angezündet, wenngleich ihre Art, einen hastigen Zug zu nehmen und den Kringeln nachzuschauen, etwas Unbeholfenes hatte, so als fürchte sie, ohne Zigarette nicht ernst genug genommen zu werden.

Der Älteren lauschte die junge Schriftstellerin respektvoll und schüchtern. Sobald sie aber selbst zu Wort kam, tat sie das aus dieser Art von Überlegenheitsgefühl heraus, wie Jugendliche es haben, die ihren Eltern erklären, wo es langgeht. «Mich würde interessieren, was so für Sie der Anstoß überhaupt ist», begann Elfriede Jelinek. «Ich kann das nur von mir sagen: Mein Anstoß zu schreiben ist ein ungeheurer Hass, den ich habe, ein allgemeiner Hass, der sich auf gesellschaftliche Dinge bezieht. Alles was ich erleide, mit Männern oder im Privatleben, versuche ich, auf eine allgemeine Ebene zu bringen.» Ob Hildegard Knef nicht auch das Bedürfnis hätte, den Leuten etwas beizubringen, «wenn man schon in der Position ist»? Auch sonst hatte Jelinek durchweg kritische Fragen vorbereitet. Warum Hildegard Knef die Erfahrungen mit Ärzten und Krankenhäusern, die sie in ihren Büchern schildere, ausschließlich aus der Sicht von Erste-Klasse-Patienten wiedergebe?

Die Berlinerin beantwortete alle Fragen mit damenhafter Grandezza («Ich schäme mich überhaupt nicht, Menschen zu unterhalten. Ich hasse den Hass.») und erzählte Anekdoten über schlechte Behandlung in der ersten Klasse. Keine Sekunde lang gab Hildegard Knef, ganz Mythos ihrer selbst, die Kontrolle über das Gespräch ab. Als Interviewerin war Elfriede Jelinek mit einer Form der Stilisierung konfrontiert, die sie selbst im Lauf der Jahre unanfechtbar machen würde. Die Wahrnehmung ihrer Person hat Elfriede Jelinek gelernt zu kontrollieren, die unzähligen Selbstauskünfte, die sie seit Anfang der siebziger Jahre gegeben hat, fügen sich in der Gesamtschau zu einem großen Bild zusammen, über das sie selbst bestimmt. Provozierende Aussagen gehören dazu wie die Allüren zu einer Diva.

als dokumentarfilmerin Im Medium Fernsehen, mit dem sich Elfriede Jelinek in ihrem Roman *Michael* und anderen, kleineren Texten vor allem theoretisch auseinander gesetzt hatte, wollte sie sich auch praktisch beweisen. Elfriede Jelinek war nicht festgelegt auf das Bücherschreiben, sie befand sich in einer Phase des Suchens und Ausprobierens, und so nahm sie den Auftrag des ORF an, ein Drehbuch für die Reihe «Vielgeliebtes Österreich» zu liefern. Viel geliebter Ort war in dieser fünften Folge die steirische Ramsau, eine Feriengegend am Dachstein. Die örtlichen Tourismusverbände hatten zwar nichts mitzureden, aber durchaus etwas zu hoffen, auf ein sensibles, literarisch aufgewertetes Landschaftsporträt nämlich, das das Wintergeschäft ankurbeln sollte. Als Sprecherin für das Landschaftsporträt hatte man Elisabeth Orth, Schauspielerin am Wiener Burgtheater, verpflichtet.

Elfriede Jelinek verbrachte mehrere Wochen in der Ramsau. Auf die stille Übereinkunft zwischen Fernsehen und Fremdenverkehr ließ sie sich nicht ein. Sie interviewte eine alte Magd namens Josefa, die aus ihrem Leben erzählte, sprach mit Bauern und mit Frauen, die in der Gastronomie arbeiteten. In ihrem Film zeigte Elfriede Jelinek unter Lasten gebeugte Bauern, Volkstanzgruppen, die für die Touristen schuften müssen, und die Frauen, die in den Ferienpensionen die Treppen wischen. Dazwischen trat Elfriede Jelinek immer wieder selbst auf, sie ließ sich mit Baskenmütze und Sonnenbrille filmen und kommentierte wie eine Reporterin das Geschehen. Vor wechselnder Kulisse wiederholte sie mit monotoner Stimme Sätze wie diese: «Das ist eine schöne Landschaft. Schönere Landschaften können aus ihrer Schönheit eher Profit schlagen als weniger schöne. Diese Landschaft hat das rechtzeitig erkannt.»

Da sie schon ein Drehbuch schrieb, wollte die Autorin bei der Produktion auch gleich so etwas wie den «Final Cut». Es kam zu heftigen Auseinandersetzungen am Schneidetisch, die altgedienten Fernsehleute machten ihre Arbeit, die junge

Schriftstellerin wusste es besser. Elfriede Jelinek beklagte sich später, dass man ihr einen Werbefilm-Regisseur an die Seite gestellt hätte, und stöhnte über die «Verkommenheit» des Fernsehens, insbesondere des österreichischen.[12] Wenn Elfriede Jelinek sich nicht durchsetzen konnte, neigte sie schnell zur Annahme, man wolle ihr Steine in den Weg legen. Sieht man den Dokumentarfilm heute, kann man sich allerdings schwer vorstellen, was darin «auf Unkenntlichkeit zusammengestrichen»[13] worden sein soll, wie Elfriede Jelinek monierte. Die Freiheiten, die man Elfriede Jelinek ließ, scheinen sogar ziemlich groß gewesen zu sein. Der Film wurde für seine Kompromisslosigkeit in Medien wie der *Arbeiter Zeitung* ausdrücklich gelobt.

Die Dokumentation, an einem Freitag um 21.05 Uhr im FS1 ausgestrahlt, sorgte für großen Wirbel. Vor allem die Österreichische Volkspartei (ÖVP) und die Tourismus-Verantwortlichen ließen sich provozieren. Zu einer Diskussion in einem Gasthof in der Ramsau reiste auch Elfriede Jelinek an. In Übertreibungslaune schilderte sie später, dass «500 entmenschte Bauern» sie steinigen wollten.[14] Der Journalist Friedl Neuhauser, der als Vertreter des Österreichischen Fernsehens zugegen war, erinnert sich an eine «äußerst wehrhafte» Elfriede Jelinek, die die Konfrontation nicht scheute. «Sie hat sich hingestellt und den Einheimischen erklärt, dass sie die Lage der Frauen thematisieren wollte.»

Die Begegnung mit der alten Magd und anderes Material von ihren Recherchen verwendete Elfriede Jelinek noch zweimal, 1977 und 1978, in den Hörspielen *Portrait einer verfilmten Landschaft* und *Die Jubilarin*. Josefa als Hörspielfigur ist eine 85-jährige Jubilarin in einem fiktiven Ramshofen. Sie wird von einem betulichen Radiojournalisten interviewt, das war eine kleine Retourkutsche für den Streit um *Ramsau am Dachstein*. Der Reporter hat im Lauf der Sendung immer mehr Schwierigkeiten, die problematischen Wahrheiten aus dem Mund der Alten in den Griff zu bekommen: über den Bauern und heutigen Investor, der ihren Jüngsten halb tot schlug, über ihr Einkommen, von dem sie sich kein Fleisch leisten kann. Was Josefas größter Wunsch wäre?, fragt der Reporter, um das Thema zu wechseln. Dass sie hier bleiben dürfe, sagt sie. Ihr Häuschen muss weg, weil eine «Alpenbar» hin soll.

nora im pelz Über ihren Komponistenfreund Wilhelm Zobl hatte Elfriede Jelinek die Lektoren Ute Nyssen und Jürgen Bansemer kennen gelernt, die die Theaterabteilung von Kiepenheuer & Witsch leiteten. Wieder war es Zobl, der Elfriede Jelinek auf eine Idee brachte. Er übersetzte Mitte der siebziger Jahre Ibsen für den Kölner Verlag, und aus einem Stück von Ibsen entwickelte Elfriede Jelinek ihr Stück mit dem ausufernden Titel *Was geschah, nachdem Nora ihren Mann verlassen hatte oder Stützen der Gesellschaften*. Das Exposé verfasste sie gemeinsam mit Zobl, das Stück schrieb sie 1976/77 dann alleine. Wie bei all ihren gemeinsamen Aktivitäten versuchte Elfriede Jelinek auch diesmal, mit seinen Ansichten mitzuhalten. Sie wollte ihm beweisen, dass sie politisch ebenso gefestigt war wie er, wenn nicht noch kritischer. Und was ihn, den engagierten Linken, beschäftigte (Zobl hatte eine Zeit lang in Ostberlin und Warschau studiert), das beschäftigte sie ebenso.

Elfriede Jelinek studierte Zeitschriften für Unternehmer und Anlageberater. Ihren Jargon legte sie den skrupellosen Unternehmern in den Mund, die in *Nora* eine stilisierte Arbeitswelt bevölkern. Der mächtigste unter ihnen ist der Fabrikbesitzer und «Textilkönig» Weygang, den Elfriede Jelinek dem deutschen Arbeitgeberpräsidenten Hanns-Martin Schleyer nachempfand, der 1975 von der Zeitschrift *konkret* als «Boss der Bosse» vorgeführt worden war. In seine Fabrik tritt Nora ein, die in Ibsens berühmtem Stück ihren Mann verlassen hat und in Elfriede Jelineks Stück nun auf eigenen Beinen stehen will. «Indem die Frau nicht mehr gefällt, tut sie den ersten Schritt zu ihrer Freiwerdung», sagt Nora.[15] Doch als der Fabrikbesitzer sie umwirbt und sein Pelzmantel sie an «Langentbehrtes» erinnert, hat sie gegen die Abhängigkeit von einem Mann nichts mehr einzuwenden – und wird prompt benutzt. Gemäß dem an ein weiteres Ibsen-Stück angelehnten Untertitel *Stützen der Gesellschaften* stützt sich Weygang, der auch der Verbandspräsident ist, selbst als Firmenchef und besorgt sich jede gewünschte Unterstützung durch den Staat, die Banken und die Medien. Die in seinen Augen verrottete Textilfabrik will er samt dazugehöriger Arbeitersiedlung einem Baugrund gleichmachen. Er setzt Nora als Sado-Maso-Lockvogel auf einen Minister und auf einen Bankdirektor an, der zufällig Noras Exmann Helmer ist. Nach erledigten Geschäften stößt Weygang Nora ab, und sie muss zurück ins Puppenheim zu Helmer.

Dem sein Genre-Plansoll etwas übererfüllenden Lehrstück ist der dramatische Erstling anzumerken. Die konstruierte Handlung passt nicht so recht zu den satirischen Sätzen, die aus dem Mund der Figuren fließen. Am zugänglichsten ist *Was geschah, nachdem Nora ihren Mann verlassen hatte* aus heutiger Sicht, wenn man es als feministische Komödie liest. Die Frauen können noch so oft formelhaft wiederholen, dass sie «nach persönlicher Verwirklichung» streben oder sich «vom Objekt zum Subjekt entwickeln» wollen – sie sind, wie schon die Liebhaberinnen Paula und Brigitte, gefangen in ihrer Unmündigkeit.

Die Arbeiterschaft, die Elfriede Jelinek zeigte, ist eine vom Frühaufstehen erschöpfte und mit kleinen Zuwendungen ruhig gestellte Masse. In *Nora* reicht schon eine kleine Werksbücherei, um Streiks abzuwenden. Auch ein Werkschor beruhigt die Gemüter. Von *Nora* über *Lust* bis zum Theaterstück *Das Werk* (2001) tritt der Chor der Arbeiter immer wieder als Kulturprogramm in Erscheinung. Die künstlerisch disziplinierten Männer und Frauen singen in *Nora* den Kirchenglockenwalzer «Bim bam bim bam», während die Vorgesetzten in Gedanken Stellen streichen. In *Lust* (1989) ist es der Fabrikdirektor selbst, der den Werkschor zu seinem Hobby gemacht hat und als Chorleiter Busreisen mit seinen Beschäftigten unternimmt – wer ihm musikalisch auffällt, kann auch in der Firma aufsteigen. Wie so oft im Werk von Elfriede Jelinek ist die Musik ein Mittel sozialer Distinktion.

● kleinbürger, sozis, kummerln

die ausgesperrten 1980

In Österreich, dem Land, das nichts so gerne tut, wie sich provozieren zu lassen, war Regisseur Franz Novotny mit seinem Film *Staatsoperette* über Nacht bekannt geworden. Der Film handelte von der österreichischen Zwischenkriegszeit und war eine Satire mit Musiktheater-Elementen, in der Arbeiterführer und Vertreter des Klerus als sexualisierte Knallchargen dargestellt wurden. Novotny hatte dies 1977 Anzeigen von staatsbewussten Sozialdemokraten sowie einen Kirchenbann eingebracht. Als Franz Novotny im Oktober 1978 Elfriede Jelinek fragte, ob sie mit ihm zusammenarbeiten wolle, musste sie nicht lange überlegen. Für einen Film war sie immer zu haben, einen Stoff hatte sie auch schon.

Elfriede Jelinek saß gerade an ihrem Hörspiel *Die Ausgesperrten*. In nur vier Tagen machte sie daraus ein Exposé und schickte es sogleich an Franz Novotny, dazu einen Brief, in dem sie sich dem etwas jüngeren Novotny gegenüber kokett zum alten Eisen rechnete, wie es Frauen Anfang der dreißig gerne tun. «Egal, wie es dir gefällt oder nicht, es hat mich sehr gefreut, dich kennenzulernen, und sowas passiert mir mit zunehmendem Alter eigentlich immer seltener.» – «Gottfried (mein Alter)», fuhr sie fort, «kennt, obwohl er nicht mehr drinnen ist, eine Menge Leute (Kamera etc.) im Filmgeschäft und einige Tricks.»[1]

Der Stoff zu *Die Ausgesperrten* war Elfriede Jelinek mehr oder weniger zufällig in die Hände geraten. Es handelte sich um einen Kriminalfall aus dem Dezember 1965: Ein Siebzehnjähriger aus tristen sozialen Verhältnissen hatte seine Familie ausgelöscht. Die Zeitungen waren tagelang mit dem Verbrechen beschäftigt, Elfriede Jelinek hatte die Berichte als Studentin gelesen. Um für *Die Ausgesperrten* zu recherchieren, ging sie auf das Jugendgericht und ließ sich die Prozessakten ausheben. Sie übernahm, von den Familienverhältnissen über den Tathergang bis zum Kaliber der Waffe, zahlreiche Details, verlegte die Geschichte allerdings in die fünfziger Jahre zurück, in ein enges und muffiges Wien der Nachkriegszeit, wie sie, Elfriede Jelinek, es als Gymnasiastin selbst erlebt hat. Die Stimmung der Stadt wollte sie so wiedergegeben sehen: «Wiens spezifische Mischung aus Dekadenz, Kulturbefrachtetheit, Tristesse und ein ganz spezieller Anarchismus muß ständig präsent sein.»[2]

Im Mittelpunkt stehen die beiden 18-jährigen Zwillinge Rainer und Anna Witkowski. Ihr Vater Otto Witkowski ist ein unverbesserlicher Alt-Nazi, die Mutter eine verschüchterte Hausfrau. Der Vater, selbst ein Krüppel, prügelt seine Frau und zwingt sie zu erniedrigenden Aktfotos. Die Jugendlichen ziehen sich in ihre eigene Welt zurück, Rainer dichtet, Anna hämmert auf ihr Klavier ein. Sie entdecken die Philosophie der Existenzialisten, sammeln sexuelle Erfahrungen und träumen von der «befreienden Tat». Gemeinsam mit der höheren Tochter Sophie Pachhofen und dem Arbeitersohn Hans Sepp ziehen sie durch die Gegend, rauben Passanten aus und versuchen eine Katze zu ertränken. Die Sehnsucht, mit einem revolutionären Akt den kleinbürgerlichen Verhältnissen zu entkommen, mündet in einer Familientragödie. Rainer erschießt Schwester, Mutter und Vater.

1977 war das Jahr des «Deutschen Herbstes» gewesen. Schleyer war entführt worden, um die in Stammheim inhaftierten Mitglieder der RAF freizupressen, es folgten die Entführung der Lufthansa-Maschine «Landshut» und die Ermordung Schleyers. Den Anarchismus der siebziger Jahre hatte Elfriede Jelinek vor Augen, als sie den authentischen Kriminalfall mit der Geschichte der Jugendbande verschränkte.[3] Ob Baader-Meinhof oder Rainer und Anna – anarchistische Gewalt ist sich immer Selbstzweck. «Durch das Begehen des Sinnlosen will Rainer seine narzißtische Position retten, etwas Außergewöhnliches begangen zu haben», heißt es in *Die Ausgesperrten*.[4]

multimediale verwertungskette Als Erstes wurden *Die Ausgesperrten* 1978 als Hörspiel produziert und im Oktober 1979 im Südwestfunk gesendet, fast zeitgleich mit der Grazer Uraufführung von Elfriede Jelineks erstem Stück *Nora*. Während sie noch am Hörspiel saß und schon an Film dachte, baute Elfriede Jelinek die multimediale Verwertungskette ihres Stoffes weiter aus: Sie machte sich an eine Prosafassung von *Die Ausgesperrten*. Schnelle Schnitte, Schuss und Gegenschuss bestimmen die Erzählhaltung, dazu viele Schauplatzwechsel und zahlreiche Dialoge. *Die Ausgesperrten* waren der erste Roman, der nicht mehr in Kleinschreibung erschien. Nach den Auseinandersetzungen um *Gravity's Rainbow* hatte sich Elfriede Jelinek in diesem Punkt mit dem Verlag geeinigt und sich den Kriterien der Lesefreundlichkeit unterworfen.

Endlich war auch *bukolit,* der von Rowohlt verschmähte «hörroman» von 1968, bei einem kleinen Wiener Verlag angenommen worden. Elfriede Jelinek hatte das Manuskript all die Jahre nicht verloren gegeben, so wie sie selten für die Schublade schrieb oder etwas unvollendet ließ. Der Text erschien 1979 im Rhombus Verlag mit den Originalzeichnungen ihres Freundes Robert Zeppel-Sperl. Als sie Otto Breicha für die *protokolle* einen Vorabdruck anbot, kündigte sie ihm den Text «sozusagen als lit. Kuriosität»[5] an. Die Selbstironie war eher als *fishing for compliments* aufzufassen. Die *F.A.Z.* würdigte das Buch als «Multi-Media-Show» und Elfriede Jelineks Sprache als «Ohrenschmaus; gewissermaßen eine Klangwolke in Prosa»[6]. Der Nobelpreis machte es möglich, dass der experimentelle Erstling 2005 als Taschenbuch erschien, im Berlin Verlag.

Die Ausgesperrten kamen 1980 heraus. Der Roman hatte ein Cover, das ähnlich wie das schwarze Plastik ihres Debüts die Blicke auf sich ziehen sollte – ein Jagdmesser zerschneidet eine Wurst und den Teller, auf dem die Wurst liegt, gleich mit. Trotz des grellen Covers, der neuen Konzession an die Lesegewohnheiten und der realistisch-kriminalistischen Handlung wurde der Roman kein Erfolg. Bei der Kritik nicht, die der Autorin abermals Zynismus vorwarf, ja eine «beinahe schon narzißtisch wirkende Mitleidlosigkeit»[7], und auch nicht im Verkauf. Das Buch machte nur ein Drittel der Auflage ihres Romans *Die Liebhaberinnen*. Die fünfziger Jahre wirkten 1980 als Rahmen sehr ausgesucht. Möglich, dass es vielen so ging wie Elfriede Jelineks neuem Lektor Delf Schmidt. Bei aller Bewunderung schien ihm das Buch zu nah an seinen eigenen pubertären Lese- und Seherfahrungen gestrickt. Delf Schmidt betreute ihre Texte von nun an im Austausch mit Jürgen Manthey, er wurde Elfriede Jelineks wichtigstes Korrektiv beim Schreiben. Die Arbeitsbeziehung begann mit einer Auseinandersetzung über Austriazismen. Delf Schmidt fand die österreichischen Ausdrücke nur in Maßen charmant, selbst wenn ein paar Greißler, Waserl und Damiane[8] das Lektorat überlebten. Im Laufe der Jahre gab er seinen Ehrgeiz diesbezüglich allerdings auf, und Elfriede Jelinek setzte sich durch.

Ausgesprochen zahlreich sind in *Die Ausgesperrten* die literarischen Referenzen. Den Namen des Arbeitersohnes Hans Sepp hat Elfriede Jelinek von Robert Musil übernommen. Hans Sepp ist in *Der Mann ohne Eigenschaften* ein junger Mann, der sich im Hause des jüdischen Großbürgers Leo Fischel in deutsch-nationalen Parolen ergeht. Der Starkstrommonteur Hans Sepp betritt bei Elfriede Jelinek die Szene mit dem Erbe einer anderen literarischen Figur – einem Erbe, das jede Entwicklung zum Guten ausschließt. In *Die Ausgesperrten* hilft Hans der reichen Sophie, einen Anschlag auf ihre Schule vorzubereiten.

De Sade, Bataille, Sartre und Camus werden zitiert. Durch das ständige Wiederkäuen von Angelesenem entsteht für die Jugendlichen, neben ihrem Elternhaus, ein neues System von Abhängigkeiten. «In der Zeit der Reife von Jean-Paul Sartre will einer seine Katze ersäufen, und deshalb will man heute diese Katze ebenfalls ersäufen, obwohl auch diese Katze ein Recht auf ihre Existenz hat. Rainer sagt, er selber hat ebenso das Recht auf seine Nichtexistenz, genau wie diese Katze hier [...].»[9] Die Zitiererei geht so weit, dass sich Rainer bei ihrem Ausflug in den Wienerwald von Sophie sagen lassen muss, er sage nie einen Satz, den ein anderer nicht schon gesagt habe. Seine Antwort ist nicht unwitzig: «Weil ich alle Sätze eben bereits kenne. Wo das Leben erloschen ist, ist der Abend wie ein melancholischer Waffenstillstand, macht uns Camus glaubhaft.»[10]

Das Leben in fremden Phrasen und Sentenzen erinnert an Ödön von Horváth, Elfriede Jelineks unausgesprochenes literarisches Vorbild. Horváth hatte einst die fließenden Grenzen zwischen Spießbürgertum und Faschismus beschrieben und in seinem wichtigsten Theaterstück *Geschichten aus dem Wiener Wald* – angesiedelt im bürgerlichen achten Bezirk – die Wiener Gemütlichkeit als Ansammlung von Dummheit, Feigheit und Gemeinheit entlarvt. Jelinek und Horváth vereint eine Welt der bleiernen Sprachlosigkeit, in der die Menschen einander ausgeliefert sind, ohne sich mitteilen zu können. Selbst wenn es gut klingt, was sie sagen, meinen sie es immer schlecht.

Um ganz in ihrer Version der Fifties aufzugehen, legte sich Elfriede Jelinek eine Sammlung von alten Anoraks zu und ging in Kreppsohlenschuhen auf die Straße. Ihren Modetick, den sie seit der Schulzeit kultivierte, setzte sie gerne auch literarisch ein. *Die Ausgesperrten* sind voller Connyröcke, Nickipullis, Petticoats, Naphthalinwintermäntel und Vorkriegsanoraks. Kleider sind bei Elfriede Jelinek oft auch das Einzige, womit die Figuren charakterisiert werden. «Eine Vatitochter im karierten Faltenrock» fliegt in der Schule über ein gestelltes Bein, Anna trägt «viel zu große Männerpullover, damit ihre innerliche Haltung einen äußeren Ausdruck hat». Auch der Gegensatz zwischen den armen Zwillingen und ihrer reichen Mitschülerin Sophie Pachhofen wird sofort an Äußerlichkeiten sichtbar. Anna muss das anziehen, was ihre Mutter mit der Nähmaschine aus Ausverkaufsresten zusammengestückelt hat, und trägt beim Ausflug eine selbst gestrickte Mütze aus Kriegswolle. Sophie hingegen erscheint im Tennisdress mit Louis-Vuitton-Tasche und kauft bei Adlmüller, dem bekannten Wiener Modehaus. Dort hat Sophie ihr Wollkleid her oder den Kaschmirpullover mit V-Ausschnitt, den sie aus einer Laune heraus dem armen Arbeiter Hans schenkt. Die feinen Wiener Unterschiede werden den Zwillingen ständig vor Augen geführt. Als sie mit ihren Eltern durch die Kärntner Straße bummeln und die Auslagen der Geschäfte betrachten, sehen sie gebannt zu, wie Sophie bei Adlmüller ein Modellkleid angepasst bekommt. Sie stehen draußen, Sophie ist drinnen.

An den zwei Seiten des Schaufensters zeigt sich, wo man in Wien stehen kann und wo man in Wien immer bleiben muss. Sophie hat von Geburt an alles, was die Zwillinge Anna und Rainer im Leben nie bekommen werden. Selbst bei der Ausübung von Gewalt ist Sophie die Souveräne. Sie legt den Sprengsatz am Gymnasium, während sich Rainers Aggression nur gegen die eigene Familie richten kann. Hans Sepp ist vom größten Hunger nach Aufstieg getrieben. Er lebt mit seiner Mutter in einer winzigen Wohnung im achten Bezirk. Die Mutter hält sich und den Sohn mit Schreibarbeiten über Wasser, ihr Mann ist tot, der überzeugte Sozialdemokrat wurde im Konzentrationslager Mauthausen ermordet. Während Hans mit Sophie befreundet sein will, weil er eine «Vision von glitzerndem Porzellan, Silberbesteck und einer allgemeinen Gedämpftheit in Worten und Werken»[11] hat, will seine Mutter, dass er in die Fußstapfen seines Vaters tritt, Gruppenabende besucht und mit den Parteifreunden Plakate klebt.

1 **Anfang der siebziger Jahre**

2 **Friedrich und
Ilona Jelinek, 1928**

3 **Mit dem Vater im
Türkenschanzpark**

4 **Mit der Mutter im
Türkenschanzpark**

5 **Laudongasse mit Stadttheater, 1961**

6 **In der Volksschulklasse Notre Dame de Sion
(letzte Reihe, 7. von links)**

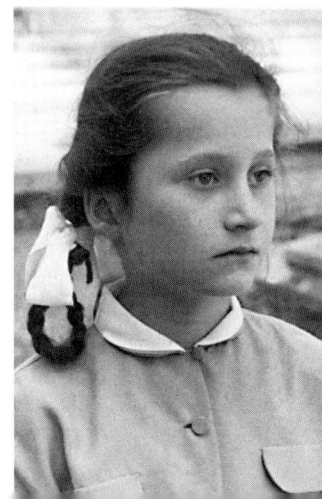

7 **Als Volksschülerin**

8 Mit Großmutter, Tante und Mutter vor dem Haus im steirischen Krampen

9 Der Bauernhof in Krampen

10 Holzarbeiter in der Obersteiermark in den sechziger Jahren

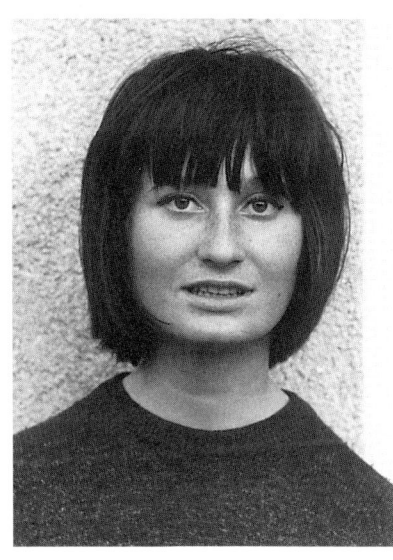

11 **Als Gymnasiastin**

12 **Vor einem Auftritt
als Musikerin**

13 **Als junge Schriftstellerin, 1970**

15 **Auf der Jugendkulturwoche mit Klaus Hoffer**

14 **Vor dem Tagungsheim der Jugendkulturwoche in Innsbruck, 1969**

16 **In der Österreichischen Gesellschaft für Literatur, 1970**

17 **Mit Gert Loschütz im Garten vor dem Haus in Wien, 1972**

18 **Ausflug der Grazer Autorenversammlung (mit Sissi Tax und Wolfgang Bauer), 1979**

19 **Podiumsgespräch mit Erich Fried, 1979**

20 **1979**

21 **Uraufführung von «Was geschah, nachdem Nora ihren Mann verlassen hatte» in Graz, 1979**

22 **Probenfoto von «Burgtheater» in Bonn, 1985**

23 **Mit dem Komponisten Wilhelm Zobl in der Wielandschule, 1979**

24 **Mit Michael Scharang (links) und Peter Turrini bei der Besetzung der Wielandschule, 1990**

25 **Bei einer KPÖ-Veranstaltung, 1979 (vorne mit Bratsche)**

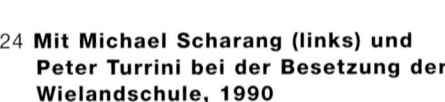

26 Als Mitwirkende ihres
Dokumentarfilms «Ramsau
am Dachstein», 1976

27 Mitte der siebziger Jahre

28 **Mitte der achtziger Jahre**

das rote wien des großvaters Wo es um Wiener Arbeiter geht, darf Elfriede Jelineks Großvater väterlicherseits nicht unerwähnt bleiben. Der gelernte Buchbinder und waschechte Sozialdemokrat Friedrich Jelinek senior hatte eine typische österreichische Arbeiterbiographie. 1873 in Teplitz-Schönau als Sohn frommer Juden geboren, war er nach Wien eingewandert. Er arbeitete als Lagerhalter bei Siemens und lebte mit seiner Frau, dem Sohn Friedrich und den Töchtern Emmy und Vilma im proletarischen fünfzehnten Bezirk. Sein ganzer Stolz war die Sozialdemokratische Arbeiterpartei, für die er sich tatkräftig engagierte und von deren Idealen er beseelt war. Auch sein Sohn Friedrich wurde Anfang der zwanziger Jahre Mitglied.[12]

Für Elfriede Jelinek war der traditionelle Aufmarsch zum 1. Mai, wie er jedes Jahr mit Pomp, Musik und Fahnen auf der Wiener Ringstraße begangen wird, ein fester Bestandteil der Kindheit, genau wie die katholische Fronleichnamsprozession an der Hand der Mutter. Die Züge von Menschen, die sich im Frühsommer entweder mit Arbeiterliedern und Fahnen oder mit Kirchenliedern und Kerzen durch Wien zogen, hinterließen bei Elfriede Jelinek (die dafür einmal rote, einmal weiße Zopfschleifen verpasst bekam) einen bleibenden Eindruck. Beide Anlässe haben ihren Blick für das Darstellungsbetonte geschärft. Mit Politik oder Religion hatte das erst einmal nichts zu tun, die Inszenierung war das Interessante.

Großvater Jelinek muss in so blühenden Farben von der Partei berichtet haben, dass seine Familie ihn für einen Freund des Gründervaters der österreichischen Sozialdemokratie, Victor Adler, hielt, sogar für einen ihrer Mitbegründer. Dabei hatte Friedrich Jelinek noch nicht einmal Bartwuchs, als die österreichischen Sozialdemokraten sich 1888 in Hainfeld konstituierten. Unbestritten ist jedoch, dass Friedrich Jelinek senior zeit seines Lebens ein engagiertes Parteimitglied war. Er arbeitete auf lokaler Ebene mit, kassierte Mitgliedsbeiträge und war mehr mit seinem Ehrenamt als mit seiner Familie beschäftigt. Als aufrechter «Sozi» kam er Ende der zwanziger Jahre in den Genuss einer Gemeindebauwohnung, der Wiener Version des sozialen Wohnungsbaus. Die Institution des Gemeindebaus – architektonisch bekanntestes Beispiel ist der Karl-Marx-Hof – diente und dient im roten Wien der Bekräftigung des guten Verhältnisses zwischen Stadtverwaltung und Bürgern sowie der linken Hegemonie. Im Bürgerkrieg 1934, der die rote Vorherrschaft in Wien vorübergehend beendete und den austrofaschistischen Ständestaat etablierte, waren die Gemeindebauten Trutzburgen im Straßenkampf. Die Niederlage der Arbeiter, von der auch Friedrich Jelinek senior betroffen war, ist in den Erzählungen der Mutter Sepp zum Mythos geronnen, den Elfriede Jelinek ironisch bricht: «Weißt du was, Hans, als wir uns damals ergeben mussten, im Gemeindebau, da hat der Hausmeister eine alte weiße Unterhose ins Fenster gehängt zum Zeichen der Aufgabe. Obwohl wir unsere Aufgabe nicht hatten lösen können.»[13]

Nach dem «Anschluss» Österreichs an das Deutsche Reich im März 1938 verlor der 65-jährige Friedrich Jelinek seine Gemeindebauwohnung in der Graumanngasse. Wie mehr als zweitausend andere Wiener Juden wurde er gezwungen, seine Bleibe zu räumen.[14] In Panik trat Friedrich Jelinek, der sich bei der Heirat hatte taufen lassen und später aus der Kirche ausgetreten war, wieder in die katholische Kirche ein.[15] Die Nazi-Herrschaft überlebte er dank «privilegierter Mischehe» mit seiner katholischen Frau Katharina und weil er sich dem Zugriff der Nationalsozialisten rechtzeitig entzogen hatte. Gemeinsam mit anderen Juden war er in einer Hinterhofwohnung in der Alserbachstraße untergetaucht, die seine Frau angemietet hatte. Andere Familienmitglieder hatten weniger Glück. Zwei Schwestern des Großvaters wurden 1942 Opfer des Holocaust.

Im Alter war er, wie man sich vorstellen kann, bitter geworden, auch sei er «von den Schlagworten nicht mehr losgekommen», wie es Ilona Jelinek ausdrückte.[16] Elfriede Jelinek erlebte ihren Großvater als jemanden, der den «ganzen Tag geseiert hat», stundenlang konnte er über die kapitalistischen «Zinsgeier» sprechen oder über den Kampfeswillen der Arbeiter «bis zum letzten Mann».

Als Friedrich Jelinek senior 1964 starb, trauerte die SPÖ in der *Arbeiter Zeitung* um einen langjährigen Mitarbeiter[17], und Elfriede Jelinek hatte ihren ersten öffentlichen Auftritt als Organistin. Siebzehnjährig, spielte sie auf dem Begräbnis ihres Großvaters auf dem Wiener Zentralfriedhof Bach, in der üppig mit roten Fahnen und roten Nelken dekorierten Aufbahrungshalle. Sein politisches Leben zwischen Tragik und Parolen ist in der Figur der «Hansmutter» verewigt. Wenn Frau Sepp mit ihrem gelangweilten Sohn zusammensitzt, spricht sie ununterbrochen von den Leistungen und Schicksalsschlägen der österreichischen Sozialdemokraten beziehungsweise Sozialisten, wie sie sich in Österreich zwischen 1945 und 1991 nannten. Mutter Sepp zitiert «papieren aus einem Buch», das Phrasengut ist das Einzige, was sie noch hat.

Die Hansmutter klagt so penetrant und zählt mit solcher Akribie Fakten auf, dass es dem Leser gehen soll und geht wie ihrem Sohn Hans: Er schaltet auf Durchzug und kann nicht mehr hinhören. Nicht nur die Tragik der Hansmutter wird hier dargestellt, sondern auch die Tragik des Opfers, über das sie spricht. Es handelt sich hier um Elfriede Jelineks eindringliche und riskante, später noch häufig angewandte Technik, Aufmerksamkeit für die Opfer (des Nationalsozialismus) zu erzwingen: indem sich routinierte Wortschwalle unkommentiert über sie ergießen. Während der überlebende SS-Mann Otto Witkowski zu Hause weiter Krieg spielen darf, versinkt der tote «Hansvater» unter einem Berg von Fakten, glorifizierenden und relativierenden Phrasen, wie sie in Österreich und Deutschland durchaus typisch für den Umgang mit der Vergangenheit waren.

alle wollen filme machen Nachdem das Hörspiel produziert und das Romanmanuskript von *Die Ausgesperrten* abgegeben war, bekam Elfriede Jelinek vom deutschen Innenministerium (ihr Münchener Wohnsitz hatte die Einreichung möglich gemacht) eine Drehbuchförderung für *Die Ausgesperrten*. Sie erhielt 10 000 Mark. «Ist das nicht toll?», schrieb sie an Franz Novotny. «Die Konkurrenz in der BRD ist auf diesem Gebiet irrsinnig. Alle wollen Filme machen. Aber wir werden einen machen.»[18] Elfriede Jelinek arbeitete am Drehbuch, ließ sich von Novotny zu Änderungen überreden, und als *Die Ausgesperrten* Anfang 1982 in Wien gedreht wurden, trat Elfriede Jelinek sogar in einer Nebenrolle auf. Sie spielte eine Lehrerin, die mit betonierter Hochsteckfrisur und dicker Brille durch ein altmodisches Klassenzimmer geht. Sie prüft die Schüler über Adalbert Stifter, schickt die freche Anna hinaus, in einer weiteren Szene gibt sie Schwimmunterricht.

Der Auftritt vor der Kamera fiel ihr schwerer als die gesamte Arbeit an Treatment und Drehbuch. Durch Kostüm und Maske nach eigenem Dafürhalten verunstaltet, wurde sie von Take zu Take unsicherer. Als Zuschauerin war Elfriede Jelinek jedoch gerne auf dem Set. Sie erschien mit blonden Wasserwellen à la Marlene Dietrich und saß in den Drehpausen mit den Schauspielern zusammen. Mutter Pachhofen wurde von Christine Kaufmann gespielt, ihre Tochter, die sie mit Tony Curtis hat, war auch ihre Filmtochter Sophie: Alexandra Curtis, damals siebzehn. Paulus Manker, der schon im Hörspiel den Rainer sprach, hatte auch im Film die Hauptrolle. Seit er 1980 in Novotnys Film *Exit – Nur keine Panik* über das Wien der Underdogs mitgespielt hatte, war der junge Burgschauspieler ein Star, der bereits als Oskar-Werner-Nachfolger gehandelt wurde. Als Film-Rainer rezitiert er Elfriede Jelineks Gedicht *des herbstnachts...* An ihre Anfänge als Lyrikerin ließ sich Elfriede Jelinek nur mehr äußerst ungern erinnern, später sagte sie sogar, dass sie «eine heftige Abneigung gegen Lyrik habe», weil sie den Eindruck habe, dass «man sehr schnell ein gutes Gedicht schreiben kann»[19]. Als wolle sie sich gegen ihr eigenes Frühwerk immunisieren, gab sie ihre Gedichte dem Spott preis, indem sie sie dem rasenden Kleinbürger Rainer in den Mund legte. Im Drehbuch kündigt er es mit den Worten an: «Übrigens ... weißt, was ich gefunden hab, Sophie? Ein uraltes Gedicht von mir. Das hab ich verfaßt, wie ich mit dem Schreiben angefangen hab. Unheimlich komisch! Hör zu ...»[20]

Elfriede Jelinek identifizierte sich sehr mit dem Projekt und hätte den Film 1983 auch gerne im Programm der Berliner Filmfestspiele gesehen. Stattdessen war im Wettbewerb ein österreichischer Film nach dem Anti-Heimatroman *Der stille Ozean* von Gerhard Roth vertreten, «eine Bauernschnulze», wie Elfriede Jelinek später spitz notierte, «Glück und Weinen, der scheinsensible Rückzug von der bösen Stadt und der bösen Frau»[21]. Sie fuhr trotzdem zur Berlinale. Wenn sie keine Filme ansah, ging sie durch die Stadt. Über den Kurfürstendamm flanierte sie mit dem traurigen Staunen, das man hat, wenn einem ein Ort, der einmal wichtig war, fremd geworden ist. «Bei der Ankunft abends schaut mir zuerst die Sauberkeit aus der Gosse entgegen. Man spürt die Narben der Stadt. Der Verkehr rasselt den Kurfürstendamm rauf und runter, leblos. Im Steakhouse, am Nachbartisch, beschwert sich ein dünner Mann, er habe das Fleisch nicht roh bestellt, er will ein anderes, aber schnellstens. Die dralle Opernsängerin, der er zwischendurch Musikalisches zusäuselt, scheint das nicht zu stören. Die Kellnerin buckelt.» Elfriede Jelinek trat dann noch in einem Frauenzentrum, das sich in einem ehemaligen Pelzgeschäft befand, auf. «Bei der Lesung konzentrierte Andacht, begeisterte Dankbarkeit», stellte sie fest. «Kein Zwang zur Rechtfertigung mehr, kein Fragen nach der politischen Relevanz, wie vor zehn Jahren. Die Rezeption der Literatur ist anders geworden.»[22]

Der Film *Die Ausgesperrten* bekam keine besonderen Kritiken, was auch daran lag, dass nach dem Erfolg von *Exit* die Erwartungen an Novotny sehr hoch waren. Elfriede Jelinek wollte weiter Filme machen. Sie hatte das Medium in ihr Repertoire aufgenommen, so wie sie als Jugendliche ein Instrument nach dem anderen gelernt hatte, und sie hatte vor, sich darin einen Namen zu machen. Für ihr nächstes Drehbuch dachte sie an Star-Besetzung. Serge Gainsbourg sollte einen Juden spielen, der im Konzentrationslager war und sich nach dem Krieg der DDR als Agent zur Verfügung stellte. *Eine Partie Dame* sollte der Film heißen, der französische Schauspieler hatte bereits zugesagt. Die Realisierung scheiterte aber, weil sich niemand davon überzeugen lassen wollte, dass man einen DDR-Agenten positiv darstellen könnte.

Auch ihren noch nicht abgeschlossenen Roman *Die Klavierspielerin* sah Elfriede Jelinek schon als Film vor sich. Umsetzen sollte ihn die Künstlerin Valie Export (mit Christine Kaufmann als Erika), die mit ihren experimentellen Videofilmen und avantgardistischen Aktionen berühmt geworden war. Valie Export schwebte eine Schwarzweißversion vor, in einer ihrem Drehbuch vorangestellten Einführung begründete sie, dass ein «realistischer Stil» dem Stoff nicht gerecht werde, da die Beziehung zwischen Mutter und Tochter gesellschaftlich tabuisiert sei und als abfilmbare Wirklichkeit noch nicht vorhanden. Elfriede Jelinek mochte an dem Konzept, abgesehen von Valie Exports Kunstanspruch, dass man einen Film «in der Ästhetik eines kleinen schmutzigen Privat-Pornos» machen könne, «ganz billig runterkurbeln, so um ein paar hunderttausend Schilling»[23].

Als der ORF sich an der Finanzierung des Projekts nicht beteiligte, entschied Elfriede Jelinek aus Ärger über das österreichische Fernsehen, dass dieses sich an einer künftigen Verfilmung von *Die Klavierspielerin* nicht beteiligen *dürfe*. Ein weiterer Kandidat kam 1990 ins Spiel: Paulus Manker, diesmal mit Regie-Ambitionen. Er konnte seinen Entdecker und Partner Michael Haneke gewinnen, für ihn ein Drehbuch zu schreiben, bald darauf Elfriede Jelineks Zustimmung zu seinem Konzept. Sie bat die beiden Herren zu sich nach Hause, um auf das viel versprechende Filmprojekt anzustoßen. Im Empfangszimmer setzte sie sich an ihren Flügel, Michael Haneke nahm die Noten zur Hand und intonierte zu Elfriede Jelineks Spiel mit sonorer Stimme Schubert-Lieder. Paulus Manker blieb Zuhörer.

In ähnlicher Rollenverteilung ging die Geschichte zu Ende. Manker fand nicht genügend Financiers, obwohl Frauen im Gespräch waren, die den amerikanischen Markt erschließen sollten: Kathleen Turner, Helen Mirren, Charlotte Rampling. Für die Rolle des Klavierschülers Walter Klemmer sollte der junge Brad Pitt gefragt werden. So weit kam es allerdings nie. Nach zehn Jahren bot Mankers Produktionsfirma das Projekt einem anderen Regisseur an, der zu diesem Zeitpunkt leichter Fördermittel anziehen würde: Michael Haneke. Seine Verfilmung mit Isabelle Huppert, Benoît Magimel und Annie Girardot wurde 2001 in Cannes zum Triumph.

mitglied der kommunistischen partei nr. 21505 Wie schon in den Jahren zuvor und danach trat Elfriede Jelinek im Herbst 1983, *Die Klavierspielerin* war gerade erschienen, beim so genannten *Volksstimme-Fest* auf. Das Fest war eine zweitägige Veranstaltung, organisiert von der Zeitung *Volksstimme,* dem Zentralorgan der Kommunistischen Partei Österreichs. Es fand jeden Herbst auf der Jesuitenwiese im Wiener Prater statt und war der absolute Höhepunkt des kommunistischen Kalenderjahres. Zu den festen Bestandteilen gehörte die Gruppen-Lesung «Linkes Wort», bei der Autoren aus ihren Büchern vortrugen beziehungsweise aus ihrer «Literaturproduktion», wie es in der *Volksstimme* hieß.[24]

Das «Linke Wort» stand diesmal im Zeichen des Friedens. Vor der Stationierung der Langstreckenraketen Pershing II in der BRD richtete Elfriede Jelinek wie viele andere Schriftsteller im September einen offenen Brief an den amerikanischen Präsidenten Ronald Reagan. «Sehr geehrter Herr Präsident! Ich komme mir wie eine Idiotin vor, Dinge schreiben, Dinge aussprechen zu müssen, die einem dreijährigen Kind logisch und einleuchtend erscheinen könnten. Es ist absurd, als Schreibender noch schriftlich festhalten zu müssen, daß das Wettrüsten, vor allem das nukleare, das, inflationär die Reichtümer ganzer Völker vernichtend, längst zu einer tödlichen Bedrohung für alle geworden ist, in welchem politischen System sie auch leben mögen, eingestellt werden muß. [...] Als Schriftstellerin, die sich mit Inhalten und der dazu passenden Sprache befaßt und jene häßlichen Hilfszeitwörter der Aussageweise wie ‹dürfen›, ‹können›, ‹müssen› zu meiden trachtet, wo sie sie antrifft, sage ich hier dennoch, ohne auf die geschliffene Schönheit meiner Sprache zu achten: Das nukleare (wie das konventionelle) Wettrüsten *muß sofort beendet werden.*»[25]

Das Motto Frieden kam der in der Friedensbewegung engagierten Elfriede Jelinek sehr zupass, abgesehen davon war beim «Linken Wort» alles wie in den Jahren zuvor. Zwischen dem Arbeitskreis schreibender Frauen und anderen schreibenden Parteimitgliedern und Sympathisanten – als bekannteste Namen wären Peter Turrini, Michael Scharang und Marie-Thérèse Kerschbaumer zu nennen – saß Elfriede Jelinek unter der Zeltplane, las und stellte sich der Diskussion. Das Publikum labte sich, wenn es sich denn zu den Literaten verirrte, lautstark an Obstler und Essiggurken. Das «Linke Wort» war auf der Jesuitenwiese ein Nebenschauplatz, das *Volksstimme*-Fest war ein Volksfest. Gewichtheber, Liedermacher und Folkloregruppen aus den kommunistischen Ländern sorgten für internationales Flair, Alkoholika und Grillgut für heimelige Atmosphäre. Zwischen Info- und Imbissständen tummelten sich auf der Jesuitenwiese Liebespaare, kinderreiche Familien, feine Damen, die Torte mitbrachten, und Schlagerfans, die Karel Gott (ČSSR) sehen wollten. So etwas rief zwar Unmut an der inhaltistischen KP-Basis hervor, war aber trotzdem die größte Attraktion beim Publikum, so wie überhaupt das *Volksstimme*-Fest den österreichischen Kommunisten einen Zulauf verschaffte, der in keinem Verhältnis zur Abneigung stand, die man in Österreich den Kommunisten beziehungsweise «Kummerln», wie sie von jeher genannt werden, entgegenbringt.

Seit Januar 1974 war Elfriede Jelinek Mitglied der Kommunistischen Partei. Wilhelm Zobl hatte bei ihrer Entscheidung eine wichtige Rolle gespielt. Zobl war nach seinen Auslandsaufenthalten in der DDR und Polen voller Überschwang für die kommunistische Idee, Elfriede Jelinek ließ sich mitreißen. In dem Verhältnis war sie die ältere Schwester, die vom Wagemut des kleinen Bruders immer wieder angesteckt wird. Als Gespann waren sie auch in der KPÖ präsent. Zobl hatte für ein kleines, klassisch besetztes Orchester mit Chor, das «Kontrapunkte» hieß, Arbeiterlieder komponiert, Elfriede Jelinek kramte dafür sogar die verhasste Bratsche aus. Das Orchester spielte in der Wielandschule im Arbeiterbezirk Favoriten vor groß gemusterten Vorhängen und Ho-Chi-Minh-Poster. Bei sporadischen Auftritten wollten es die beiden nicht bleiben lassen. Sie planten, die Wielandschule, die im Besitz der KPÖ war, zu einem Forum zu machen, dazu wollten sie den Veranstaltungssaal restaurieren und für weitere kulturelle Aktivitäten herrichten. Das war der Partei jedoch zu teuer, und sie lehnte die Idee ab.

In der Kommunistischen Partei wurde Elfriede Jelinek ebenso wenig heimisch wie in der Studentenbewegung. Theoretische Konferenzen wie die «Zur Lage der Intelligenz in Österreich», einberufen von der Kommission des ZK der KPÖ für Intellektuellenarbeit 1975[26], saß sie ab, ohne sich groß zu Wort zu melden. Sie schrieb an keinem Parteiprogramm mit, auf keinem Parteitag erhob sie ihre Stimme oder leistete einen Diskussionsbeitrag. In der dickleibigen Parteigeschichte aus dem Jahr 1987[27] ist ihr Name nicht einmal erwähnt. Dem einfachen KPÖ-Mitglied musste Elfriede Jelinek sowieso ein Rätsel sein. Sie glaubte nicht an die geschichtsbildende Kraft der Arbeiterklasse und konnte mit der streng nach Moskau ausgerichteten Linie der KPÖ nichts anfangen. Ihre Literatur ließ jede sozialistische Utopie vermissen, Werbung für die Partei erst recht. Ihre Texte würden sich nicht «für irgendwelche literarische Brandreden als Propaganda für die KPÖ» eignen, sagte sie 1983. «Wenn ich also z. B. ein Theaterstück schreiben würde, in dem ich für den Eintritt in die KPÖ werbe, wäre das sicher schlechte Literatur.»[28] Dafür liebte sie Popkultur und alles, was aus Amerika kam. Wenn sie an KP-Veranstaltungen teilnahm, kam sie sich vor wie ein «bunter Vogel unter lauter Krähen»[29].

Als 1971 ihre Freundin und spätere Trauzeugin Marie-Thérèse Kerschbaumer sie für ein Interview fragte, warum sie Marxistin sei, gab Elfriede Jelinek eine Antwort, wie sie von ihr erwartet wurde: «Warum fragst du nicht, weshalb ich essen und trinken muss?»[30] Aber ebenso ließ sich Elfriede Jelinek für einen Beitrag des österreichischen Fernsehens beim Shoppen filmen und sagte, in einem Geschäft einen hochhackigen Schuh an sich drückend, dass eine «antikonsumatorische Haltung sowieso nichts nützt». Sie verpasste kaum eine Gelegenheit, sich von der Partei zu distanzieren, bei der sie Mitglied war, im Nachhinein nannte sie ihre Parteimitgliedschaft den größten Fehler ihres Lebens.[31]

Warum wurde Elfriede Jelinek überhaupt KPÖ-Mitglied? Und: Warum blieb sie es siebzehn Jahre lang? Wahrscheinlich muss man ein Stück in die österreichische Politik zurückblenden. 1970 war Bruno Kreisky Bundeskanzler geworden und regierte dreizehn Jahre. Kreisky, ein jüdischer Großbürger und Remigrant, öffnete seine Partei, die SPÖ, zur Mitte und machte sie für Beamte und Angestellte wählbar, in seiner Ära vervollkommnete sich das österreichische Phänomen der Sozialpartnerschaft: Konfliktvermeidung hinter den verschlossenen Türen der Interessenvertreter vor und anstatt einer politischen Auseinandersetzung. Bruno Kreisky war der erste Medienkanzler, herrschte, wie gerne gesagt wurde, als «Sonnenkönig» über ein Land, in dem es Vollbeschäftigung gab und das sich, nach einem berühmten Papst-Wort aus dieser Zeit, als «Insel der Seligen» vollkommen richtig verstanden fühlte. Unter Künstlern hatte Kreisky regen Zulauf, sie hofierten ihn und ließen sich hofieren, man sprach mit ihm über sein Lieblingsbuch *Der Mann ohne Eigenschaften* oder ließ sich Geschichte erklären. Aber Kreisky war es auch, der seine Minderheitsregierung 1970 vom damaligen FPÖ-Parteiobmann Friedrich Peter unterstützen ließ, welcher Offizier in einer SS-Einsatzgruppe gewesen war. Was die Vergangenheit betraf, hatte auch Bruno Kreisky kein großes Interesse daran, Gräben aufzureißen.

Einige wollten da nicht mitmachen. Möglichkeiten, sich gegen den Kreisky-Sozialismus zu positionieren, gab es verschiedene, Elfriede Jelinek wählte eine der exotischsten: Eintritt in die KPÖ, die die SPÖ als inneren Feind und Angriffsziel Nummer 1 begriff.

Zum Zeitpunkt von Jelineks Antrag auf Parteimitgliedschaft war die KPÖ eine Partei, deren Stimmenanteil in Österreich bei 1,2 Prozent lag. Nicht mehr bei 5,4 Prozent wie nach Kriegsende, aber auch noch nicht bei 0,7 Prozent bzw. 20 497 Stimmen wie 2004. Die KPÖ war die Fiktion einer politischen Kraft. Die Aufmerksamkeit, die ihr entgegengebracht wurde, verdankte sie den Ländern des Ostblocks. Anders als die DKP in der Bundesrepublik war die KPÖ in Österreich nicht verboten, sondern nur verpönt. Darin lag eine Verlockung für jene, die ebenfalls verpönt waren oder es gerne gewesen wären. Elfriede Jelinek analysierte ihre Motive rückblickend damit:

«Ich habe mich gezwungen, in eine Gruppe zu gehen, eine von vielen zu sein.»[32] Auch meinte sie, sie wolle «eine Art Demutsgeste setzen, um mit der Arbeiterklasse in einer Arbeiterpartei verbunden zu sein»[33]. Sie mochte Teile des kommunistischen Milieus, die alten Widerstandskämpfer etwa. Voller Zuneigung präsentierte Elfriede Jelinek das Buch der Auschwitz-Überlebenden Mali Fritz. Kommunisten, die politisch verfolgt waren, gab es auch in ihrer eigenen Familie: Ihr Großonkel Franz Josef Wernigg war bis zum Einmarsch der Russen in die Tschechoslowakei 1968 ein überzeugter Kommunist gewesen und hatte wegen politischer Betätigung in den dreißiger Jahren in Haft gesessen.

Und natürlich gefiel ihr die Aufmerksamkeit, die ihr als prominentestem Parteimitglied zuteil wurde. Die KPÖ schmückte sich gerne mit Elfriede Jelinek, schickte sie zu Friedenskongressen nach Helsinki oder Warschau. Dort saß sie dann als Repräsentantin Österreichs, mit Namensschild vor sich auf dem Tisch; einmal schüttelte sie sogar Yassir Arafat die Hand. Die Öffentlichkeit war im Grunde genommen der einzige Ort, an dem sich die Partei und ihr Mitglied Nummer 21505 begegnet sind, nur in der Öffentlichkeit war diese Beziehung auch intakt. Seit ihrem Parteieintritt trat Elfriede Jelinek regelmäßig am *Volksstimme*-Fest auf, zweimal publizierte sie eine Wahlempfehlung für die KPÖ in der *Volksstimme*. Im Gegenzug brachte die *Volksstimme* zu jedem neuen Jelinek-Werk, meistens vor allen anderen Zeitungen, ein ganzseitiges Interview und stellte sich in Auseinandersetzungen stets auf ihre Seite.

Die KPÖ-Funktionärin Susanne Sohn, für ein Jahr Vorsitzende, bevor sie 1991 austrat, war für Elfriede Jelineks Wohlergehen in der Partei zuständig. Sie sei, sagt sie, «immer mit Herzklopfen» an Elfriede Jelinek herangetreten. Wenn es um Unterschriften oder Unterstützungserklärungen ging, überlegte Elfriede Jelinek genau, wofür sie eintrat und wofür nicht. «Für die Friedensbewegung war sie zu gewinnen; als es in der *Volksstimme* einen positiv gefärbten Bericht zu Tscher-nobyl gab, wurde sie äußerst ungehalten.» Susanne Sohn er-zählt, dass sie mehrere Male eine zornige, aber eben auch anhängliche Elfriede Jelinek im letzten Moment davon abge-halten habe, ihr Parteibuch zurückzuwerfen. Dass die KPÖ die kulturelle Nutzung der Wielandschule aus angeblichem Geld-mangel nicht unterstützte, ärgerte sie umso mehr, als die Öf-fentlichkeit nach der Wende von den SED-Millionen erfuhr, die die KPÖ geparkt hatte. «Besser eine reiche Partei als eine Partei der Reichen», rechtfertigte sich die KPÖ auf dem *Volks-stimme*-Fest.

Einen medial beachteten Auftritt hatte das KPÖ-Mitglied El-friede Jelinek noch, wenn er auch ganz und gar nicht der Par-teilinie entsprach. Im Juni 1990 wurde die Wielandschule im zehnten Bezirk von Autonomen besetzt und nach einem Opfer von Neonazis in «Ernst-Kirchweger-Haus» umbenannt. Die welt-politisch stark erschütterte KPÖ hatte nun auch ein handfestes kommunales Problem. Man wollte schon Arbeiterbrigaden zur Räumung schicken, als Elfriede Jelinek gemeinsam mit den Auto-ren Peter Turrini und Michael Scharang sich kurzerhand für die Besetzer stark machten. Die Schriftsteller traten im Kirchweger-Haus auf und moderierten eine Diskussion zwischen Autonomen und KPÖ. Elfriede Jelinek ließ keinen Zweifel daran, wem ihre Sympathien galten. Irgendwann gab die KPÖ das Gebäude auf, die Wielandschule blieb lange das einzig besetzte Haus Wiens.

Als Elfriede Jelinek im März 1991 ihr knappes Schreiben «Ich trete mit sofortiger Wirkung aus der KPÖ aus»[34] aufsetzte, war die Berliner Mauer gefallen, der Prozess gegen die KPÖ um Rückgabe der SED-Gelder stand bevor, und Bruno Kreisky war gestorben (in seinem Nachlass auf Mallorca fand man ein ange-fangenes Exemplar von *Lust*). Elfriede Jelinek verließ die Par-tei gleichzeitig mit Wilhelm Zobl. Es war das Letzte, was sie zusammen gemacht haben. Eine Woche später starb Zobl nach einer Gehirnoperation in Hannover.

Die Jesuitenwiese indes hat in Jelineks Werk weniger als Bühne für «Das Linke Wort» Bedeutung erlangt, sondern als Schauplatz sexueller Handlungen. Auf jener Wiese, auf der schon das Vorbild für Robert Musils Lustmörder Moosbrugger in *Der Mann ohne Eigenschaften* sein Opfer kennen lernte, pirscht sich die Klavierspielerin Erika Kohut mit dem Feldstecher auf Paare beim Sex an.

● familienaufstellung
die klavierspielerin 1983

Dass der Film *Die Ausgesperrten* überhaupt gedreht werden konnte, hatte Elfriede Jelinek nicht zuletzt ihrer Mutter zu verdanken. Ilona Jelinek hatte 35 000 Schilling zugeschossen, damit der Regisseur eine Steuerschuld abtragen und staatliche Fördermittel beantragen konnte. Auch sonst nahm Ilona Jelinek an der Karriere ihrer Tochter lebhaften Anteil, daran hatte sich seit deren Kindheit wenig geändert.

Elfriede Jelinek arbeitete, die Mutter hielt ihr den Rücken frei. Ilona Jelinek kochte, putzte, wusch, kaufte ein und führte Elfriede Jelineks Hunde Wutzl und Floppy spazieren. Sie nahm Anrufe entgegen, kopierte Manuskripte, trug Briefe zur Post, empfing und bewirtete Elfriede Jelineks Gäste, um sich danach wie eine Haushälterin zurückzuziehen. Und als Anfang der achtziger Jahre die Studentin Elisabeth Spanlang für ihre Doktorarbeit über das Frühwerk Elfriede Jelineks den familiären Hintergrund ausleuchten wollte, stellte sich auch Ilona Jelinek zur Verfügung.[1] Bei Kaffee und selbst gebackenem Strudel stand sie, inzwischen Ende siebzig, Rede und Antwort und sprach Stunde um Stunde in das Aufnahmegerät. Sie erhob sich nur vom Tisch, um Kaffee nachzuschenken oder die Zeugnisse ihrer Tochter herauszukramen. Wie eine PR-Managerin unterrichtete sie die Doktorandin über die Erfolge ihrer Tochter und wies sie auf anstehende Theaterpremieren hin.

Elfriede Jelinek hatte kaum eine Sphäre, in die ihre Mutter nicht drang, und es gab für Ilona Jelinek nur ein Thema, ob vor Nachbarn oder Besuchern, und das war Elfriede. Ilona Jelinek lebte für und durch ihre Tochter. Nach und nach hatte sie die meisten Kontakte zur Außenwelt abgebrochen, seit dem Tod ihres Mannes hatte sie nur mehr einen Zugang zur Welt – das, was ihre Tochter mit der Welt verband. Bis ins hohe Alter wusste Ilona Jelinek über jedes Detail aus dem Leben ihres Kindes Bescheid, sie konnte die Themen von Elfriede Jelineks Prüfungen wiedergeben, erinnerte sich an einzelne Noten, Jahreszahlen, die Namen ihrer Schriftstellerkollegen, das, was diese Schriftstellerkollegen gesagt hatten. Außenstehende beschreiben das Verhältnis als eine Mischung aus totaler Vereinnahmung und bedingungloser Verehrung.

Zu diesem neurotischen Mutter-Tochter-Verhältnis gehörte ein stilles Einverständnis, vereint zu sein gegen den Rest der Welt. Elfriede Jelinek war der Mutter seit frühester Kindheit ein gleichberechtigter Partner. Noch enger wurde die Bindung durch ihre Angstzustände. In einem Alter, da man sich normalerweise abnabelt, war Elfriede Jelinek von ihrer Mutter abhängig wie ein kleines Kind. So blieb sie Jahrzehnt um Jahrzehnt bei ihrer Mutter, mit ihr eine Art «Doppelgeschöpf»[2] bildend, zwei Frauen, die, symbiotisch und auf sich selbst zurückgeworfen, nebeneinander und durcheinander lebten. «Mutter und Tochter stecken die Köpfe ineinander, als wären sie nur ein einziger Mensch, und das Fremde liegt sicher, losgelöst von seinem ursprünglichen Ankerplatz, vor ihnen, sie nicht berührend, nicht bedrohend, aber doch trächtig von den Missetaten anderer, um unter die Lupe genommen zu werden.»[3]

Gemeinsam gingen sie zu Theaterpremieren, vielleicht tatsächlich «äußerlich Charley Frankensteins Tollen Tanten gleichend», wie Elfriede Jelinek schrieb.[4] So altmodisch und bigott Ilona Jelinek auch auf andere wirkte – sie versuchte, bei Elfriede Jelineks Eifer für alles Aktuelle mitzuhalten. Von ihrer Mutter hatte Elfriede Jelinek Anfang der siebziger Jahre einen «Bubble Chair» des finnischen Designers Eero Aarnio bekommen, jenen durchsichtigen, bis auf die Sitzöffnung in sich geschlossenen Plexiglasball, der an einer Kette von der Decke baumelt. Er hängt bis heute im Jelinek'schen Empfangszimmer. Als Elfriede Jelinek eine junge Autorin war und erstmals für einen längeren Beitrag im Fernsehen porträtiert wurde, ließ sich auch Ilona Jelinek filmen. Mit gelöstem Haar präsentierte sie sich auf der Le-Corbusier-Liege wie eine exaltierte Mitbewohnerin.

Elfriede Jelineks Interessen wurden von der Mutter geteilt. Ihrer Tochter wegen las Ilona Jelinek Jerry-Cotton-Romane, sah sich mit ihr *Dallas* an, von der Serie versäumte Elfriede Jelinek kaum eine Folge. Ilona Jelinek interessierte sich für den Sozialismus; angespornt von ihrer Tochter, trat die gläubige Katholikin sogar aus der Kirche aus. Umgekehrt war Ilona Jelinek eine gewandte Erzählerin, und Elfriede Jelinek sog auf, was die Mutter erzählte. Farbige Schilderungen von Mädchenmorden gehörten zu Ilona Jelineks Standardrepertoire, um ihr Kind davor zu bewahren, etwas mit Männern anzufangen. «Manchmal kommt in diesem Bezirk eine Mordserie vor, und ein paar alte Weiberln sterben in ihren mit Altpapier völlig zugewachsenen Fuchsbauten. Wo ihre Sparbücher geblieben sind, weiß nur Gott allein, und der feige Mörder weiß es auch, der unter der Matratze nachgeschaut hat», heißt es in *Die Klavierspielerin*.[5]

Jahrzehntelang lebte Elfriede Jelinek so neben ihrer Mutter her, in einem Kraftfeld wechselseitiger Abhängigkeiten. Die Mutter hatte das Kind in der Kunst groß gemacht und klein gehalten bei allem, was Alltagsbewältigung betraf. Elfriede wurde der Mutter schnell intellektuell überlegen und konnte dennoch nicht ohne sie zurechtkommen. Elfriede Jelinek musste Ilona Jelinek Kind, Freundin, Patientin, Chefin und Lebensgefährtin in einer Person sein. Ilona Jelineks Meinung nach hätte diese Beziehung immer so weitergehen können. Für Elfriede Jelinek jedoch kam wie für jede Tochter der Tag, an dem sie der Mutter all das an den Kopf werfen würde.

eingeschränkte biographie 1981 begann Elfriede Jelinek mit dem Roman, den sie als ihre «eingeschränkte Biographie»[6] bezeichnete, *Die Klavierspielerin*. Schon auf der ersten Seite wird die Mutter als «Inquisitor und Erschießungskommando in einer Person, in Staat und Familie einstimmig als Mutter anerkannt»[7] eingeführt. Die Mutterfigur ist in *Die Klavierspielerin* die alles verschlingende Instanz, die ihre Tochter Erika als Kind zur Pianistin hochgezüchtet hat und ihr selbst noch als Frau in den Dreißigern die Flügel stutzt. Erika ist einerseits der «Fisch im Fruchtwasser der Mutter»[8], andererseits hat sie die Stelle des Vaters eingenommen, indem sie mit der Mutter gemeinsam im früheren Ehebett schläft. Seit der Vater wahnsinnig geworden ist, erfüllt Frau Kohut ihre Rolle als Familienoberhaupt in totalitärer Art und Weise. Die Mutter lauert an der Tür, und wenn Erika nach Hause kommt, wird sie durchsucht wie bei einer Grenzkontrolle. Sie öffnet die Taschen, zieht die Sachen hervor, die Erika sich gekauft hat, und stellt die Tochter zur Rede.

Auch außerhalb der eigenen vier Wände ist sie stets um das Kind herum, auf dem Heimweg von einem Hauskonzert versucht sie, die Tochter von ihrem Schüler Klemmer fern zu halten, der ihr den Hof macht. Es ist ein Szenario des wechselseitigen Belauerns und Überwachens. Die Mutter sitzt ihrer Tochter im Nacken und macht Kontrollanrufe, wenn Erika ausgeht. Walter Klemmer, der Möchtegernschwiegersohn, heftet sich an Erikas Fersen, die wiederum passt Klemmer ab und geht ihm nach.

Für ihre Mutter, die «leicht Erikas Großmutter sein»[9] könnte, muss Erika alles sein. Für andere bleibt ihr nichts. Im Roman kann Erika nur die Position der Beobachterin einnehmen, als Peepshow-Gängerin oder indem sie sich im Spiegel beobachtet, wenn sie sich mit einer Rasierklinge schneidet. Selbst in der Sexualität geht Erika wie eine Kunstbetrachterin zu Werke. «Auch wenn Erika schneidet oder wenn sie sich sticht, spürt sie kaum etwas. Nur was den Gesichtssinn betrifft, hat sie es zu hoher Blüte gebracht.» Die nackten Peepshow-Frauen sieht sie an, wie man ein Gemälde studiert, «stets auf der Suche nach einem neuen unerhörten Einblick»[10]: «Eine Schwarzhaarige macht eine schöpferische Pose, bei der man in sie hineinsieht. Sie rotiert auf einer Art Töpferscheibe im Kreis herum. Doch wer bewegt das Rad?»[11] In *Die Klavierspielerin* beschreibt Elfriede Jelinek am Spezialfall einer Mutter-Tochter-Beziehung das, was jede Mutter-Tochter-Beziehung ausmacht: dass eine Mutter ihr Kind vernichtet, wenn sie ihm das Leben abnehmen will.

Das Kind bleibt immer das Kind, die Mutter ist immer überlegen. Die Versuche der Tochter, sie zu entmachten, sind grausam, aber hilflos. Erika reißt ihrer Mutter beim Färben ein paar Haarbüschel aus, eines Nachts stürzt sie sich auf ihre schlafende Mutter. Doch es ist ein Übergriff, der genauso viel von einem Gewaltakt hat wie von einer zärtlichen Umarmung. Die Mutter obsiegt in jedem Fall. «Das Kind weint über dem Gesicht der Mutter, und die Mutter baggert dieses Kind von sich herunter, wobei sie fragt, ob das Kind verrückt geworden sei.»[12]

Wie schon der Roman *Die Ausgesperrten,* in dem Elfriede Jelinek einige Motive der Klavierspielerin Erika vorweggenommen hat, ist das Buch erzählt wie ein Film. Die Figuren sind ständig in Bewegung, es gibt viele Schnitte, die Perspektive gleicht einer Kamerafahrt bei Verfolgungsjagden. Während Erika nachts durch die Praterauen streift, rennt die Mutter in der Wohnung auf und ab. Klemmer schleicht durch den Park oder um das Haus der Kohuts herum. Alle versuchen sie, ihrem Schicksal zu entgehen, und erleiden doch genau das, was sie vermeiden wollten. Erika diktiert Klemmer in einem Brief Fesselungs- und Vergewaltigungsphantasien, möchte aber eigentlich, dass er diese aus Liebe ignoriert. Ihr Versuch, Forderungen auszusprechen und Unausgesprochenes zu bekommen, ihr

Wunsch, zugleich Subjekt und Objekt zu sein, Domina und liebesbedürftiges Mädchen, hat die brutale Züchtigung durch Klemmer zur Folge.

Elfriede Jelinek schrieb *Die Klavierspielerin* mehrere Male um. Im Gegensatz zu ihren anderen Romanen kam es hier auf psychologische Motive und deren Schlüssigkeit an, Elfriede Jelinek strich und veränderte Szenen. Eigentlich sollte der Roman in der Mutter-Tochter-Geschichte ihren Höhepunkt erfahren. Als Delf Schmidt das Manuskript las, riet er ihr jedoch dazu, die Figur des Walter Klemmer auszubauen, die anfangs eher am Rande vorgekommen war. Elfriede Jelinek setzte sich noch einmal an den Roman und arbeitete an Walter Klemmers Charakter. Zum selbstzerstörerischen Frauenduo gesellt sich nun der Liebhaber, eine Dreiecksbeziehung entsteht, in der alle Spielarten von Macht und Hingabe, Begierde und Demütigung durchexerziert werden.

In die Figur der Erika brachte Elfriede Jelinek ihr Leben in einem Maße ein, wie sie es in keinem anderen Buch getan hat. Sie tat es in einer Sprache, in der auf fast barocke Art ständig Vergleiche gezogen oder sprachliche Bilder erzeugt werden. Erika ist zwar die Figur, «die ich sogar selber zum Teil gewesen bin»[13], wie Elfriede Jelinek schrieb. Aber sie verschwindet hinter der Sprache, in der sie über Erika erzählt. Elfriede Jelineks autobiographischer Roman ist eine Inszenierung, die verbirgt, was sie enthüllt. Der ironische Ton, der sich durch das Buch zieht, trägt zusätzlich zur Tarnung bei. Mit diesem Roman hielt Elfriede Jelinek es wie mit allen privaten Äußerungen. Es waren «Äußerungen, aus denen man trotzdem über mich nichts erfuhr»[14].

Die Klavierspielerin, bis zum Jahr 2005 insgesamt 450 000-mal verkauft, brachte 1983 den Durchbruch bei der Kritik. Erstmals seit *wir sind lockvögel baby!* gab es wieder einhelliges Lob. *Die Zeit* verwies auf Elfriede Jelineks musikalischen Hintergrund und bezeichnete den Roman als «Triumph der Virtuosität»[15], in der *Süddeutschen* bemerkte Lothar Baier, wo Elfriede Jelinek den «Schimmer einer Utopie» erkennen lasse: in der Sprache nämlich und in der Kraft, mit der Elfriede Jelinek diese einsetzt. Die «unübersteigbare Mauer» der Phrasen und des Sprachguts, mit der sich die Figuren abschirmen, könne, so die Utopie, geöffnet werden, «wenn nur das richtige Wort gefunden wird»[16]. Ein lakonisches Urteil fällte Hermann Burger in der *F.A.Z.* über die Mutter-Tochter-Geschichte: «Scheußlich, aber wahr.»[17]

Der Roman ist das am besten erforschte Buch Elfriede Jelineks. Es gibt jede Art der Interpretation[18], die feministische, die die Frau Erika als Opfer des Mannes Klemmer sieht, die marxistische, die die Tochter als Kapital der Mutter begreift; man hat Erika psychoanalytisch gedeutet, nach Freud und nach Lacan. Man hat sich dem Stil des Buches über die Sprachphilosophie genähert und der beschriebenen Gesellschaft mit Faschismustheorien. Die Geschichte der Voyeurin Erika wurde als Sexualpathologie gelesen, als Phänomenologie einer Selbstverstümmelung oder als Ästhetik des Ekels. Den Roman hat Patricia Jünger 1988 zu einer Oper gemacht, mit Mutter und Tochter im Mittelpunkt, und er wurde von Michael Haneke verfilmt, der Erika und Klemmer als tragisches Liebespaar in den Vordergrund rückte. *Die Klavierspielerin* ist ein Roman, in dem sich jeder wiederfinden kann, weil er die archaischste aller Beziehungen wiedergibt – die zwischen Eltern und Kind.

die mutter In *Die Klavierspielerin* schuf Elfriede Jelinek eine einprägsame Mutterfigur, eine Frau ohne Vornamen, die wahlweise «Dame Kohut senior» oder «die alte Frau Kohut» genannt wird. Seit dem Erfolg des Buches wird Elfriede Jelinek mit ihrer Mutter in Zusammenhang gebracht, so wie vielen zu Franz Kafka als Erstes der Vater einfällt oder zu Thomas Bernhard der Großvater. Wer war diese viel beschriebene Mutter?

Wenn man von Ilona Jelinek erzählt, muss man von zwei Leben erzählen. Das Leben, das sie bis zur Geburt ihrer Tochter geführt hat, und das Leben, das sie für ihre Tochter geführt hat. Das erste begann im fünfzehnten Bezirk, wo Ilona Jelinek, geborene Buchner, als eines von drei Kindern aufwuchs. In inzwischen bescheidenen Verhältnissen: Während des Ersten Weltkriegs war das Vermögen ihres bereits verstorbenen Großvaters verloren gegangen, die Villa in Kalksburg, in der Ilona Buchner ihre frühesten Kindheitsjahre verbracht hatte, war während der Kriegswirren von fremden Mietern in Beschlag genommen worden.

Die Zeiten waren unsicher, Ilona Buchner wurde dazu erzogen, sich selbst erhalten zu können. Als eines von wenigen Mädchen ihrer Zeit ging sie auf ein Gymnasium im zweiten Bezirk, wo vor allem Töchter jüdischer Unternehmer für die Geschäfte ihrer Eltern ausgebildet wurden. Nach der Matura studierte sie vier Semester Welthandel, auch an der Universität war sie eine von wenigen Frauen. Was es bedeutete, ohne standesgemäße Herkunft und Bildung zu sein, hatte sie an ihrer Mutter erleben können. Helene Buchner war aus dem deutschsprachigen Steierdorf am Rande der transsylvanischen Alpen und hatte nur die Volksschule absolviert. Nachdem sie den Wiener Fleischeinkäufer Rudolf Buchner dort geheiratet und Ilona geboren hatte, folgte Helene Buchner ihm von der Peripherie ins Zentrum des Habsburgerreichs. Im Hause des Seidenfabrikanten in Kalksburg galt sie jedoch als Dahergelaufene. Sie kam in ihrer kultivierten Umgebung nur schwer zurecht und hatte in der Wiener Gesellschaft nie Fuß gefasst.[19] Dieses Schicksal sollte Ilona erspart bleiben.

An der Handelsakademie traf Ilona Buchner den vier Jahre älteren Friedrich Jelinek, der sich weiterbilden wollte.[20] Friedrich Jelinek und Ilona Buchner kannten sich, sie waren Nachbarskinder gewesen, beide wohnten sie in der Reichsapfelgasse[21], und Friedrich Jelinek hatte einst Ilonas krankem

Bruder Josy Nachhilfestunden gegeben. Friedrich Jelinek war in ähnlicher Weise dazu erzogen worden, sich mit eigener Leistung hochzuarbeiten, wie seine spätere Frau. Der Arbeitersohn begann 1918 Chemie zu studieren, aufgrund seiner Begabung erhielt er ein gut dotiertes Stipendium.[22] Doch bei der Vergabe von Laborplätzen wurden die an die Universitäten strömenden Kriegsheimkehrer bevorzugt, die Inflation machte das Stipendium wertlos. Als Hilfsbeamter musste er bei der Gemeinde Wien anheuern.[23] Auch Ilona Buchner hatte ihr Studium abgebrochen, um als Buchhalterin Geld zu verdienen. Von früher Jugend an gewöhnt, sich durch Leistung und Tüchtigkeit zu definieren, verlegte sie ihren Ehrgeiz nach der Heirat 1928[24] ganz auf ihren Ehemann. Friedrich Jelineks Karriere ging prompt voran. Fast wie jener Professor in Arthur Schnitzlers Stück *Professor Bernhardi,* der eine Beförderung anstrebt, damit er seiner Frau zum Geburtstag den «Hofratstitel als Angebinde bringen» kann, arbeitete sich Friedrich Jelinek beharrlich nach oben. Hatte er in den zwanziger Jahren noch für die Elektrizitätswerke Zähler abgelesen, so stieg er bald zum Ober-Offizial auf. Um in eine höhere Gehaltsstufe zu gelangen, reichte er sogar eine Beschwerde beim Verwaltungsgerichtshof ein, das Verfahren wurde allerdings eingestellt.[25]

das überleben des vaters Im Frühjahr 1938 musste Friedrich Jelinek wie alle Beamten Adolf Hitler Treue und Gehorsam schwören. Im Oktober wurde er, der von seinen Vorgesetzten stets als «fähiger, sehr intelligenter Beamter» gelobt worden war[26], als «Mischling» registriert. Damit war der Verlust seiner Beamtenstelle nur mehr eine Frage der Zeit und sein Leben in Gefahr. Abermals ergriff Ilona Jelinek die Initiative. Sie brachte ihren Mann dazu, sein Studium an der Technischen Hochschule wieder aufzunehmen, was Friedrich Jelinek im Winter 1938 sofort tat.[27] Es war die letzte Gelegenheit, danach wurde «Mischlingen» das Studium verwehrt. Was es bedeuten würde, mit jüdischer Herkunft keine Arbeit zu haben – davon hatte Friedrich Jelinek ebenso eine Ahnung bekommen wie vom antisemitischen Eifer der Wiener. Kurz nachdem Friedrich Jelinek von der Gemeinde Wien gekündigt worden war, stand schon ein Nachbar aus dem Zinshaus in der Wohnung und sah sich um, als gehöre alles ihm. Er sagte, dass Jelinek bald verschwinden müsse, jetzt, wo er arbeitslos sei. Friedrich Jelinek wurde den Nachbarn los, indem er ihm sein Studienbuch zeigte.

«Mein Mann war unerhört gescheit, ich war weniger gescheit, aber dafür war ich tüchtig» – das war Ilona Jelineks Leitsatz, damit hat sie ihren Mann und dessen Familie durch den Krieg gebracht. Sie half ihrer Schwiegermutter, die Wohnung anzumieten, die Friedrich Jelinek senior als Unterschlupf diente. Wiederholt wurde Ilona Jelinek bei Behördengängen aufgefordert, sich scheiden zu lassen. «In der dreckigsten Zeit hat er mich aus Liebe geheiratet und für mich gesorgt, und jetzt wo es ihm dreckig geht: das macht eine gute Arierin nicht», pflegte sie zu entgegnen.[28]

Ilona Jelinek ließ ihren Mann nicht nur nicht fallen, sie hatte auch den – im Nachhinein etwas realitätsfremd erscheinenden – Ehrgeiz, sich nicht in die Schranken weisen zu lassen, auch nicht von der «Hitlerei». Um Geld zu verdienen, fing sie bei Siemens als Lohnverrechnungsbeamtin an.[29] Trotz des Drucks, der auf ihr lastete, machte ihr die Arbeit Spaß, in der Berufstätigkeit fühlte sie sich, die sie nach eigenem Bekunden «mit geistig weitaus höherem Wissen ausgestattet» war «als die kleinen Beamten», genau richtig. Wahrscheinlich weniger aus politischem Sabotagegeist als aus unbedingtem Willen, sich in allem durchzusetzen, hielt Ilona Jelinek in der Firma auch nicht mit ihrer Meinung über die aus dem Reich eingesetzten Deutschen hinterm Berg. Sie wurde mehrmals denunziert, ihre direkten Vorgesetzten konnten jedoch Konsequenzen abwenden.

Während seine Frau den Unterhalt sicherte, studierte Friedrich Jelinek um sein Leben. Wie lange er durch seine «Mischehe» geschützt sein würde, wusste er nicht, aber dass Chemiker gesucht sein würden – das war nach Kriegsausbruch klar. Doch «Mischlinge 1. Grades» durften nur bis zum Wintersemester 1939/40 zu Prüfungen antreten; an der Technischen Hochschule, die seit den zwanziger Jahren äußerst nationalistisch eingestellt war, wurde zudem alles getan, um auch die letzten jüdischen Studenten loszuwerden.[30] Einen Tag nachdem Friedrich Jelinek 1939 sein Kündigungsschreiben als Beamter erhalten hatte, legte er die erste Staatsprüfung ab. Und nur zwei Jahre nach Wiederaufnahme des Studiums war er so weit, mit seiner Diplomarbeit zu beginnen. Es gab große Probleme, bei einer Analyse klappte eine Reaktionsfolge nicht, und Friedrich Jelinek war gezwungen, in einem mit «Heil Hitler!» unterschriebenen Brief um Aufschub zu ersuchen.[31] Trotz der schwierigen Situation beendete er das Studium mit glänzenden Noten.[32]

Nachdem er einige Monate bei der Baufirma Paitl & Meissner als Bauabrechner gearbeitet hatte, bekam er 1941/42 eine Stelle als Chemiker bei Semperit in Traiskirchen. Die Semperit Gummiwerke stellten Reifen her, seit Kriegsbeginn waren sie ein Rüstungsbetrieb im Besitz der deutschen Continental und produzierten Laufrollen für Panzerfahrzeuge und Flugzeugreifen. Dabei wurden auch Zwangsarbeiter eingesetzt.[33] Friedrich Jelinek forschte an einem Klebeverfahren, das Buna, den künstlichen Kautschuk, mit Stoff verband, und war mit der Überwachung der Produktion betraut. Für technische Neuerungen wurde er, wie er nach dem Krieg in einem Lebenslauf schrieb, mehrfach prämiert.[34] Um ihm die Ergebnisse seiner Arbeit vorzuführen, brachte man ihn eines Tages in das Gummiwerk in Engerau bei Bratislava, wo Entwicklungen des Forscherstabes umgesetzt wurden. Friedrich Jelinek inspizierte das Werk, und er hat wahrscheinlich nicht nur die Treibriemen-Produktion gesehen: In Engerau befand sich ein Lager, in dem vor allem ungarische Juden für den Südostwallbau eingesetzt waren. Die Menschen starben an den erschöpfenden Schanzarbeiten und den Verhältnissen im Lager. Hunderte von ihnen wurden, wie später ein Prozess zutage brachte, von Angehörigen der Lagerwache gequält und ermordet.

Friedrich Jelinek hatte Glück, er wurde nicht deportiert und keinen körperlichen Schikanen ausgesetzt. Aber er musste als «Halbjude» der Rüstungsindustrie zuarbeiten – um ein Regime länger an der Macht zu halten, das ihn verfolgte. Der Druck, dem er in diesen Jahren ausgesetzt war, sollte nicht mehr von ihm weichen.

Nach dem Krieg ging Friedrich Jelinek sofort dorthin zurück, wo er hatte aufhören müssen. Wenige Tage nach der Befreiung Wiens bewarb er sich bei der Gemeinde Wien um einen Posten. «Der Herr Bürgermeister hat die Absicht geäußert, alle Anstellungen, die die Nationalsozialisten seit März 1938 vorgenommen haben, aufzuheben», schrieb er.[35] Er bekam eine Stelle im Chemischen Laboratorium, wo er mit Mineralöluntersuchungen betraut war und dessen Leiter er später wurde. In einem Fragebogen, in dem 1945 jeder Beamter etwaige Mitgliedschaften bei nationalsozialistischen Organisationen anzugeben hatte, gab es auch die Zeile: «Wurden Sie während des NS-Regimes aus politischen Gründen gemaßregelt?» Friedrich Jelinek unterstrich das Wort «politisch» mit Füllfeder und setzte darunter: «Nein.»[36] Dass er aus «rassischen» Gründen gelitten hatte, schien ihm nicht der Rede wert. Er funktionierte, wie er immer funktioniert hatte. Wo ein ganzes Land damit beschäftigt war, sich selbst zu vergeben und zu vergessen, gab es auch für die Opfer kein Innehalten. Bevor Friedrich Jelinek wieder bei der Gemeinde anfing, wollte er noch einige Wochen Urlaub haben. Aber nicht, um sich zu erholen, sondern um den Doktortitel anzugehen, den seine Frau, der höheren Gehaltsklasse wegen, verlangte.

Ilona Jelinek hatte 1945, als die Belegschaft ausgedünnt war, bei Siemens eine Zeit lang dem Personalbüro vorgestanden. Ihr Mann wünschte sich ein Kind, bald wurde sie schwanger und hörte auf zu arbeiten. Als sie ihr «Menscherl» auf die Welt brachte, wie sie es nannte, hatte sie zwei Kriege und achtzehn Jahre Ehe hinter sich. Mit dem Kind begann ihr zweites Leben, das als Mutter von Elfriede Jelinek. Der Ehrgeiz, den Ilona Jelinek in ihren Mann gelegt hatte, verlagerte sich nun ganz auf ihre Tochter. Wie ihren Mann hielt sie auch ihre Tochter für «eine Nuance gescheiter als die anderen», es war für sie keine Frage, dass ihr Kind etwas Besonderes war und dies bei jeder Gelegenheit beweisen sollte. Jeden Zweifel tat sie, wie schon bei ihrem Mann, als «Minderwertigkeitskomplex» ab.

Ilona Jelinek war eine Frau, die mit sich vollkommen im Reinen war. Es gab nichts, was sie bereute, und nur weniges, was sie anders gemacht hätte. Wenn man sich das von Elisabeth Spanlang geführte Interview heute anhört, dann fällt auf, wie flüssig Ilona Jelinek spricht. Jedes Erlebnis, das sie schildert, hat einen Spannungsbogen, und der ergibt sich daraus, dass sie, Ilona Jelinek, vor ein Problem gestellt wurde und es dank ihrer Willenskraft gelöst hat, ob es sich um einen Behördengang im Nationalsozialismus handelt, um den Bau des Eigenheims oder um die Karriere ihrer Tochter. In ihrer Rückschau war das Leben eine Summe von Dingen, die man geschafft kriegt.

vater und tochter Während Elfriede Jelinek von ihrer Mutter vereinnahmt wurde, pflegte sie zu ihrem Vater ein Verhältnis, das man als höflich bezeichnen könnte. Friedrich Jelinek sprach ein gewähltes, altertümliches Deutsch, das noch aus einer anderen Epoche stammte und nicht in die Welt des Wiederaufbaus passte. Er hatte einen feinen Wortwitz und war äußerst eloquent, seiner dominanten Frau gegenüber versuchte er, sich mit Ironie und Sarkasmus zu behaupten. «Ich glaube, daß mir die Sprache das Leben gerettet hat gegen eine drückende und auch geistig verwirrte mütterliche Autorität. Es gab einen Vater, der mich nicht gerettet hat vor dieser Mutter, aber er hat mir wenigstens die Sprache gegeben, so daß ich subversiv, mit Sprache, in einer Weise untendurch tauchte, wo mir die Autorität nicht folgen konnte», sagt Elfriede Jelinek.[37] Sie merkte, dass er ihr trotz seiner Zurückgezogenheit sehr zugetan war, sie liebte es, mit ihm spazieren oder ins Museum zu gehen. Auch die Musik verband sie, Elfriede Jelinek musste für ihn seine Lieblingslieder spielen, an das Klavierspiel seiner Tochter erinnerte sich Friedrich Jelinek noch, als er ihren Namen längst vergessen hatte. In Elfriede Jelineks Erinnerung verbinden sich die glücklichen Phasen im Alltag ihrer Eltern mit dem Spaß, den diese mit Worten hatten. Wenn sie einen verbalen Schlagabtausch führten, war die Stimmung gut, und nichts konnte passieren. Oft jedoch redete Friedrich Jelinek gar nichts. Auch um zu strafen, schwieg er, manchmal tagelang.

Als Elfriede Jelinek älter war, wurde das Verhältnis zu ihrem Vater immer schwieriger. Sie bekam seinen Unwillen mit, als er, angetrieben von Ilona Jelinek, seine Doktorarbeit in organischer Chemie schreiben musste. Der Vater war für sie kaum noch ansprechbar. Die Arbeit fiel dem über 50-jährigen Friedrich Jelinek schwer, vor allem weil er sie, inzwischen Oberstadtbaurat, neben seinem Beruf machen musste.[38] Bis 1954 war Friedrich Jelinek mit seiner Studie «Zur Kenntnis der Brenztraubensäure» beschäftigt. Elfriede Jelinek erlebte diese Zeit als Ausnahmesituation. «Schlimme Familienverhältnisse [...] bei mir daheim. Brüllende Eltern, tobende Schlachten.»[39]

Auch war ihr Vater geprägt von den Erlebnissen der Verfolgung. Als kleines Mädchen musste Elfriede Jelinek mit ihm zur Aufklärung in die Filme der Alliierten gehen, in denen die Leichenberge aus den Konzentrationslagern zu sehen waren. Die Bilder verstörten sie im selben Maß, wie sie sich ihr eingeprägt haben. Der Vater kam von den Entbehrungen des Krieges nicht mehr los; als ihm Elfriede eines Tages Blumen kaufte, schnitt er ihnen aus Wut, dass man für Blumen Geld ausgibt, die Köpfe ab.[40]

In einem kurzen Prosatext beschrieb Elfriede Jelinek 1977 das Trauma ihres Vaters, das buchstäblich im Räderwerk des Nazi-Regimes entstanden war. «Der Verwandte sagt allen Ernstes, er will lieber ein Leben in Entsetzen vor sich selber und Schande, ein Leben, das seinen Überzeugungen zuwiderläuft als überhaupt kein Leben haben. Der Verwandte kriegt denn auch das Leben in Entsetzen und Schande, er verdient sogar ganz gut. Sie werden sich das sicher nicht vorstellen können!»[41] Es sollten fast zwei Jahrzehnte vergehen, bis sich Elfriede Jelinek ihrem Vater nicht mehr mit Sarkasmus, sondern mit Empathie widmen konnte.

Friedrich Jelinek, der in seinem gesamten Beamtendasein nur sechsmal krankgeschrieben war[42], hatte nichts von seiner Pension, seine Alzheimer-Krankheit war der Endpunkt eines fremdbestimmten Lebens. Für Elfriede Jelinek war der Vater «von einem unglaublich klugen Menschen zum völligen Idioten geworden. Das verzeiht eine Tochter dem Vater nicht.»[43] Mit seiner Krankheit konnte sie nicht umgehen, mit dem schwachen Mann, der alles an Autorität eingebüßt hatte und den sie später als die «tragischste Figur, die ich kannte», bezeichnete.[44] Wie alle Kinder schlug sie sich auf die Seite des stärkeren Elternteils, und das war ihre Mutter. Es kam vor, dass sie ihrem Vater gegenüber ausfällig wurde, sie wusste sich nicht mehr zu helfen.

Als sich der Zustand Friedrich Jelineks so verschlimmert hatte, dass er nicht mehr zu Hause gepflegt werden konnte, kam er in ein privates Heim in Neulengbach im Wienerwald, das es heute noch gibt. Damals hieß es noch «Pension für nerven- und geistesschwache Personen», in *Die Klavierspielerin* schilderte Elfriede Jelinek den Weg des «bereits vollkommen orientierungslosen und verstandesschwachen Vaters in das niederösterreichische Sanatorium».[45] Mutter und Tochter begleiten den Vater, Chauffeur ist der «angestammte Wurstwarenhändler» mit seinem VW-Bus. Der Weg führt durch den Wienerwald, eine pittoreske Landschaft zieht vorbei, die Anhöhen, die man «in alten Tagen, die keine guten waren» mit dem Vater erklommen hat. «Der Vater begreift nicht, weswegen er hier ist, denn hier ist er doch nie zuhause gewesen. Es wird ihm viel verboten, und der Rest wird auch nicht gern gesehen. Was er tut, ist falsch, daran ist er freilich gewöhnt, von seiner Gattin her. Er soll gar nichts mehr in die Hand nehmen und sich nicht regen, er soll seine Rastlosigkeit bekämpfen und still liegen bleiben, dieser unentwegte Spaziergänger.»[46]

Der Abschied vom Vater ist im Roman von stiller Brutalität. «Doch einmal endet alles. Der Vater soll, als sie wieder abfahren, seinen zwei Damen, von einem unfreiwilligen Helfer in weißem Kittel gestützt, Winkewinke machen. Der Papa hält sich statt des Winkens die Hand unvernünftig vor die Augen und fleht, nicht geschlagen zu werden.»[47] Danach sprechen Mutter und Tochter Kohut nicht mehr über den Vater. Kaum sind sie zu Hause, setzt das Verdrängen ein: «Die Mutter igelt sich [...] gemütlich in ihrer Wohnküche ein und brutzelt etwas in Fett für den gemeinsamen Abend, an dem es kalt serviert wird, und anschließend wartet schon eine Handarbeit auf sie, ein weißes Spitzendeckerl.»[48] Aus finanziellen Gründen und weil es für die Familie näher war, wurde Friedrich Jelinek ein halbes Jahr in die 2. Psychiatrische Abteilung des Krankenhauses Baumgartner Höhe verlegt. Es erscheint wie grausame Ironie des Schicksals, dass Friedrich Jelinek die letzten Monate seines Lebens an einem Ort zubrachte, der einst Schauplatz nationalsozialistischer Verbrechen geworden war.

Das Krankenhaus leitete zu diesem Zeitpunkt Heinrich Gross, jener Arzt, der noch immer mit Gehirnpräparaten von «Euthanasie»-Opfern forschte. Elfriede Jelinek konnte lange Zeit nicht an ihren verstorbenen Vater denken, ohne sich Vorwürfe zu machen. Sie hatte Schuldgefühle, wenn sie an seine letzte Zeit zu Hause dachte. Darüber zu sprechen oder etwas Längeres zu schreiben war ihr nicht möglich. Auch in *Die Klavierspielerin* ließ sie den Vater ausgeblendet. Die Passage im Sanatorium ist die einzige, in der er auftritt.

nach der abrechnung Im Frühjahr 1983, *Die Klavierspielerin* lag gerade druckfrisch vor, überreichte Elfriede Jelinek ihrer Mutter ein Exemplar. Sie machte das bei allen ihren Büchern, die sie geschrieben hatte. Elfriede Jelinek blätterte das Buch auf und krakelte eine Widmung unter den Titel. «Dennoch und trotz alledem für meine liebe Mamma von ihrer elfi ostern 1983». Ilona Jelinek war über *Die Klavierspielerin,* wie nicht anders zu erwarten, entsetzt. Bedacht um ihren guten Ruf, fürchtete sie, von fremden Leuten auf das Buch angesprochen zu werden. Gegenüber der Komponistin Patricia Jünger, einer Freundin ihrer Tochter, beklagte sie sich, wie sie denn jetzt dastehe. Auch gefiel es ihr nicht, wie die Tochter über ihren Vater geschrieben hatte. Dass Elfriede Jelinek nur seine Krankheit, nicht aber seine Verdienste erwähnt hatte, kränkte Ilona Jelinek, nicht zuletzt weil sie diese Verdienste als ihre eigenen ansah. Andererseits fühlte sich Ilona Jelinek voll und ganz bestätigt. Ihre Elfriede war nun dort, wo Ilona Jelinek sie immer hinhaben wollte – im Rampenlicht einer kunstinteressierten Öffentlichkeit. «Mir persönlich ist das vollkommen gleichgültig, das Buch ist gut, damit ist die Geschichte für mich voll und ganz erledigt», lautete Ilona Jelineks Reaktion, wenn sie auf das Buch angesprochen wurde.[49] So nahm Elfriede Jelineks

Abrechnung mit der Mutter eine paradoxe Wendung. Der Roman erschütterte nicht die Selbstgerechtigkeit der Mutter, im Gegenteil: Sein Erfolg setzte Ilona Jelinek ins Recht.

Elfriede Jelinek arrangierte sich, so gut es ging, mit ihrer Mutter. Sie hatte ihrer Mutter vorgehalten, was sie aus ihr gemacht hatte, «wobei noch zu fragen wäre», so Elfriede Jelinek in einer essayistischen Nachbetrachtung, «wie verzweifelt ich als Autorin mir selbst, als gewissermaßen Hauptfigur dieser Geschichte, die Planbarkeit meines eigenen Schicksals damit selber einreden wollte, lassen Sie mich ausreden, denn Ausreden fürs ungelebte Leben gibt es nicht, und auch die Kunst hat mich nicht retten können, Spielball meines eigenen Lebens geworden zu sein [...]»[50] Elfriede Jelinek blieb bei der Mutter, die Beziehung ging weiter wie zuvor. In *Die Klavierspielerin* ist diese Unausweichlichkeit in einer Ringkomposition von Anfang und Ende angelegt. So heißt es zu Beginn: «Die Mutter nennt Erika gern ihren kleinen Wirbelwind, denn das Kind bewegt sich manchmal extrem geschwind. Es trachtet danach, der Mutter zu entkommen.» Und die letzten Sätze lauten: «Erika weiß die Richtung, in die sie gehen muß. Sie geht nach Hause. Sie geht und beschleunigt langsam ihren Schritt.»

Zwischen Elfriede Jelinek und ihrer Mutter spielte sich im Lauf der Jahre ein Tonfall reibungsloser Konfrontation ein. Es wurden dieselben Streitpunkte durchgekäut, ohne dass sich dadurch irgendetwas änderte. Elfriede Jelinek blieb ihrer Mutter das Mädchen, in den Regalen stehen heute noch alte Stofftiere, liebevoll arrangierte Überbleibsel aus fünf Jahrzehnten permanenten Kindseins. Ilona Jelinek behielt in allem Lebensweltlichen Oberwasser und organisierte den gemeinsamen Haushalt. Unsichtbar für Gäste, lebte die Mutter ein Stockwerk über Elfriede Jelinek, dort, wo die Kette der Sitzkugel befestigt war.

Die Beziehung zur Mutter war Elfriede Jelineks Lebensbeziehung. Gemeinsam wurde sie mit Ilona Jelinek älter, «wie eine gehäkelte Klopapierhülle stülpt sich die alte Frau über

diese alte Schachtel von Tochter, für den Fall, daß einer sie ein-
wickeln möchte. Und mitnehmen»⁵¹, heißt es selbstironisch
in *Die Kinder der Toten*. Die Tochter heißt in diesem Fall Karin
Frenzel und ist neben den Klavierspielerinnen Anna und Erika
eine weitere Tochterfigur in Elfriede Jelineks Werk. Karin geht
auf die fünfzig zu, aber sie ist noch immer das Anhängsel ihrer
Mutter. Die hat nichts an ihrer Macht eingebüßt, mag sie inzwischen auch eine wirre Greisin sein. Die beiden sind gemeinsam auf Urlaub, doch nach einem Ausflug verliert das «hohe
Paar» einander. In ihrer Ferienpension irrt die Mutter umher,
sinkt zusammen, fährt wieder auf, als sie Karin hereinkommen
sieht.

In einer geisterhaften Szene kommt es zur Parodie eines Be-
freiungsakts. Die Untote Karin steigt hoch an die Decke, wir-
belt wie ein Ventilator mit ausgebreiteten Armen über der Mutter. «Zu wem spricht die Alte da? [...] Ein Schreien kommt aus
der Mutter, aus tiefen Schichten, ihr Wesen zeigt sich jetzt,
und zwar in nichts als dem leider vergrauten Rückbezug auf
sich selbst. [...] Karin! heult die Mutter, komm her!» Aber die
Tochter kommt nicht. Karin sagt vielmehr ihren einzigen Satz
in dem Roman. «Als hauchte man schräg über den Spalt einer
Orgelpfeife, so ein leiser Ton: Mutter Mutter, erkennst du mich
nicht?»⁵²

Mit der Ausgabe von *Die Klavierspielerin*, die Elfriede Jelinek ihrer Mutter gewidmet hatte, nahm es noch ein Ende, das
der im Roman beschriebenen Hassliebe zwischen Mutter und
Tochter würdig war. Ilona Jelinek tat das Schlimmste, was man
mit Geschenken von Kindern tun kann: Sie schenkte es weiter.
Als sie wieder einmal im Ferienhaus im steirischen Krampen
war und Ordnung machte, gab sie es Renate Gutschelhofer, der
Jugendfreundin ihrer Tochter aus dem Ort. Die nennt das Exemplar seitdem ihr Eigen.

● weg einer wienerin

burgtheater 1985

Im November 1985 reiste Elfriede Jelinek in die deutsche Hauptstadt. Das Schauspiel Bonn produzierte zum zweiten Mal ein Stück von ihr. Elfriede Jelinek besuchte eine Probe, lobte die Mitwirkenden und konnte die Premiere kaum erwarten. *Burgtheater* sollte aufgeführt werden, fünf Jahre nachdem sie es geschrieben hatte.

Die Entstehungsgeschichte des Stücks geht zurück in das Jahr 1980. Klaus Manns lange Zeit verbotenes Buch *Mephisto* war eben von István Szabó verfilmt und von Ariane Mnouchkine dramatisiert worden. In dem Roman macht die Hauptfigur, der Komödiant Hendrik Höfgen, Karriere im «Dritten Reich», der Mephisto-Darsteller und Intendant Gustaf Gründgens war für jedermann zu erkennen. Elfriede Jelinek sah sich den Film an, las das Buch noch einmal und wusste, dass sie ein Thema hatte. Die Willfährigkeit, mit der sich Künstler den Nationalsozialisten angedient hatten, wollte sie auf österreichische Verhältnisse umlegen. Die Protagonisten hatte sie parat: die Schauspielerin Paula Wessely und ihre Familie – eine österreichische Schauspielerdynastie.

Paula Wessely war durch den Film *Maskerade* und ihre Rollen bei Max Reinhardt berühmt geworden. Seit den fünziger Jahren waren sie und ihr Mann Attila Hörbiger das Königspaar des Wiener Burgtheaters. Und nicht nur sie beide waren am Burgtheater engagiert, sondern eine Zeit lang alle drei Töchter, Elisabeth Orth, Christiane und Maresa Hörbiger, zwei Schwiegersöhne und Attilas Bruder Paul Hörbiger. Dass Paula Wessely in der Nazizeit großes Ansehen als Filmschauspielerin genossen hatte, war vergeben und vergessen, genauso wie Paula Wesselys öffentliches Werben für Österreichs «Heimkehr ins Reich» 1938. Nach einem kurzen Berufsverbot 1945 hatte Paula Wessely umgehend Gelegenheit erhalten, sich rein zu waschen, indem sie in dem Film *Der Engel mit der Posaune* (1948) eine verfolgte Halbjüdin verkörperte. Die Österreicher verehrten sie wie keine andere Schauspielerin.

Das Ausmaß von Wesselys Engagement für die Nazis war nicht zuletzt deshalb kaum bekannt, weil der schlimmste Film, in dem sie mitgewirkt hatte, verboten war: *Heimkehr* von Gustav Ucicky aus dem Jahr 1941. In dem nationalsozialistischen Propagandafilm sollte der deutsche Einmarsch in Polen verherrlicht werden, Wessely spielte eine Lehrerin in Luzk, die gemeinsam mit anderen Volksdeutschen von Polen und Juden traktiert wird, bis sie um Hilfe aus dem Reich fleht.

Elfriede Jelinek näherte sich ihrem Thema, wie sie es schon bei *Die Ausgesperrten* gemacht hatte, über eingehende Recherche. Sie las die einschlägige Wessely- und Hörbiger-Literatur, darunter die von Wesselys ältester Tochter Elisabeth Orth geschriebene Hommage *Märchen ihres Lebens* und die Biographie *Weg einer Wienerin*. Sie ging ins Österreichische Filmarchiv und ließ sich Filme aus der Nazizeit und Heimatfilme aus den Nachkriegsjahren ausheben. Tagelang saß Elfriede Jelinek im Dunkeln und schrieb mit. Darunter jenen Satz, den Paula Wessely in *Heimkehr* lächelnd zu einem zur Karikatur verzerrten jüdischen Händler sagt: «Sie wissen ja, wir kaufen nicht bei Juden.»

posse mit gesang Diesen und andere Sätze wollte Elfriede Jelinek allerdings nicht etwa zu einem Doku-Drama verarbeiten, sondern sie schrieb eine «Posse mit Gesang». So hatte Johann Nestroy seine Altwiener Komödien genannt, in denen sich die Figuren so lange um Kopf und Kragen reden, bis die

Wahrheit ans Licht kommt. In *Burgtheater* sitzt eine gutbürgerliche Schauspielerfamilie am Esstisch, Vater Istvan und Mutter Käthe mit ihren drei kleinen Mädchen, die von der Mutter gezüchtigt werden, durch «Dachteln», wienerisch für Ohrfeigen. Der gutmütige Onkel Schorsch kommt zu Besuch, das Dienstmädchen Resi sorgt für Heiterkeit.

Im ersten Akt, der Anfang der vierziger Jahre spielt, bereitet man sich auf die nächsten großdeutschen Aufgaben vor und verprügelt einen allegorischen, Ferdinand Raimund entlehnten Alpenkönig, der Geld für den Widerstand benötigt. Im zweiten Akt, angesiedelt vor der Befreiung Wiens durch die Rote Armee, möchte man panisch einen «Burgtheaterzwerg» beschützen, damit er sich bei den neuen Machthabern für die Familie einsetzt. Am Schluss versucht Käthe, sich und die Kinder umzubringen. Elfriede Jelinek griff für ihr Ende eine Behauptung des emigrierten Filmregisseurs Otto Preminger über Paula Wessely auf, die in Österreich nicht veröffentlicht werden darf.[1]

Elfriede Jelinek erfand eine eigene Kunst-Schriftsprache und versetzte sie mit Zitaten aus dem Wiener Bildungskanon, aus Operetten, Wiener Liedern und Theaterstücken wie Franz Grillparzers Trauerspiel *König Ottokars Glück und Ende,* das so etwas wie der österreichische *Wilhelm Tell* ist. Dazwischen legte sie die Film-Dialoge, die sie mitgeschrieben hatte, und Selbstauskünfte der Familie Wessely. Die Mischung aus Älplerdialekt, Dienstbotenausländisch und Wienerisch imitiert jene Klangfarben, mit denen die Österreicher schon im Nazi-Film reüssierten. Schorsch: «Man konn jo nicht immer lochen, net wahr. Der Ernst der Stunde verlangt gebieterisch noch einem in Großdaitschlond ollgemein verständlichen Schriftdaitsch. Alpen- und Donaugaue fiegen sich.» – Käthe: «Das daitsche Publikum aller Stämme will auch juchzen! Nur eine ainmalige künstlerische Begebenheit wie ich verhilft dazu. Österreichertum.»[2] Elfriede Jelineks Haltung, ob zur Politik oder zur

Gesellschaft, äußert sich immer über die Sprache. In *Burgtheater* kommen aus dem Mund der Figuren, die behaupten, von nichts gewusst zu haben, Worte, die keinen Sinn ergeben.

Im Schlussmonolog von *Heimkehr* träumt die von Wessely dargestellte Lehrerin von einem Land, in dem alles deutsch ist, «die Krume des Ackers und das Stück Lehm und der Feldstein und das Zittergras und der schwankende Halm, der Haselnussstrauch und die Bäume». In *Burgtheater* stehen am Schluss alle um die blutende Käthe herum. Was sie abwechselnd deklamieren, klingt wie der Albtraum eines Landes, in dem alles österreichisch ist. Ein Ausschnitt: «Des Pferterl. Die Laschur. Das gspiebene Äpfelkoch. Strauß Waani. Klamm Knochwien. Der Hammerring. Der Semmerkalt. Der Jagerkrepp. Der Wüderer. Das Knüppelhäusel. Königottokarsglückundende. Das Haus Habswürg. A Gasmüch. Das Judensternderl. Mamsch und Papsch. Das Musikkazett.»[3] Das so genannte Burgtheater-Deutsch, das in Österreich gerne für das einzig wahre Deutsch gehalten wird, ist in *Burgtheater* ein Gewust Freud'scher Versprecher, die eine abgrundtiefe Bösartigkeit ans Licht bringen.

ein sehr heißes eisen 1981 hatte Elfriede Jelinek *Burgtheater* in einer vorläufigen Fassung fertig. Der nächste Schritt war typisch für sie. Sie wollte *Burgtheater* im Auge des Taifuns aufgeführt sehen, am Wiener Burgtheater. Bereits für *Clara S.* hatte ihr die Burgtheater-Dramaturgie «prinzipielles Interesse» signalisiert[4], warum also nicht gleich dorthin schicken. Tatsächlich fühlten sich zwei Dramaturgen mutig und trafen sich heimlich mit Elfriede Jelinek. Sie schlugen ihr vor, eine Art szenische Lesung daraus zu machen; Beziehungen zu lebenden Personen sollten – wie immer das gehen mag – als rein zufällig erscheinen.

Man saß im Café Landtmann, dem berühmten Kaffeehaus gegenüber dem Burgtheater, und war ganz aufgeräumt, voller Besetzungsideen und Überlegungen, wie man den Direktor dafür gewinnen könnte. Einen öffentlicheren Ort, um Vertrauliches zu besprechen, als das Café Landtmann wird man in Wien allerdings kaum finden. Die Neuigkeit landete schneller bei der Presse als eine Melange auf dem Kaffeehaustisch. «Das wird der größte Theaterskandal: Burgtheater will Elfriede Jelineks *Burgtheater* mit Erika Pluhar spielen!», stand wenige Tage später in der *Kronen Zeitung*. Der Direktor tobte, der künstlerische Betriebsrat, der sich sofort mit einigen älteren Ensemblemitgliedern besprochen hatte, drohte. Das Stück war für das Haus nie wieder ein Thema.[5] Selbst Claus Peymann, der später als Wiener Burgtheater-Direktor keinen Skandal ausgelassen hat, wollte es nicht aufführen. Wie seine Dramaturgin Rita Thiele erzählt, wollte er nicht verantwortlich gemacht werden, falls die betagte Doyenne Wessely in seiner Amtszeit gestorben wäre.

Elfriede Jelinek selbst bestritt zwar kokett, «daß man das Stück in Wien oder sonstwo in Österreich spielen kann»[6], aber sie wollte ihren Text auf jeden Fall abgedruckt sehen. Wenn Elfriede Jelinek überzeugt ist, dass sie Recht hat, dann möchte sie ihre Sache durchgesetzt haben. Widerstand, der in Österreich meist als Mischung aus Bequemlichkeit und vorauseilendem Gehorsam daherkommt, spornte sie nur an. Sich allein gegen alle zu stellen – darin konnte sie aufgehen wie einst ihre Mutter. Sie schickte den Text an die *protokolle*. Es handle sich «um ein sehr heißes Eisen», schrieb sie an Otto Breicha. «Sie werden sicher merken, wer mit den Personen gemeint ist: die heilige Kuh des Wessely/Hörbiger-Clans. Alles ist genauestens recherchiert, aber man riskiert natürlich etwas damit.»[7] Breicha wehrte ab. Eine Veröffentlichung würde «an der Residenz des Clans gehörige Kreise ziehen». Er riet zu einer österreichischen Lösung: Man müsse erst die Druckversion so verschleiern, dass nicht nachzuweisen sei, wer gemeint ist, und «man sich, wenn es drauf ankommt, blöd stellen kann»[8].

Elfriede Jelinek arbeitete das Stück noch einmal um, ließ im zweiten Teil die Figur des Schorsch – Paul Hörbiger war einige Tage in Nazi-Haft gewesen – etwas besser dastehen. «Auf keinen Fall will ich Sie in Schwierigkeiten bringen», schrieb sie an Otto Breicha, «dafür haben Sie auch viel zu viel für mich getan, damals, im Anfang.» Und sie dachte, wie immer einmal, wenn sie nicht weiterkam, halb wütend, halb verzweifelt, an Rückzug. «Ich möchte übrigens diesen Beruf jetzt endgültig aufgeben, zumindest für längere Zeit, so hätte sich bei Ihnen der Kreis sozusagen geschlossen. «Behalten Sie das Stück doch als Andenken!»[9] Dann unternahm sie einen nächsten Anlauf, diesmal bei den manuskripten. Auf wenigen Seiten in winziger Schrift zusammengepresst, erschien in der Zeitschrift 1982 ein vollständiger Vorabdruck von Burgtheater. Dieser war flankiert von einem «preßlichen Vorstoß» in profil[10], den Elfriede Jelinek lanciert hatte. Beides ohne die erhofften Folgen.

Das Stück nahm schließlich Peter Eschberg an, der Intendant des Schauspiels Bonn. Eschberg war mit etlichen Schauspielern, Regisseuren und Dramaturgen über Wien in die Bundeshauptstadt gekommen und hatte bereits Erfahrung mit Stücken von Elfriede Jelinek. Hans Hollmann, damals am Zenit seines Erfolgs, hatte 1982 die Uraufführung von Clara S. inszeniert, in dem die Pianistin Clara Schumann im Italien der zwanziger Jahre auf Gabriele d'Annunzio trifft und ihren verdämmernden Mann Robert umbringt. Die Vorstellungen von Clara S. im Großen Haus hatten für Massenfluchten und den Einsatz von Trillerpfeifen im Publikum gesorgt, zudem erregten die kleinen Schweinereien im Text bildungsbürgerlichen Protest in der Schumann-Stadt Bonn. (Auf der Bühne: «Goethe holte sich einen runter.» – Im Parkett: «Unerhört!»[11])

Bei der Burgtheater-Premiere im November 1985 war die Stimmung unter den Machern aufgeräumt, wie Dramaturg Karl Baratta erzählt. Obwohl Wien von Bonn weit weg war, fühlte man doch einen gewissen Thrill. Auch war eine Vielzahl von Premierengästen extra aus Wien angereist. In Loden und äußerst aufgekratzt erschien zum Beispiel das Ehepaar Lampersberg, das eines Skandals wegen eine gewisse Prominenz erlangt hatte. Weil sich die beiden in Thomas Bernhards Roman *Holzfällen* als versoffene Gastgeber eines eitlen Burgschauspielers erkannt hatten, waren sie vor Gericht gezogen – der Roman war daraufhin beschlagnahmt worden. Doch blieb ein Skandal in Bonn aus. Horst Zankl hatte *Burgtheater* komödiantisch-locker ins Werk gesetzt, der Abend wurde eher wie ein Naturereignis bestaunt. Die Welle der Empörung ging kurz darauf in Wien hoch.

In Österreich war die Aufführung ein gefundenes Fressen. Als wären es Jelinek-Figuren, deren Sprache immer eine Nummer größer ist als die Figuren selbst, nahmen nun alle aufgeregt Stellung. Die *Kronen Zeitung* meinte über Elfriede Jelinek: «Das Resultat und die Folge dieser ihrer Minderbegabung: Ein widerliches Machwerk, in dessen Mittelpunkt eine perverse, sabbernde, brutale und exzessive Schauspielerfamilie steht, die Hörbigers.»[12] *profil* meinte: «Sie muß wissen, daß Attila Hörbiger 90 Jahre alt und von brüchiger Gesundheit ist; daß die so gnadenlose Darstellung eines weit zurück liegenden und wohl auch läßlichen politischen Versagens ihn in einem Maß erregen könnte, das zu einem Versagen seines Herzens führt.»[13] Der Wiener Bürgermeister Helmut Zilk, der noch 1984 als Kunstminister Elfriede Jelinek den hoch dotierten Würdigungspreis für Literatur verliehen hatte, gratulierte Paula Wessely und Attila Hörbiger zur goldenen Hochzeit und sagte demonstrativ: «Diese Stadt weiß, was sie ihren Künstlern schuldig ist.»[14] Am souveränsten reagierte eigentlich noch Paula Wessely: Sie wolle das Stück nicht verbieten lassen; es tue ihr Leid, dass ihr der Mut gefehlt habe, die Dreharbeiten zu *Heimkehr* abzubrechen.

Mit *Burgtheater* wurde Elfriede Jelinek eine öffentliche Person, denn im Unterschied zu *Mephisto* spielte sich die Auseinandersetzung um dieses Stück zwischen (in derselben Stadt) Lebenden ab. Mit *Burgtheater* setzte die bis heute andauernde Bekämpfung durch das Boulevard-Blatt *Kronen Zeitung* ein, die auflagenstärkste österreichische Tageszeitung. Nicht die Vergangenheit der Hörbigers wurde infrage gestellt, sondern Elfriede Jelinek, die sie recherchiert hatte. Sie war ab jetzt eine «Nestbeschmutzerin» im Hause Österreich. In ihrer Selbstsicht markierte der *Burgtheater*-Skandal für Elfriede Jelinek den «Abstieg» in der öffentlichen Meinung in Österreich. «Ich hätte schwebend mit einem Strahlenkranz in der Wiener Innenstadt als Engel erscheinen können, und die Leute hätten geschrieen: Da ist die Hex'!» Aber so hartnäckig, wie sie sich Abdruck und Aufführung erkämpft hatte, verteidigte sie auch ihre Position. Wessely als Typus und als Person blieb auch die nächsten zwanzig Jahre ein Thema, im Grunde bis zu Paula Wesselys Tod 2000, dasselbe Jahr, in dem auch Ilona Jelinek starb.

eine frauengeneration Unterschwellig suchte Elfriede Jelinek den Vergleich zwischen der Wessely und ihrer Mutter, bei dem Ilona Jelinek gar nicht so schlecht abschnitt. Ilona Jelinek war eine moderne Frau, die sich unter den widrigsten Umständen durchgesetzt und allen die Stirn geboten hatte, sich selbst von einem übermächtigen politischen System nicht den Schneid hatte abkaufen lassen. Wessely dagegen war genau der Frauentyp, den Elfriede Jelinek verachtete. Sie repräsentierte in ihren Augen das Bodenständige und Urwüchsige einer Frauengeneration, deren Ziel nicht die Unabhängigkeit war, sondern das Gefallen. Und Paula Wessely gefiel uneingeschränkt. Die Wessely konnte, so haben es viele Bewunderer beschrieben, durch Unterspielen oder Übertreiben Texte suggestiv deuten, auf Bühne und Leinwand durch kunstvollste Natürlichkeit bezaubern. Von Thomas Bernhard bis Carl Zuckmayer[15] hat deshalb niemand dieser Trotz-allem-großen-Künstlerin die Honneurs verweigert. Anders Elfriede Jelinek. Als nach Paula Wesselys Ableben eine Zeitschrift sie um einen Kommentar zu dieser Jahrhunderterscheinung bat, meinte sie trocken: «Ich konnte von ihrer ‹Aura› nichts bemerken.»[16] Hätte Elfriede Jelinek bloß den Karrierismus von Künstlern wie Hörbiger und Wessely im «Dritten Reich» in realistischen Dialogen angeprangert – man hätte ihr vielleicht noch verziehen. Aber Elfriede Jelinek kritisierte nicht bloß, sie spitzte zu, parodierte und lästerte. Nicht zuletzt zielte sie mit *Burgtheater* auf eine bestimmte Art von Theatergeschmack. Auf das Kunstempfinden all derer, die sich betören ließen vom «Natürlichkeitsschleim», wie Elfriede Jelinek Wesselys Schauspielstil nannte.

«Jetzt ist die Kitschliesl Riefenstahl auch tot geworden», begann Jelineks Nachruf auf Leni Riefenstahl 2003 – ebenfalls eine Protagonistin dieser Müttergeneration. Riefenstahls Leben für die Kunst ließ Elfriede Jelinek als misslungene Revue passieren, ohne ihren Nachnamen ein zweites Mal zu erwähnen – «ich sage immer: Leni, denn wer sich selbst erhöht, wird von mir erniedrigt werden.» Marlene Dietrich hingegen würdigte sie in einem 1992 für *Die Zeit* geschriebenen Nachruf. In der Dietrich sah Elfriede Jelinek das befreiende Kontrastbild zu dem, was die Nazis an Frauen mochten. Die «reine Kunst im Gesicht Marlenes» erschien ihr als Gegensatz zur «Naturhaftigkeit der hochbezahlten, weiblichen Nazi-Stars, dieser patenten Mädels und tüchtigen, leiderfahrenen Heldenmütter in spe». Was Marlene Dietrich durch extreme Künstlichkeit geschafft habe, könnte Elfriede Jelinek auch als ihr eigenes Motto formuliert haben: «Beute für niemand» zu sein.[17]

Paula Wessely bekam ihren Nachruf von Elfriede Jelinek noch zu Lebzeiten, als sich die Doyenne des Burgtheaters bereits gänzlich in ihre Villa in der Himmelstraße zurückgezogen hatte. In *Erlkönigin*, dem 1999 geschriebenen ersten Teil einer «kleinen Trilogie des Todes» mit dem Titel *Macht nichts*, wird eine berühmte Burgschauspielerin dreimal um das Burgtheater herumgetragen, wie es am Burgtheater bei Ehrenmitgliedern Sitte war. In Elfriede Jelineks Monolog sitzt sie als Untote in ihrem Sarg, wirft ihr eigenes Fleisch ins Publikum und verabschiedet sich in unsortierten Reminiszenzen: «Es gibt bewußte Schauspieler, und solche, die nicht wissen, was sie tun. Sie werden dann später behaupten, sie wären bewußtlos gewesen, als sie es taten. Ich zeige dem Volk, wie eine Frau aus dem Volk ist. Wie eine Frau aus dem Volk spielt, daß sie eine Frau aus dem Volk ist, damit das Volk selber immer wieder dienstbar gemacht wird.»[18]

Der Weg Elfriede Jelineks ans Burgtheater war trotz *Burgtheater* nicht aufzuhalten. 1992 wurde an der zweiten Spielstätte, dem Akademietheater, ihr Stück *Totenauberg* uraufgeführt. Intendant Claus Peymann hatte Elfriede Jelinek in den ersten fünf Jahren seiner Amtszeit ignoriert. Er hatte aufgrund seiner Hörigkeit gegenüber Thomas Bernhard, von dem er fast alle Stücke uraufführte, dessen junge Konkurrentin stets abgekanzelt. Nach Bernhards Tod 1989 war Elfriede Jelinek ihm plötzlich umso willkommener. Für ihr Burg-Debüt ließ Elfriede Jelinek sogar eine Verabredung mit dem Schauspiel Frankfurt über die Uraufführungsrechte von *Totenauberg* platzen. Denn bei allem Zorn auf die Institution und das, was sie repräsentiert: Einen höheren Gipfel als das Burgtheater kann man sich in Wien nicht vorstellen, und auch Elfriede Jelinek wollte dort gespielt werden. Durch den oppositionellen Geist, den Peymann am Burgtheater verbreitete, hatte dieser Ort zudem an Attraktivität gewonnen. Wer dort angelangt war, war nicht nur ganz oben, sondern auch auf der richtigen Seite. Selbst im Publikum herrschte zuweilen Aufbruchstimmung: Die *Totenauberg*-Inszenierung war zwar durch kabarettistische Holprigkeit vertan, bei der Premiere wurde Elfriede Jelinek jedoch mit Bravos gefeiert. So, als würde eine verlorene Tochter heimkehren und als wäre die Nachfolge Thomas Bernhards geregelt.

Burgtheater wurde schließlich 2005, ein Vierteljahrhundert nach seiner Entstehung, in Österreich erstaufgeführt. Elfriede Jelinek gab dem Grazer Theater im Bahnhof die Rechte, obwohl der Rowohlt Theater Verlag normalerweise Off-Bühnen keine Stücke von Elfriede Jelinek überlässt. Wie jede Dame genoss Elfriede Jelinek ihre Rache kalt. Wenn sich das Burgtheater schon nicht traute, das Stück der Literaturnobelpreisträgerin auf die Bühne zu bringen, dann bekam es eben eine wild gewordene Ex-Studententheatergruppe aus Graz.

der vergessliche präsident Mitte der achtziger Jahre gab es in Österreich große innenpolitische Umwälzungen. 1986 wurde Kurt Waldheim zum Bundespräsidenten gewählt, und der Kärntner Jungpolitiker Jörg Haider setzte sich an die Spitze der Freiheitlichen Partei Österreichs. Beides prägte das Land nachhaltig. Waldheim, der vergessliche Präsident, der bei der Reiter-SA auf dem Balkan nur seine Pflicht getan haben wollte, konnte sich der Sympathie eines Großteils seiner Landsleute erfreuen und katapultierte das Land international ins Abseits. Haider richtete seine Partei rechtspopulistisch aus und begründete das, was seine Gegner später trefflich «Feschismus» nannten – die Ausgrenzung all derer, auf die das Jung-samma-fesch-samma nicht zutraf. Noch vor seinem ersten großen Wahlsieg posierte Haider mit nacktem, braun gebranntem Oberkörper und Goldkettchen für eine Wiener Frauenzeitschrift. (Die Welt war klein: Im selben Heft stand Elfriede Jelinek Modell für Jeans.[19])

1986 war auch das Jahr, in dem Elfriede Jelinek als erster Frau der Heinrich-Böll-Preis verliehen wurde. Als sie im Dezember nach Köln fuhr, um den Preis entgegenzunehmen, nützte sie die Gelegenheit, um zur politischen Situation in Österreich Stellung zu nehmen. Seit *Burgtheater* wollte sie gehört werden, und sie wollte, dass ihr Anliegen von denen gehört wird, die es angeht. Die politische Öffentlichkeit war ihr neuer Spielraum geworden, die kindische Verweigerung eines Landes, Verantwortung zu übernehmen, wurde ihr Leitmotiv. Ihre Dankesrede trug den Titel «In den Waldheimen und auf den Haidern». Sie machte darin die gemütliche Arroganz Österreichs zum Thema, sich vor allem wegzuducken und dafür auch noch geliebt werden zu wollen. «Wir müssen uns nur im richtigen Moment klein machen, [...] damit man uns nicht sieht und auch unsere Vergangenheit nicht, wenn wir Bundespräsident, also das Höchste, was es gibt, werden wollen. Und wir müssen uns im richtigen Moment auch groß zu machen verstehen, damit wir – gebührend und nicht ungebührlich – in die Weltpresse hineinkommen, und zwar selbstverständlich positiv, denn wir leben ja wirklich in einem schönen Land, man kann es sich anschauen gehen, wann immer man will!» In Österreich, so berichtete sie ihren Zuhörern, würde kritischen Künstlern die Emigration nicht nur empfohlen, «sie werden auch tatsächlich vertrieben, da sind wir gründlich. Ich erwähne nur Rühm, Wiener, Brus [...]». Bernhard und Handke würden wie Staatsfeinde behandelt.[20]

Die Reaktionen waren im Ton noch untergriffiger als zu *Burgtheater*-Zeiten. Denn schlimmer, als Österreich schlecht zu machen, ist in Österreich nur: Österreich im Ausland schlecht zu machen, insbesondere bei den «Daitschen». In Zeitungsartikeln wurden Sätze aus Elfriede Jelineks Büchern, meistens solche, die Körperlichkeit und Sexualität betrafen, aus dem Zusammenhang gerissen und gegen die Autorin verwendet, eine Technik, die nach der Verleihung des Nobelpreises abermals zur Anwendung kommen sollte. So versuchte der Kolumnist der Rubrik «Menschlich gesehen» im Wiener *Kurier*, in Elfriede Jelineks Büchern «Anhaltspunkte für die Wesensart einer Frau zu finden, die pauschal ein ganzes Volk verunglimpft». Er notierte Passagen aus der Prosa *Oh Wildnis, oh Schutz vor ihr* und schrieb: «Doch ist es die Flagge der ‹Dichterin›, die hier gezeigt wird – der ‹Stoff›, aus dem sich ihre Träume formen: Die

Klomuschel, der Brechreiz, ihr Gespeibsel, ihrer saurer Achsel-schweiß und ihre Pisse – der Sado-Masochismus, der sie quält, der Ekel vor sich selbst. Sie ist eine typische Vertreterin einer Literatengeneration, die sich so mies fühlt, daß sie auch alles rundum mies machen muß.»[21]

Elfriede Jelinek nutzte indes jede Gelegenheit, um gegen Kurt Waldheims «Vergesslichkeit» zu protestieren. Sie stand am Tag vor seiner Angelobung vor der Zentrale der Waldheim-Partei ÖVP und warf ihm in einer «Grußadresse» entgegen, er hätte sich «entlarvt als Kumpel der antisemitischen Stamm-tischgröler»[22]. Sie saß im dritten Rang des Grazer Schauspiel-hauses, während Waldheim auf der Bühne den «steirischen herbst» eröffnete. In einem offenen Brief hatte Elfriede Jeli-nek gegen sein Erscheinen protestiert: «Sie haben Ihre Vergan-genheit vergessen. Wir würden gern vergessen, dass Sie unser Bundespräsident sind.»[23] Im Juni 1987, ein Jahr nach der Wahl Waldheims, ging sie auf die Straße. Vor dem Wiener Stephans-dom, an jener Stelle, an der jemand im Zweiten Weltkrieg «05» ins Gemäuer eingeritzt hatte, das Symbol für den österreichi-schen Widerstand, fand eine Mahnwache statt. Elfriede Jeli-nek verteilte Flugblätter. «Wir können nicht wissen, wie wir uns damals verhalten hätten, aber wir wissen, wie wir uns verhalten hätten sollen. Wir ehren die Helden des österreichi-schen Widerstandes, wir gedenken der Opfer», stand auf dem Flugblatt.[24]

Auch einen Theaterscherz widmete sie dem «Österreicher, dem die Welt vertraut», wie einer von Waldheims ersten Wahl-slogans gelautet hatte. Für ein Theaterfest des Literaturhauses Berlin schrieb sie eine Paraphrase auf Nestroys letztes Stück *Häuptling Abendwind oder Das greuliche Festmahl*. Nestroys Stück handelt vom Gipfeltreffen zweier Kannibalenhäuptlinge, deren Heiratsgeschäft daran zu scheitern droht, dass dem Gast (vermeintlich) der eigene Sohn zum Fraß vorgesetzt wird. Jeli-neks Bearbeitung trägt den Titel *Präsident Abendwind*, mit den beiden Oberkannibalen sind Kurt Waldheim und sein letzter politischer Freund Franz Josef Strauß gemeint. «Wenn einen kein Mensch versteht, das is national»[25], lautet ein typisches Bonmot aus Nestroys Stück. Elfriede Jelinek lässt den isolierten Abendwind sagen: «Wenn man eine Kultur hat, die was ein jeder versteht, das ist dann international. Hier bin ich und hier bleib ich. Hier freß ich und hier speib ich.»[26] Gefressen wird der Präsident am Ende selbst, die Überlebenden stimmen den berühmten Refrain aus der Operette Die Fledermaus an: «Glücklich ist, wer vergisst, was nicht mehr zu ändern ist.» In Österreich wurde Präsident Abendwind nur einmal aufgeführt, natürlich erst nach dem Ende der Ära Waldheim.[27]

● in den alpen
oh wildnis, oh schutz vor ihr 1985

«Umweltauto» war in Deutschland das Wort des Jahres 1984, auch in Österreich etablierte sich die Grünenbewegung. 1984 wurden die Donau-Auen bei Hainburg von Naturschützern besetzt, die gegen ein Kraftwerksprojekt demonstrierten. Gewerkschaft und Polizei gingen mit vereinten Kräften gegen die Demonstranten vor. Während draußen alle von Natur sprachen, rüstete Elfriede Jelinek drinnen ihre Technik auf. Sie stieg um auf Computer. Ein Apple II c ersetzte die mechanische Schreibmaschine und die elektrische Olivetti, die mit ihrem Motorengeräusch zur Arbeit zu drängen schien: «Sie sägte immerzu.»[1] Den Computer, den Elfriede Jelinek − als eine der ersten Schriftstellerinnen überhaupt − nutzte, installierte ihr Mann, der Informatiker.

Die Ehe war auch noch im zehnten Jahr eine Fernbeziehung. Gottfried Hüngsberg kam nach Wien gependelt, von seiner Schwiegermutter war er akzeptiert, einmal im Monat fuhr Elfriede Jelinek für etwa zehn Tage zu ihm nach München. Sie sah darin die «einzig praktikable Weise», wie sie einmal dem *Cosmopolitan* sagte: «Daß man ökonomisch voneinander unabhängig ist, und daß von mir keine haushaltlichen Dienstleistungen verlangt werden.» Ihr Mann sei «so emanzipiert, daß er das verkraftet. Er ist wirklich ein Mann, der keine Forderungen an mich stellt − nichts Hausfrauliches, Pflegerisches.»[2] Was Gottfried Hüngsberg hingegen pflegte, war der Computer seiner Frau. Er besorgte die neueste Hard- und Software und verwaltete die Disketten, sparsam verwendete Floppy-Discs, auf denen Elfriede Jelinek ihre letzten Fassungen speicherte (aus Begeisterung für diese technische Möglichkeit würde sie ihren dritten Hund Floppy nennen). Der Computer entpuppte sich als das ideale Arbeitsgerät. Plötzlich war es möglich, zu verschieben, zu wiederholen, einzufügen, zu löschen. Er war für Elfriede Jelinek nicht nur ein Schreibgerät, er war auch ein Instrument. «Schreiben ist für mich organischer als Sprechen», sagt sie als Begründung, warum sie auf Fragen, seit es E-Mails gibt, lieber schriftlich antwortet als telefonisch. Auch die Sterilität des Computers gefiel ihr. Sie vermisste nicht das Haptische von Papier oder einem kratzenden Stift. «Sinnlichkeit» sei für sie, «wenn man einen Text in *Leuchtbuchstaben* auf dem Bildschirm sieht!», wie sie es ausdrückte.[3]

Elfriede Jelinek war eine Fanatikerin der sauberen Seite, die gern eine ganze Manuskriptseite neu abtippte, wenn sie darauf einen Fehler fand. Nun konnte sie schreiben, ohne auf das Ende der Zeile achten zu müssen, konnte ganze Textteile verschwinden lassen und wieder hervorholen, ein berauschendes Gefühl, «gottähnlich»[4]. Schleifen des am Rand gelochten Druckerpapiers bedeckten den Boden des Arbeitszimmers. Die neuartigen Ausdrucke, die Elfriede Jelinek an Delf Schmidt schickte, kamen ihrem Lektor zuerst vor wie Aufforderungen, die Arbeit einzustellen: Seiten ohne Platz für Anmerkungen, ohne Zeilenabstand, Ränder und Absätze, und das alles in rudimentärer Computerschrift.

Das erste Buch, das Elfriede Jelinek auf ihrem neuen Computer schrieb und mit dem Nadeldrucker ausdruckte, hieß *Oh Wildnis, oh Schutz vor ihr* und handelte von der Natur sowie von dem Verhältnis, das Menschen zu ihr suchen, wenn sie darüber schreiben, sie benutzen oder schützen wollen. Den Öko-Aktivismus und seine Parolen rund um «Waldsterben» und «sauren Regen» hatte Elfriede Jelinek sofort aufgegriffen. «Millionen unterschreiben unterdessen Volksbegehren für eine schöne Natur, die den Millionären gehört, die ebenfalls unterschreiben, es geht um ihren angestammten Besitz!», heißt es in *Oh Wildnis, oh Schutz vor ihr*.[5] Auch in ihrer Wahlempfehlung 1986 für die KPÖ widmete sie sich voller Skepsis der frisch gegründeten Grünpartei. «Sie werden sich gewiß der romantischen Wälder annehmen, die Grünen, aber auch der ungesunden Luft in Wiener und Linzer Arbeiterbezirken, denn die Besitzer der Wälder wie die Bewohner der Gemeindewohnungen in Simmering haben ja alle dasselbe Ziel im Auge: die Natur zu schützen.»[6]

die sprache der abhängigen *Oh Wildnis, oh Schutz vor ihr* ist in drei Teile gegliedert, die wie Szenen eines Film-Scripts überschrieben sind: «AUSSENTAG», «INNEN. TAG.», «AUSSEN. NACHT.» Jeder der drei Abschnitte steht für ein anderes Verhältnis zur Natur, jeder Teil funktioniert, abgesehen von einigen durchgehenden Motiven, sprachlich und inhaltlich von den anderen unabhängig. Im ersten Teil tritt wieder der Holzknecht Erich auf, wie es ihn schon in *Die Liebhaberinnen* gab. Er steigt einen Hohlweg hinauf und begegnet einem Kaufhauskönig und dessen Managerin, die ihn, den Naturburschen, anflirtet. Erich ist allerdings nicht zu vergleichen mit dem verantwortungslosen Frauenhelden Erich, der vor zehn Jahren in die Geschichte der Arbeiterin Paula Eingang gefunden hat. In *Oh Wildnis, oh Schutz vor ihr* ist er ein Mann, dem die Grundlage seiner Existenz entzogen wurde. Er ist arbeitslos, seine Frau verlässt ihn mit den Kindern.

Elfriede Jelinek gab damit jenem Forstarbeiter, der ihr Vorbild für Erich war, seine wirkliche Geschichte zurück. Sie hat sein Schicksal aus der dörflichen Nähe mitverfolgt: Nachdem der Mann seine Kinder zur Adoption freigegeben hatte, versuchte er, die Kinder, an denen er so hing, durch Geschenke weit über seinen Verhältnissen zu bestechen. Die Frau, die Elfriede Jelinek in den Siebzigern zu ihrer Paula inspiriert hatte, heiratete einen besser gestellten Jäger und zog mit den Kindern weg.

Nicht einmal die Sprache gehört Erich in *Oh Wildnis, oh Schutz vor ihr.* Fetzen von Dorfklatsch und Illustriertenwissen schießen durch ihn hindurch, wenn er durch den Wald geht. Es redet aus Erich, etwa in den folgenden atemlosen Sätzen: «Das Verhalten der Borkenkäfer ist überflüssig und für die Natur leicht entbehrlich. Oberförster haben ein bäuerlich imitiertes Großhaus und bewirten. Der Jagdpächter mit seinen Gästen schießt dort auf Scheiben zu. Der Pächter ist der einzige im Dorf, der ein deutscher Großindustrieller ist. Er hat einmal Kaufhäuser besessen, sie aber abgestoßen. Niemand hier stieße, besäße er ein Kaufhaus, dieses von sich. Meine Frau hat im Kaufhaus früher als Verkäuferin gearbeitet. Dort hat sie den Förster kennen und lieben gelernt. Das ist hier ein Areal voll Mühe und Plage. Krachend bricht das Tote am Hirschen, von Helfershänden abgepflückt, durch das Bodenkraut.»[7]

Roland Barthes' *Mythen des Alltags,* Elfriede Jelineks prägende Leseerfahrung, floss in *Oh Wildnis, oh Schutz vor ihr* wieder ein. Von Barthes stammt das Bild des Holzfällers, der in der so genannten Objektsprache zu Hause ist, also unter einem Baum nichts anderes versteht als einen Baum, eben weil er ihn den ganzen Tag bearbeitet.[8] Für Erich ist in *Oh Wildnis, oh Schutz vor ihr* eine Sprache der Abhängigen erfunden: Wie eine Wörtersortiermaschine stellt Erich ständig neue Sinnzusammenhänge her, er wird zur Projektionsfläche für disparate Stimmen, die nicht die seinen sind und die man einem Mann ohne Bildung auch gar nicht zutrauen würde.

Auf Bergeshöhen wird Erich von der Dichterin Aichholzer erwartet, einer Lyrikerin und Philosophenwitwe, die sich gerne seines Körpers bemächtigen würde. Sie steht im Mittelpunkt des zweiten Teils, produziert «bügelfreie Naturlyrik» und stößt aus, was an schöner Literatur über Natur in sie hineingestopft wurde. Ihre Sprache ist die Hymne, der Mythos, dessen Zweck es ist, «die Dinge zu *besingen,* nicht aber sie zu bewegen», wie Roland Barthes es ausgedrückt hat. Im dritten Teil stehen diejenigen im Mittelpunkt, die nicht viele Worte verlieren müssen: die Besitzer der Natur. Der Großpächter und Kaufhauskönig lädt zur Jagd, an seiner Seite einflussreiche Politiker und schöne Frauen. Erich findet durch die Jagdgesellschaft den Tod, er wird, auf der Flucht vor den Zudringlichkeiten der Managerin, versehentlich von einem Leibwächter erschossen.

Mit *Oh Wildnis, oh Schutz vor ihr* wurde jene Landschaft, die in *Die Liebhaberinnen* am Rande als «dieses SCHÖNE land» vorkam und in *Die Klavierspielerin* kurz im Ferienkapitel, zum ersten Mal die alles umspannende Kulisse. Elfriede Jelinek entdeckte ihren literarischen Ort: Krampen und Umgebung, die Schauplätze ihrer Ferien. In *Lust* würde die Gegend winterlich eingeschneit und zugefroren sein, in *Die Kinder der Toten* und *Gier* trügerisches Ausflugswetter herrschen.

krampen, ein ort in der steiermark Nach Krampen kommt man, wenn man von Wien aus nach Süden fährt. Auf halber Strecke liegt der Semmering und mit ihm das gebirgige Naherholungsgebiet des vornehmen Wien der Jahrhundertwende. Von hier fließt das Hochquellwasser in die Leitungen nach Wien, die Aquädukte und Bahntrassen sind architektonische Denkmäler. Mit Blick auf die Rax und den Schneeberg haben einst Künstler und Millionäre ihre Villen platziert. Wer nach Krampen will, muss dieses Gebiet rechts liegen lassen und den Semmering überqueren. Im dahinter gelegenen Mürztal kann von Weltläufigkeit keine Rede mehr sein, von Natur umso mehr. Überall düstere Wälder und schroffe Felsen, auf manchen steht ein Kreuz. Größte Sehenswürdigkeit ist die wuchtige gotische Stiftskirche in Neuberg an der Mürz.

Krampen ist ein Ortsteil von Neuberg, dahinter kommt nur noch ein Tal mit dem irreführenden Namen Tirol. «Das Geheimnis ist nur in Tirol zu lösen», heißt es in *Oh Wildnis, oh Schutz vor ihr*. Durch das Tiroltal fließt ein Bach, auf Schotterwegen geht es durch den Wald hinauf in die Berge. An einer Stelle scheint der Hang abgerutscht zu sein, Steine und Erde haben den Weg zugeschüttet. Hin und wieder ein Hochstand oder eine Futterkrippe. Es ist eine gottverlassene Gegend. Kaum ein Tourist verirrt sich hierher, die einzige Gaststube, die es hier einmal gab, hat zugesperrt. Sie wird sich in *Die Kinder der Toten* als «Pension Alpenrose» wiederfinden. Tote und Lebende tummeln sich in den Zimmern, bevor eine Schlammlawine alles in den Abgrund reißt.

In jenem Bauernhäuschen, das einst der Lebenstraum von Elfriede Jelineks Großvater war, thronte man sichtgeschützt an einem Hang über dem Dorf. Ein Brunnen und eine Kapelle gehörten dazu, außerdem eine Scheune und ein Kuhstall. Oberhalb beginnt der Wald, so weit man schaut, nur Wald. Mit ihrer älteren Spielgefährtin Renate Gutschelhofer, der Ilona Jelinek eines Tages das gewidmete Exemplar von *Die Klavierspielerin* weitergeschenkt hatte, war Elfriede Jelinek als Kind im Wald herumgetollt und hatte Laub in selbst gemachten Zigaretten geraucht. So unbeschwert die beiden waren, Renate Gutschelhofer wusste um die Härten des Lebens. Mit anderen Frauen arbeitete sie in so genannten Aufforstungspartien, ihre Brüder waren Holzarbeiter. In den Ferien war Elfriede Jelinek mit einer Welt in Berührung gekommen, die auf ganz andere Art existenziell war als der Kokon aus Kunst und Schule, in den sie in Wien eingesponnen war. In einem Aufsatz schrieb Elfriede Jelinek, dass «die Dinge, die man in Kindheit und Jugend erlebt hat, immer gegenwärtiger bleiben als alles, was einem später passiert ist. Jeder Künstler zehrt nur von diesem Reservoir, das in ihm damals, in der Schulzeit, in den Ferien, bei den Eltern angelegt worden ist. Egal, was für ein Leben er oder sie später gehabt hat, nichts davon kann so tief in uns eindringen wie das Andenken an das Vergangene, und das endgültigst Vergangene ist die Kindheit.»[9]

dorfleben und riesentorlauf Im Laufe der Zeit ist Krampen ziemlich ausgestorben. Die Eisenbahn wurde stillgelegt, das Sägewerk dient nur noch der Lagerung. Am Dorfwirtshaus von Krampen ist der alte Schriftzug «Konsum» zu erkennen – es war einmal ein Laden der genossenschaftlichen Konsum-Kette. Diese Gegend wird einzig von der Jagd in Schuss gehalten. In Neuberg ließ Kaiser Franz Joseph einen Teil des Stifts in ein Jagdschloss umwandeln, wie ein Kaiserpaar verehrt wurden in Neuberg ab Mitte der fünfziger Jahre der Duisburger Warenhausbesitzer Helmut Horten und seine Frau. Sie waren die Vorbilder für den «Kaufhauskönig» und seine Gemahlin in *Oh Wildnis, oh Schutz vor ihr*. Auch in diesem Buch sind die Gegensätze zwischen Reich und Arm immer sichtbar. Hier die Jagdgesellschaft mit weiblichem Aufputz, wachendem Personal und ausgewählten «Trinkgeldempfängern», da die erschöpften Dorfbewohner im Postautobus und im Wirtshaus, «die müde Rasse», die nur zum Gaffen erscheint oder sich in der Konsum-Filiale «zu einem undurchdringlichen Knäuel aus Gespräch» formt. Sie verdanke der Steiermark «alles» für ihr Schreiben, sagte Elfriede Jelinek hintergründig, als sie sich 1988 für den Literaturpreis des Landes Steiermark bedankte. «Ich habe die ärmsten Menschen hier kennengelernt. Hier habe ich gelernt, wie die Klassengesellschaft funktioniert.»[10]

Wenn Elfriede Jelinek ein aktives Landleben führte, dann für künstlerische Projekte. Einmal half sie bei einer Laienaufführung von Eisenerzer VÖEST-Lehrlingen, seit *Die Liebhaberinnen* war sie immer wieder in der Region zu Gast, las und diskutierte über die Situation der Frau und die Arbeitsbedingungen in der Provinz.

Im Oktober 1985 – *Oh Wildnis, oh Schutz vor ihr* war gerade erschienen – beteiligte sie sich an einer Komponierwerkstatt, die Hans Werner Henze ins Leben gerufen hatte. Das Projekt fand in Deutschlandsberg statt, einem abgelegenen Weinstädtchen in der Steiermark. Elfriede Jelinek war neugierig auf den

Bachmann-Freund Henze. Auf der Basis einer steirischen Sage schrieb sie das Libretto *Robert, der Teufel* über einen Kaufhauskönig, der mit Abfangjägern Geschäfte macht. Die Musik sollten die Jugendlichen komponieren, die 17-jährige Olga Neuwirth war mit drei Stücken beteiligt. In der Mehrzweckhalle wurde die «Kommunaloper in zwei Akten» einstudiert. Elfriede Jelinek saß bei den Proben immer dabei, erinnert sich Olga Neuwirth, die sich mit ihr anfreundete. «Sie war sehr geduldig, und sie hat auf mich nicht wie eine typische Erwachsene gewirkt. Sie war nicht von oben herab, ich fühlte mich von ihr ernstgenommen.»[11] Ihr Verhältnis zu Musikinstrumenten ist ähnlich vertrackt wie das Elfriede Jelineks. Als Tochter eines bekannten österreichischen Jazzmusikers lernte Olga Neuwirth Trompete, verletzte sich bei einem schweren Unfall aber am Kiefer. Sie konnte ihr Instrument nicht mehr spielen, im Komponieren fand sie einen Ausweg, so wie Elfriede Jelinek im Schreiben.

Olga Neuwirth ist für Elfriede Jelinek Freundin und ein bisschen Tochter; seit 1991 arbeiten sie regelmäßig zusammen. Angefangen mit dem Minidrama *Der Wald,* hat sie eine Reihe von Jelinek-Texten vertont, darunter Vorfassungen von Theaterstücken und alte Hörspiele. Gemeinsam mit Olga Neuwirth stürzte sich Elfriede Jelinek sogar in Opernprojekte und schrieb Libretti. *Bählamms Fest* nach einem Stück der Surrealistin Leonora Carrington wurde bei den Wiener Festwochen aufgeführt, *Lost Highway* nach dem Film von David Lynch beim «steirischen herbst». Das Charakteristische an der Zusammenarbeit mit Elfriede Jelinek sei, so Olga Neuwirth, dass «ich stets mit den mir zur Verfügung gestellten Texten machen kann, was ich will – eine Freiheit, die einem sogar Angst einjagen kann. Es wird mit gestattet, ins Orginal so einzugreifen, wie ich will, damit ich Platz für Musik schaffen kann.»[12] Zu Elfriede Jelineks Texten schrieb sie: «Sarkasmus ist ein straffes Seil über dem Abgrund. Wenn sich der Wahnsinn der Welt nicht mehr formulieren läßt, setzt eine böse Freude ein.»[13]

Immer wieder fuhr Elfriede Jelinek in die Steiermark, allein oder mit ihrem Mann. Sie wanderte viel, in Spaziergängen bekam sie den Kopf frei, in Wien standen nach dem Schreiben stets ausgedehnte Spaziergänge mit dem Hund an. In Krampen ging sie hinauf in die Berge oder ließ sich am Küchentisch von Renate Gutschelhofer auf dem Laufenden halten. Am Dorfleben teilzunehmen lag ihr fern. Sie ist auch hier Beobachterin, Neuigkeiten, aus Erzählungen oder aus der Zeitung, nimmt sie begeistert auf. Sie ist keine Autorin, die sich ins pralle Leben stürzt, um ihre Themen zu finden. Genauso wenig sucht sie die Einsamkeit der Wildnis zum Arbeiten. Sie braucht das Umfeld ihres Arbeitszimmers, die Bücher, den Computer, und bleibt schon deshalb nie lange in den Alpen. Ein klassischer Urlaub liegt ihr, wie vieles Lebensweltliche, fern, einen Strandurlaub zum Beispiel hat sie nie gemacht. In den Ferien hat sie entweder musiziert, gelernt oder geschrieben. Erholung, das bedeutet, mehr zu lesen, als zu schreiben, oder Freunden mehr Zeit zu widmen.

In Krampen und Neuberg lässt sich Elfriede Jelinek weder als berühmte Tochter feiern – die Neuberger Kulturtage sind benannt nach Ernst Jandl, der einmal dort urlaubte –, noch weiß man dort viel von den lokalen Bezügen in ihrem Werk. (Allerdings entschloss sich die Bücherei von Neuberg nach dem Nobelpreis für Elfriede Jelinek, ihr Werk zu erwerben.) Nicht einmal der Wintersport verbindet Elfriede Jelinek mit dem Ort ihrer Kindheit. Zwar steht in ihrer Geburtsstadt Mürzzuschlag das größte Wintersportmuseum der Welt. Zwar hat sie als Kind in der Steiermark Ski fahren gelernt. Das österreichische Gemeinschaftserlebnis Skisport findet für Elfriede Jelinek aber ausschließlich vor dem Fernseher oder in ihren Büchern statt.

Skisport ist Elfriede Jelineks in Österreich gerne wörtlich genommene und als Provokation gesehene Metapher für die Verletzungen, die der Mensch der Natur und die Natur dem Menschen antun kann. Im Skisport und seinen Disziplinen Abfahrtslauf, Riesentorlauf, Super-G, Slalom und Alpine Kombination kommt die Nation zu sich. Symptomatisch dafür taucht in Elfriede Jelineks Büchern immer wieder die Skilegende Karl Schranz auf. Schranz wurde 1972, nach seinem Ausschluss von den Olympischen Spielen in Sapporo, in Wien ein triumphaler Empfang bereitet, der in einem Auftritt mit Bruno Kreisky auf dem Balkon des Bundeskanzleramts gipfelte (der Letzte, der auf dem angrenzenden Heldenplatz bejubelt wurde, war Adolf Hitler gewesen). In *Lust* laufen in den Wirtshäusern Übertragungen der Olympischen Winterspiele, vor den Fernsehern sitzt gebannt das sportliche «Volk, das auf den Brettern lebt, die seinen Sarg bedeuten (und Schifahrern auf den Heldenplätzen zujubelt: Karli Schranz! Karli Schranz, der gehört uns ganz)»[14]. Gstranz wird später der mit dem Auto tödlich verunglückte Wiedergänger in *Die Kinder der Toten* heißen. Kalauer und Regionalismen sind in solchen Zusammenhängen eingesetzt wie Ventile, durch die Druck aus der Sprache entweichen kann.

Elfriede Jelineks Sportobsession hat etwas Lustvoll-Hassendes. Sie liest über Sportereignisse, sieht im Fernsehen zu, manchmal schreibt sie mit. «… oh, das tut mir jetzt leid für die Ulli»[15], wird in *Die Kinder der Toten* eine Fernsehreporterin zitiert, der dieser Satz entfuhr, als die Skiweltmeisterin Ulrike Maier live gegen ein Zeitmessgerät raste und starb (was die Reporterin noch nicht wissen konnte). Was in Österreich alle interessiert, etwa Hermann Maiers von einem deutschen Autofahrer demoliertes Bein, greift Elfriede Jelinek ironisch auf. «Diesem Bein hat der Beton auf der Straße sehr geschadet. [...] Aber zur Olympiade ist er sicher wieder fit», heißt es in *Das Werk*.[16] Als Hermann Maier 2003 nach seinem Unfall tatsächlich glanzvoll wiederkam, saß auch Elfriede Jelinek vor dem Fernsehapparat und sah sich das Rennen an.[17] In einem Interview meinte sie später nicht unbeeindruckt, Hermann Maier sei dadurch zu einer «überlebensgroßen, einer mythischen, einer biblischen Figur» geworden.[18]

natur aus zweiter hand Die Arbeit an *Oh Wildnis, oh Schutz vor ihr* war aufreibend. Während Elfriede Jelinek den zweiten Teil schrieb, erkrankte sie an Rippenfellentzündung, setzte sich aber trotzdem täglich an den Computer. Das Buch wurde kein kommerzieller Erfolg; dieses ahnend, hatte sich Elfriede Jelinek um ein Robert-Musil-Stipendium beworben, allerdings vergeblich. Bekannt wurde vor allem der Titel des Buches, da er Journalisten gerne dazu dient, die Verletzlichkeit der Autorin zu evozieren. Dennoch handelt es sich innerhalb des Werks um einen Schlüsseltext.

Gemäß seinem Genretitel ist *Oh Wildnis, oh Schutz vor ihr* «Prosa». In dem Buch, das kein Roman sein soll, brach Elfriede Jelinek mit den Erzähltechniken, die sie bei *Die Ausgesperrten* und *Die Klavierspielerin* angewandt hatte. Mit ihrem Buch zu Naturthemen fand Elfriede Jelinek zu ihrer ureigenen Kunstsprache, ihre Prosa ging über ins Musikalisch-Kompositorische, und auch die Theaterstücke, angefangen mit *Wolken.Heim.* 1988, gehorchten mehr und mehr den in *Oh Wildnis, oh Schutz vor ihr* entwickelten Prinzipien. Eine nicht zu verortende Erzählstimme sieht immer schon das Unglück (kommen). Dinge, Tiere, Personen erscheinen erst undeutlich und namenlos, werden das eine Mal mit gespielter Überraschung begrüßt, das andere Mal widerwillig erwähnt, mit einer gewissen Nachlässigkeit gegenüber dem, was andere Schriftsteller unter Genauigkeit in der Beschreibung verstehen würden. Das Verschwinden der Erwähnten vollzieht sich genauso ansatzlos.

Assoziativ bis automatisch scheint das dahinzugehen, ein Wort das andere zu ergeben, in der österreichischen Tradition einer mündlichen Sprache auch in der Schrift. Stimmen werden eingeführt, parallelgeführt, weggeführt und wieder zurückgeführt, das Erhabene und das Triviale begleiten einander im steten Wechsel. Eine Vielstimmigkeit ist erzeugt, als würden sämtliche Register einer Orgel gezogen.

● feministin und fashion victim
lust 1989

Zu Journalisten pflegte Elfriede Jelinek stets ein professionelles Verhältnis. Seit sie durch *Die Klavierspielerin* und *Burgtheater* eine gefragte Schriftstellerin geworden war, gab sie regelmäßig Interviews und entzog sich nicht, wenn es darum ging, fotografiert zu werden. Nicht so sehr aus Eitelkeit, sondern weil sie seit frühester Jugend darauf getrimmt war, zu entsprechen und Rede und Antwort zu stehen, sprach sie mit Lokalzeitungen ebenso wie mit dem überregionalen Feuilleton. Eines Tages, es war im Sommer 1986, meldete sich die Deutsche Presse Agentur und wollte wissen, woran sie gerade arbeite.

Elfriede Jelinek antwortete, sie schreibe an einer «langen Prosa zum Thema Begierde. Die Ausgangs-Überlegung zu diesem Thema ist die Unmöglichkeit, männliche und weibliche Begierde in Übereinstimmung, zum Einklang zu bringen. Vielleicht wird das Buch ein weiblicher Porno, eine Art Gegenentwurf zu Batailles ‹Geschichte des Auges›, also weibliche Sexualität, von einer Frau gesehen.»[1] Die Deutsche Presse Agentur hatte auch Peter Härtling, Jurek Becker, Friederike Mayröcker oder Günter Kunert gefragt, es war eine dieser Recherchen, wie sie nur im Sommer gemacht werden, wenn der Kulturbetrieb auf Urlaub ist und die Redaktionen Platz haben, Ergebnisse von Rundrufen zu drucken. Elfriede Jelineks Ansage, einen weiblichen Porno zu schreiben, überdauerte nicht nur den Sommer. «Gegenentwurf zu Bataille» und «weiblicher Porno» wurden so oft wiedergegeben, dass Elfriede Jelinek bereits einen Monat später in einem Interview meinte: «Es hat schon alle Leute so neugierig gemacht, daß ich fast wünschte, ich hätte es nicht angekündigt.»² Sie konnte noch nicht wissen, dass diese schnell dahingesagten Stichworte sie weitere drei Jahre begleiten würden, bis zum Erscheinen ihres Romans *Lust* und darüber hinaus.

Im Herbst 1986 veröffentlichte sie in *manuskripte* einen kurzen Prosatext, den man als Versuch lesen kann, das Angekündigte umzusetzen. Er heißt *Begierde & Fahrerlaubnis (eine Pornographie)*.³ In der Ich-Form geschrieben, handelt er von einer älteren Frau, die in einer Mischung aus Konversationston und Technokratenjargon einen jungen Mann zum Sex anstachelt. Doch die Frau ist nicht das Subjekt ihrer Begierde, sie ist eine «Technikerin des Nichts»⁴; wie schon in *Die Klavierspielerin* ist Freuds Theorie von der Frau als Mangelwesen literarisch umgesetzt. «Erster Text von vielen ähnlichen» nannte Elfriede Jelinek *Begierde & Fahrerlaubnis*. Der nächste wurde ein ganz anderer. Sie begann mit *Lust*, dem Roman über eine Frau, die tagaus, tagein die sexuellen Wünsche ihres Ehemannes erfüllt.

Den Titel hatte Elfriede Jelinek, wie bei den meisten ihrer Bücher, sehr früh. Dann kommt jedes Mal die lange Phase des Anfangens, «das Schlimmste», wie sie es nennt.⁵ Aber diese «Diskrepanz zwischen Verzweiflung und Angst vor dem Anfangen und dann absoluter Leidenschaft»⁶ ist es auch, die sie täglich an den Schreibtisch bringt. Die Fenster hat sie, anders als früher beim Klavierspielen, fest zu, so, als sollte nichts zu ihr dringen und nichts entweichen, als befinde sie sich in einer Art Druckkammer, in der der Druck konstant gehalten werden muss. Das Schreiben von *Lust* sei ihr besonders schwer gefallen, sagt Elfriede Jelinek. Das Hauptmerkmal ihrer Protagonistin sollte die Willfährigkeit sein, sie musste sich in eine Frau einfühlen, die ihr vollkommen fremd war, noch fremder als alle Frauenfiguren davor.

Beziehungen zwischen Mann und Frau sind im Werk Elfriede Jelineks ausschließlich sexueller Natur. Ihre prägenden Erfahrungen mit Geschlechterrollen hatte sie Ende der sechziger, Anfang der siebziger Jahre gemacht, als allerorts von sexueller Freiheit die Rede war. Sexuelle Verfügbarkeit bestimmt das Geschlechterverhältnis in Elfriede Jelineks Büchern, wobei diese Verfügbarkeit nichts mehr mit Libertinage zu tun hat. Die Beziehungen bilden die Strukturen einer Gesellschaft ab, die ökonomische Potenz des Mannes, die strukturelle Abhängigkeit der Frau. In *Die Liebhaberinnen* hat Brigitte Sex mit dem gehassten Mann, um zu Mutterschaft und Eigenheim zu kommen. Paula glaubt irrtümlich an Liebe und landet auf dem Strich. Die Frau von Otto Witkowski in *Die Ausgesperrten* muss sich für ihren Mann zu Aktfotos erniedrigen, die Protagonistin aus *Gier* bezahlt die Zuneigung des attraktiven Gendarmen mit der Überschreibung ihres Hauses. Was die Ehefrau aus *Lust* will, erfährt man nicht. Sie steht einfach zur Verfügung.

Wieder sind es Zeitereignisse, die in *Lust* die Handlung in Gang bringen. Angst vor Aids ist der Grund, warum der Mann, der Direktor einer Papierfabrik, seine Bordellbesuche einstellt und nur noch mit seiner Frau verkehrt. Das Immergleiche wird in verschiedenen Konstellationen wiederholt, die Dramaturgie gleicht der von Pornofilmen, wie sie mit VHS und Video 2000 handelsüblich wurden. Zuerst haben, durch notdürftigste Alltagsaktionen eingeleitet, ein paarmal der Mann und die Frau Geschlechtsverkehr, dann ein anderer Mann mit der Frau, dann viele Männer mit der Frau, dann wieder der erste Mann.

Während der Videoboom der achtziger Jahre Verbreitung und Ästhetik von Pornografie veränderte, entdeckte auch der Feminismus das Thema. 1978 schon hatten auf Initiative der Zeitschrift *Emma* zehn Frauen den *stern* wegen sexistischer Titelbilder vor Gericht gebracht, die Klage war seinerzeit abgewiesen worden. 1987 schließlich startete Alice Schwarzer, die Herausgeberin von *Emma,* ihre groß angelegte Anti-Pornografie-Kampagne «PorNO». Während das Strafrecht als pornografisch bezeichnet, was auf sexuelle Reizung abzielt und dabei «die Grenzen des sexuellen Anstands» überschreitet, verstand Schwarzer unter Pornografie die Erniedrigung von Frauen und somit eine Form der Gewalt. «Pornografie macht die Frauen und die Sexualität kaputt», war eine viel zitierte Parole Schwarzers aus dem Jahr 1987. Neue Verbreitungsformen von Pornografie einerseits, Anti-Pornografie-Bewegung andererseits – das war das gesellschaftliche Spannungsfeld, in dem Elfriede Jelinek an *Lust* arbeitete.

die schwarze botin An die Frauenbewegung hatte Elfriede Jelinek von Anfang an Anschluss gesucht. Ihr Engagement muss man sich allerdings ähnlich vorstellen wie ihre Mitgliedschaft bei der KPÖ – als teilnehmendes Abstandhalten. Elfriede Jelinek besuchte Tagungen, die sich «Frauen Macht Körper» nannten, hielt Vorträge über Geschlechterrollen, erklärte mit Leidenschaft ihre Bücher und bewies, wie gut sie eingelesen war, von Hélène Cixous über Julia Kristeva bis Luce Irigaray. Doch andererseits stießen sie Schlagworte wie «Frauensolidarität» ab, und mit den Selbsterfahrungsgruppen der Siebziger, die sie einmal spitz «kollektive Vaginaschau»[7] nannte, konnte sie ebenso wenig anfangen wie mit der Bibel der basisdemokratisch organisierten Frauenbewegung, dem Buch *Häutungen* von Verena Stefan. Sätze wie «der mensch meines lebens bin ich» oder «ich beginne, mich beim namen zu nennen»[8] reizten sie schon zum Spott, bevor andere Frauen noch «Patriarchat» sagten.

Als ihre Freundin Brigitte Classen mit Gabriele Goettle ab 1976 in Berlin die feministische Zeitschrift *Die schwarze Botin* herausgab, arbeitete Elfriede Jelinek tatkräftig mit. *Die schwarze Botin* wollte auf dem Markt der feministischen Zeitschriften, der von *Emma* oder *Courage* bestimmt wurde, etwas anderes sein, abseitiger. «Leserinnen, denen es am Herzen liegt, in der Art des kleinen Unterschieds oder der *Häutungen* zu empfinden, werden bald die Frage nach unserer Beziehung zur Frauenbewegung und unserem Standpunkt stellen», wurde das Heft vorgestellt. «Diesen sei gleich gesagt, um jeden Zweifel über unsere Absicht von vorneherein auszuräumen, beides beginnt für uns da, wo der klebrige Schleim weiblicher Zusammengehörigkeit sein Ende hat.»[9]

Elfriede Jelinek wurde als Redaktionsvertreterin für das Ausland geführt. Sie schickte Texte aus Wien, 1977 besuchte sie im Auftrag der *Schwarzen Botin* den Kongress «Die Kritischen Tage der Frau» in Berlin. In ihrem Bericht schrieb sie spöttisch über die urwüchsigen Aspekte der Frauenbewegung. «Sehr beliebt waren Erlebnisschilderungen vom Alltag der Schriftstellerinnen, Gattinnen und Mütter (alles eine Person), außerdem die Beschreibung von Schwangerschaftsstreifen. [...] Sehr unbeliebt war die Satire, vermutlich, weil sie nicht-wie-du-den Schmerz fühlen kann. Die Satire kann nicht leiden. Vielleicht können Gedichte besser leiden, weil sie schöner sind. Schönheit muß leiden. Vielleicht leiden die Frauen, weil sie das schöne Geschlecht sind.»[10] Ihre Beobachtungen fasste Elfriede Jelinek schließlich so zusammen: «Eigenes Leid auf eine allgemein gesellschaftliche Ebene zu bringen [...], ist schlecht. Frauenleiden sind gut. Da gibts dann auch eine Verena Stefan zum Einreiben dagegen.»[11]

Der intellektuelle Feminismus war eher das Ihre. Anfang der achtziger Jahre lernte Elfriede Jelinek die Philosophin und Filmemacherin Eva Meyer kennen. Eva Meyer hatte in Berlin einen Frauenverlag mitbegründet und eine Doktorarbeit über Semiotik geschrieben. In Wien hielt sie einen Vortrag. Elfriede Jelinek widmete Eva Meyer daraufhin ihr nächstes Stück: *Krankheit oder Moderne Frauen,* eine Burleske über zwei weibliche Vampire. Indem diese Leben nicht schenken, sondern Leben aussaugen (sogar Kindern), und indem sie sich als vampirisch-lesbisches «Doppelgeschöpf» neu erfinden wollen, entziehen sie sich dem für die Frau vorgesehenen Rollenbild. Wie schon in *Nora, Burgtheater* und *Clara S.* ist in dem Stück Material verschiedenster Herkunft satirisch miteinander verwoben, in diesem Fall sind es Theorien über Weiblichkeit, von Freud bis zum Feminismus.

Als sie Eva Meyer ein paar Monate nach ihrem Kennenlernen wieder traf, gab Elfriede Jelinek ihr das Manuskript von *Krankheit oder Moderne Frauen* zu lesen. «Sie hat mich schüchtern gefragt, ob ich einverstanden bin, dass sie mir das Stück widmet, oder ob ich ihr den Text um die Ohren haue», erzählt Eva Meyer. Sie war einverstanden: Elfriede Jelineks Sicht auf die Frauenbewegung entsprach auch ihrer eigenen. Eva Meyer: «Feminismus ist für uns Ehrensache gewesen, aber wir fühlten uns nie in der Bewegung verankert. Uns hat das Grenzgängertum vereint, dieses nicht innen und nicht außen.» Die Freundschaft bekam auch eine künstlerische Dimension. Eva Meyer schrieb über Elfriede Jelinek[12], Elfriede Jelinek trat in Filmen von Eva Meyer auf und stellte ihre Texte zur Verfügung.

Als *Krankheit oder Moderne Frauen* 1987 in Bonn uraufgeführt wurde, nahm Eva Meyer an der Seite von Heiner Müller an einer Podiumsdiskussion teil. Das Theater wollte sein Publikum schonend auf die Faktentreue vorbereiten, in der Elfriede Jelinek in ihrem Stück die weibliche Anatomie expliziert. Nach der Premiere hakte die *Süddeutsche Zeitung* nach: «Ist das jetzt der ‹weibliche Porno›, den uns Elfriede Jelinek versprochen hat?»[13] Elfriede Jelinek saß noch immer an *Lust*, insgesamt wird sie zwei Jahre an den 130 Manuskriptseiten gearbeitet haben.

Im Herbst 1987 flog sie wieder einmal nach Berlin. Die linksalternative *tageszeitung* hatte 28 Schriftsteller eingeladen, drei Tage lang die Zeitung zu produzieren, «Gruppe 87» lautete das Motto spaßhaft. Unter anderem waren Hans Magnus Enzensberger, Hans Mayer, Erich Fried, Johannes Mario Simmel, Heiner Müller, Rolf Hochhuth und Gisela Elsner gekommen. Elfriede Jelinek hatte gemeinsam mit Libuše Moníková den Kulturteil zu verantworten, sie sichtete die Nachrichten des Tages und schrieb einen Text, in dem es um die Idee eines Komitees geht, das erste deutsche Panzermodell der Geschichte nachzubauen. Sie saß mit den Schriftstellern György Dalos und István Eörsi zusammen, mit Hermann Henselmann, dem Architekten der Ostberliner Stalinallee, unterhielt sie sich über Brecht und Eisler. Doch zwischen Agenturmeldungen und Konferenzen wurde es ihr, der Einzelgängerin, zu viel, noch am selben Tag brach sie die Aktion ab. In einer «Berechtigung», neben der traditionellen *taz*-«Berichtigung», schrieb sie: «Bedauern Sie mich! Ich bin nicht schnell, ich bin langsam. Ich muß lang nachdenken. Ich bin völlig überfordert von dem, was ich hier tun soll. Sie (meine Damen und Herren) werden mich daher an dieser Stelle, die ich Ihnen gerne abtrete, kaum wiedersehen. Auf Wiedersehen!»[14]

Die Reise nach Berlin war auch ihre letzte mit einem Flugzeug gewesen. Courage und Angst hielten sich in Elfriede Jelineks Leben inzwischen die Waage. Seit ihrer Jugend versuchte sie ihre Angst damit zu bekämpfen, dass sie sich Angst machenden Situationen aussetzte, Leuten, Verkehrsmitteln, Veränderungen. Seit ihrer Jugend folgte darauf ein Bedürfnis, sich in ihre vertraute Umgebung zurückzuziehen, zu Hause zu bleiben, so ergab das eine das andere.

Nicht mehr zu fliegen war Elfriede Jelineks erster Tribut an die Reiseangst. Für Städtereisen, die sie zu dieser Zeit das eine oder andere Mal auch nach Rom oder Paris führten, nahm sie lange Zugfahrten in Kauf, die Strecke Wien–München war ihr längst in Fleisch und Blut übergegangen. Sie brauchte die Möglichkeit, ein Abteil verlassen oder die Fensterseite wechseln zu können. Wenn sie sich in einen Raum mit vielen Menschen begab, kannte sie den Weg nach draußen und setzte sich dorthin, wo er am kürzesten war. Geflohen ist sie nie, sich zu überwinden hatte sie gelernt.

die geschichte des fotos Im Sommer 1988 hatte Elfriede Jelinek das Manuskript zu *Lust* fertig. Zu den Ersten, die den Text zu sehen bekamen, gehörten die Journalistin Birgit Lahann vom *stern* und die Fotografin Karin Rocholl. Sie kamen nach Wien, um Elfriede Jelinek zu interviewen und Fotos zu machen. Sie bummelten durch die Stadt auf der Suche nach einem geeigneten Ort zum Fotografieren, sie landeten in einer Suite im Hotel Sacher. Nach der Arbeit an *Lust* war Elfriede Jelinek wie gelöst, sie genoss es, wieder außer Haus zu sein. Sie posierte im Business-Kostüm mit übereinander geschlagenen Beinen oder legte sich in Jeans auf das Bett. Sie rauchte damals Zigarillos und ließ einen aus dem Mundwinkel hängen. Sie versuchte, mal lasziv zu schauen, mal streng. Dazwischen wechselte sie ihre Kleidung und witzelte mit den beiden Frauen herum oder umarmte strahlend Birgit Lahann. Karin Rocholl hatte schließlich die Idee, die Fesselungsphantasie Erika Kohuts aus *Die Klavierspielerin* szenisch umzusetzen. Sie hatte in einem Geschäft für Bergsteigerzubehör Seile gekauft und schlang die Stricke locker um Elfriede Jelineks Arme und um den Bettpfosten.

Bevor der Artikel im *stern* erscheinen sollte, sandte Elfriede Jelinek ein Telegramm. Sie hätte die Fotos aus der Euphorie des Augenblicks gemacht, schrieb sie und zog das Foto mit dem Seil zurück. Der *stern*-Artikel erschien ein halbes Jahr vor dem Erscheinungstermin von *Lust*. Er enthielt bereits erste Zitate aus dem Buch, dazu ein Interview mit Elfriede Jelinek, in dem sie meinte, dass sie an ihrem Versuch, einen Gegenentwurf zu Bataille zu schaffen, gescheitert sei. Illustriert war das Interview mit den anderen Fotos der Serie, die Fesselungsszene wurde jedoch prall geschildert: «Ja, sie läßt es geschehen. Am Bettpfosten im ‹Sacher›.»[15] Das nie erschienene Foto geisterte fortan als Idee durch die Welt. Die einen spekulierten, was auf einem solchen Foto wohl zu sehen wäre, die anderen meinten gar, es zu kennen, so häufig wurde darüber geschrieben und gesprochen.

Lust kam im Frühjahr 1989 heraus und wurde umgehend im «Literarischen Quartett» besprochen. Die aufgeräumte Runde wurde sich diesmal besonders schwer einig, was man jeweils gelesen hatte, ob Elfriede Jelinek etwa «normalen ehelichen Beischlaf» beschreibe oder etwas «Perverses». Sigrid Löffler wurde von drei älteren Herren ermuntert zu erklären, was denn eine weibliche Sprache des Obszönen sei, das Publikum kicherte. Marcel Reich-Ranicki nannte das Buch «alles in allem hervorragend, das ist eine große literarische Sprache, eine schriftstellerische Leistung, was sie da zeigt». Doch er fand das nicht ausreichend. «Die Darstellung des Koitus», meinte er, «das kann jeder, es nicht schwerer zu beschreiben, ob ein Penis in eine Vagina dringt oder ein Bleistift in die Tasche gesteckt wird». Ihm, Reich-Ranicki, habe gefehlt, «was die Frau oder der Mann oder gar beide während dieser Sache empfinden»[16].

Als Elfriede Jelinek im April bei einer Lesung von *Lust* auftrat, füllte sie das Hamburger Docks. Das Docks ist ein Veranstaltungszentrum an der Reeperbahn, in dem normalerweise Bands wie Motörhead oder Red Hot Chili Peppers spielen. Das Docks war voll bis auf den letzten Platz, draußen standen weitere Leute, die keinen Einlass bekommen hatten. Elfriede Jelinek nahm an einem mit rotem Wachstuch bezogenen Tisch Platz, tausend Leute, überwiegend junge intellektuelle Frauen in Schwarz, blickten mit gespannter Erwartung auf die Schriftstellerin. Für Elfriede Jelinek waren diese Massen in ihrer Erinnerung «wie ein Schock».

Vor Leuten zu lesen hatte ihr nie besonders Spaß gemacht, abgesehen von ein paar aktionistisch angehauchten Lesungen aus *Die Liebhaberinnen* in den siebziger Jahren, «als ich die Leute auf die billigste Weise provozieren konnte». Die meisten Auftritte absolvierte sie mit dem Pflichtbewusstsein, mit dem sie als Musikerin einst vorgespielt hatte. Obwohl sie oft vorgetragen hatte, konnte Elfriede Jelinek keine Routine entwickeln, die Lesungen bestritt sie «mit der Substanz», wie ein Laienschauspieler, der fehlende Technik durch Kraft kompensieren muss. Im stickigen, disco-schwarzen Saal des Docks beantwortete Elfriede Jelinek eine halbe Stunde lang die Fragen des Ästhetikprofessors Bazon Brock zu ihrem Roman, aus dem Buch las die Schauspielerin Barbara Nüsse.

Der überlaufene Auftritt im Docks sollte Elfriede Jelineks einziger zu *Lust* bleiben. Ihre Leser, nicht nur Frauen, suchten andere Wege, um der Autorin ihre Erfahrungen mitzuteilen. Ein Mann schickte ihr ein Exemplar des Buches, in dem er jede Zeile durchgestrichen hatte. Er wollte damit ausdrücken, so schrieb er, dass er jeden Satz erst zur Kenntnis genommen und dann für sich gelöscht habe.

Die Kritiker, die *Lust* rezensierten, hielten sich vor allem mit der Vorgeschichte auf. Elfriede Jelineks Ankündigungen, einen Gegenentwurf zu Bataille, einen Porno aus weiblicher Sicht zu schreiben; ihr Zurückziehen, das sie undeutlich damit begründet hatte, dass es keine weibliche Sprache des Obszönen gebe; ihre vom Rowohlt Verlag aufgegriffene Bezeichnung «Anti-Porno», mit der für das Buch geworben wurde – das waren die Koordinaten, die die Lesart des Romans bestimmten. Das Spektrum der zumeist von Männern geschriebenen Kritiken reichte von übler Laune («Dieses Buch zeigt nichts, es ist eine einzige nervtötende Behauptung», so *Die Zeit*[17]) über Wut («Es ist ein abgebrühter, aufgeklärter und abgelutschter Kitsch, in dem die Figuren, kaum sind sie erwachsen, schon zu Nippes erstarren», schrieb die *F.A.Z.*[18]) bis hin zu persönlicher Polemik («Warum hat sie sich nicht wie in der ‹Klavierspielerin› auf den einen Fall konzentriert, den pathologischen, vielleicht den eigenen?», fragte *Der Spiegel*[19]). *Die Welt* beendete ihre Rezension ganz unironisch mit der Empfehlung, man solle statt *Lust* die Romane von Jane Austen lesen.[20]

bestseller Die schlechten Besprechungen beeinträchtigten den Erfolg des Buches nicht. Innerhalb der ersten sechs Wochen verkauften sich 42 000 Exemplare, *Lust* kam bald auf die Bestsellerlisten. Das Buch lief längst auf der populären Schiene, inzwischen auch unabhängig von seinem Inhalt. Elfriede Jelinek hatte mit Thema und Auftreten eine Vorgabe geliefert, wie erfunden für Magazin-Reportagen. Diese trugen Überschriften wie «Schriftstellerinnen entdecken das Obszöne» *(stern)*, «Die Last mit der Lust» *(Vogue)* oder «Frauen, die Lust auf Frauen machen» *(Lui)*. Es gab eine Fernsehdiskussion zu den sich aus *Lust* ergebenden Fragen, und weil noch weitere Autorinnen Bücher mit erotischen Themen herausbrachten, etwa Dorothea Zeemann ihre intimen Erinnerungen an den österreichischen Schriftsteller Heimito von Doderer[21], galt Sex aus weiblicher Sicht als «das Thema der Buchsaison»[22].

Die Klavierspielerin hatte Elfriede Jelinek bekannt gemacht, durch *Lust* war sie zur Marke geworden. Zur Dame in Leder, vor der Männer Angst haben und auch Frauen nicht sicher sind. Es ist ein Irrtum, dass bei Elfriede Jelinek nur die Männer schlecht wegkommen. Am schlechtesten kommen die Frauen weg, die sich abhängig machen oder zu Kollaborateuren der Männer werden, in ihren Büchern heißen solche Frauen oft Susi. Für sie kennt Elfriede Jelinek, die immer alles darangesetzt hat, finanziell auf eigenen Beinen zu stehen und sich von keinem Mann aushalten zu lassen, kein Pardon.

Sätze aus Interviews zu *Lust* verselbständigten sich. Sigrid Löffler, die seit Anfang der achtziger Jahre als verlässliche Porträtistin und Rezensentin von Elfriede Jelinek auftrat und sie in *Emma, Zeit* und *Brigitte* einer breiten Leserschaft nahe brachte, entlockte ihr in einem Interview das viel zitierte Wort: «Ich mag sie nicht. Aber ich bin sexuell auf Männer angewiesen.»[23] – «Sind Sie lesbisch, Frau Jelinek?», fragte wiederum Maxim Biller die, seiner Ansicht nach, «Feministin der Nation». Billers Reportage handelte davon, dass

Elfriede Jelinek gar nicht so ist, wie er sie sich vorgestellt hatte: sondern schwach und traurig und «so klug»[24]. Alice Schwarzer nahm Elfriede Jelinek in der Wohnung Gottfried Hüngsbergs in München auf die freundschaftlichste Weise ins Gebet: «Du hast zwar dein Buch hingelegt, aber gleichzeitig dich dazu ...» Elfriede Jelinek: «Es wäre sicher besser gewesen, ich hätte mich überhaupt nicht dazu geäußert. Denn man weiß ja, dass Autoren nicht unbedingt diejenigen sind, die dazu berufen sind, ihre Sachen zu erklären.»[25]

Der Trubel um *Lust* erreichte seinen Höhepunkt im Mai 1990. Der Interviewer André Müller besuchte Elfriede Jelinek in Wien. Er wollte wissen, wo ihre Mutter wohne («Über mir. Gott ist oben. So gehört es sich auch.»), und konfrontierte sie mit einer Selbstverletzungsszene in *Die Klavierspielerin*, woraufhin Elfriede Jelinek zur Antwort gab: «Das habe ich wirklich getan.» Das war die Psycho-Rampe, auf der das Gespräch abhob. Als André Müller ihr Sätze über Erika Kohut vorhielt («formloser Kadaver», «schlaffer Gewebesack», «krankhaft verkrümmtes, am Idealen hängendes Witzwesen, veridiotet und verschwärmt, nur geistig lebend ...»), sagte sie: «Ja, das bin ich in meinem Selbsthaß, der sehr stark ausgeprägt ist.»[26] Der letzte Satz von Elfriede Jelinek lautete: «Dieses Interview hat mich völlig dekonstruiert.»[27]

Als das Interview in der *Zeit* erschien, gab es heftige Reaktionen. Elfriede Jelineks Zuspitzungen wurden entweder als selbstreinigendes Geständnis verstanden oder als Geschichte einer Kranken und prägten viele Jahre lang das allgemeine Jelinek-Bild. Elfriede Jelinek selbst schrieb André Müller, nachdem sie das Interview gelesen hatte, eine Postkarte. «Literarisch wars ja sehr schön, wie immer eigentlich», begann die kurze Notiz. «Aber nach diesem Interview wird niemand verstehen, wieso ich ‹dekonstruiert› worden sein soll.»[28] Das Gegenteil war der Fall: Elfriede Jelinek hatte sich nicht entblößt, sondern eher eine Deutung ihrer Person vorgegeben, zum Teil mit viel Ironie und noch mehr Selbstironie. Wenn man einen Satz des Interviews als Geständnis nehmen konnte, dann den: «Ich trage die Sätze vor mir her wie Plakate, hinter denen ich mich verstecken kann.» Interviews sind für solche Versteckspiele das geeignetste Genre. Zeitungsgesprächen stellt sie sich mit der für sie typischen Mischung aus Kollegialität, «Duldungsstarre», wie sie es selbst nennt, und dem Wunsch, die Kontrolle zu behalten. Gleichzeitig sind Interviews Gelegenheiten, sich zu erfinden und Behauptungen zu testen. Um es mit Heiner Müller zu sagen: «Ich bin nur ein ernsthafter Schriftsteller, wenn ich schreibe. Wenn ich rede, bin ich oft nicht sehr ernsthaft.»[29]

Als charakteristisch für Elfriede Jelineks Humor kann gelten, wie sie den erwähnten Fragebogen im *F.A.Z.-Magazin* beantwortete. Wer dieses bleibende Zeugnis der Selbstdarstellung ausfüllen durfte, bemühte sich normalerweise, gebildet, witzig und geistreich zu erscheinen. Elfriede Jelinek beantwortete 1984 die Fragen mit Wiener Schmäh. Sachliche Antworten wie auf die Fragen nach den Lieblingsmalern («Jasper Jones, Arnulf Rainer, Robert Zeppel-Sperl, Erna Haßbach»), Lieblingslyrikern («Sylvia Plath, Elfriede Gerstl, Enzo Morganti, Anton Stein») oder Lieblingsvogel («Die Gabelweihe») sind vermischt mit Selbstauskünften, die als unernst gemeint zu glaubhaft und als ernst gemeint zu unglaubhaft sind, Schmäh eben. *Welche Eigenschaft schätzen Sie bei einem Mann am meisten?* «Sklavische Ergebenheit.» *Ihre Lieblingstugend?* «Unkeuschheit.» *Ihre Lieblingsbeschäftigung?* «Fernsehen.» *Ihr Hauptcharakterzug?* «Trägheit.» *Was schätzen Sie an Ihren Freunden am meisten?* «Wenn sie mir alles weitererzählen.» *Ihr größter Fehler?* «Schadenfreude.» *Was verabscheuen Sie am meisten?* «Gebildete Leute.» *Wie möchten Sie sterben?* «Überhaupt nicht.» *Ihre gegenwärtige Geistesverfassung?* «Eher schwach.» *Ihr Motto?* «Die Axt im Haus erspart den Zimmermann.»

Wo es um ihre Person geht (oder um das, was Dritte zu ihrer Person meinen), verfügt Elfriede Jelinek über das Repertoire an Ironie, Sarkasmus und Koketterie einer englischen Lady. Sie kann Kritik spielerisch übernehmen und diese durch Selbstironie sogar noch übertreffen. Als sie nach der Bekanntgabe des Literaturnobelpreises damit konfrontiert wurde, dass der Schriftsteller Martin Mosebach sie als den «dümmsten Menschen der westlichen Hemisphäre» bezeichnet hätte, meinte sie: «Das Lustigste daran ist, dass er wahrscheinlich in gewisser Weise sogar recht hat. Intelligenz ist wirklich nicht meine Stärke.»[30] (Der entwaffnete Mosebach entschuldigte sich in einem persönlichen Brief.) «Ich spreche mit großer Selbstironie über mich, ich bin das so gewohnt, alle in meiner Familie haben das getan. Aber Menschen, die keinen Sinn für Sarkasmus haben, nehmen das natürlich ernst und zeigen dann mit dem Finger auf mich: ‹Sie hat es ja selbst gesagt!›»[31]

porno in der ehe Für Elfriede Jelinek war der Trubel um *Lust* Segen und Fluch zugleich. Einerseits hatte sie zum ersten Mal mit einem Roman einen kommerziellen Erfolg, das Buch wurde binnen zweier Jahre in sieben Sprachen übersetzt, in manchen Ländern früher als *Die Klavierspielerin*. Andererseits war der Blick auf die Ästhetik des Buches verstellt, und es blieb der Forschung überlassen, sich ertragreich damit zu beschäftigen.

Worum geht es in dem Buch eigentlich? Erst einmal erzählt *Lust* «die Geschichte des sozialen und sexuellen Normalfalls – den einer Ehe», so die Literaturwissenschaftlerin Ina Hartwig.[32] Vater, Mutter, Kind: Nach außen hin ist die Familie in *Lust* völlig unauffällig und normal. Sie hat alle Insignien kleinbürgerlichen Wohlstands, ein Haus, ein zweites Auto, der Sohn bekommt Geigenunterricht. Man empfängt Gäste, am Samstag zeigt sich das Ehepaar beim gemeinsamen Einkaufen, am Sonntag beim Besuch der Stiftskirche. Und wenn die

Vorhänge abends geschlossen werden, dann «beschließt der Mann, der Frau das Einhalten des Ehevertrages zu gebieten».[33]

Einiges ist speziell an diesem «Normalfall». Dass etwa nicht gesprochen wird, wenn der Mann über seine Ehefrau herfällt, ob in der Küche, im Bad oder in der Diele. Die Frau «wandelt wehrlos»[34]. Man erfährt nichts über sie, nicht, was sie vor ihrer Ehe gemacht hat, nicht, warum sie diese Ehe eingegangen ist. Schon ihr Name ist die ausgestellte Bedeutungslosigkeit: Gerti. Namen sagen bei Elfriede Jelinek alles. Die mittelmäßigen Frauen haben Allerweltsnamen wie Karin Frenzel oder Gudrun Bichler *(Die Kinder der Toten)*, die ganz verlorenen sind auch ihres Nachnamens verlustig gegangen, wie die Lehrlingsmädchen Ingrid und Gerda in *Michael* oder Paula und Brigitte in *Die Liebhaberinnen*. Manche werden überhaupt nur nach biologischen Kriterien benannt wie die «Hansmutter» in *Die Ausgesperrten*. Gerti, das klingt so verächtlich beliebig, wie sie behandelt wird.

In der Mitte des Romans wendet sich die Geschichte. Gerti beginnt mit dem Studenten Michael, den sie eines Tages kennen gelernt hat, eine Affäre. Sie macht sich schön für den jungen Feriengast und folgt ihm auf die Skipiste. Im Wald wird sie von Michael und seinen Sportsfreunden missbraucht. «Fremd ist Michael eingezogen, fremd zieht er ihn wieder heraus»[35], heißt es. Wie immer, wenn es in Jelineks Werk am grausamsten wird, findet sich eine Anspielung auf Schuberts *Winterreise* («Fremd bin ich eingezogen/fremd zieh ich wieder aus.»). Trotz wiederholter Demütigungen will Gerti Michael wiedersehen. Erst als der Student die Tür seines Apartments nicht öffnet und stattdessen ihr Mann sie nach Hause zurückholt, wo alles so weitergeht wie bisher, lässt Gerti ab. *Lust* endet mit Gertis Befreiungsschlag. Sie tötet das Kind, den Nachkommen ihres Mannes. Wie in *Die Ausgesperrten* mündet auch dieser Ausbruch aus familiärer Gewalt in einen Gewaltakt, der sich gegen die eigene Familie richtet.

Anders, als sein Ruf es vermuten lässt, ist *Lust* ein hochkomplexes Buch. Weder ein Buch *gegen* Pornografie noch ein Buch *für* eine andere Pornografie, sondern eines *über* Pornografie. Verschiedene Diskurse über Pornografie sind literarisch umgesetzt und miteinander kombiniert. Zuerst die rechtliche Definition, die Darstellungen als pornografisch bezeichnet, die «den Menschen zum bloßen, auswechselbaren Objekt geschlechtlicher Begierde degradieren» und «ohne Sinnzusammenhang mit anderen Lebensäußerungen» sind.[36] Dementsprechend stehen die sechs ausführlich wiedergegebenen Geschlechtsakte in *Lust* in keinem logischen Zusammenhang, sie folgen aufeinander wie die Tage der Woche. Die feministische Auffassung von Pornografie als Erniedrigung der Frau ist ebenfalls in *Lust* eingearbeitet. Gerti empfindet nichts, ihr Körper reagiert wie ein Apparat. «Die Frau streckt jetzt unwillkürlich die Zunge heraus, denn der Direktor hat einen Muskel an ihrem Kiefer betätigt», heißt es etwa.[37] Schließlich geht es in *Lust* um Pornografie als Bilderfabrik. Eine Unzahl von Gegenbildern wird erzeugt, die jeden erotischen Vorgang zersetzen. «Und das heilige Direktorenpaar strebt wieder, in ewiger Wiederholung, der Strafanstalt seines Geschlechts zu, wo es nach Erlösung jammern kann so viel es will.»[38]

Bestehen bleibt in *Lust* nur die Sprache, als Widerstand gegen alles Demütigende, als ein über seine Inhalte erhabener Hymnus. Elfriede Jelineks kompositorisches Verfahren, wie sie es in *Oh Wildnis, oh Schutz vor ihr* erstmals im größeren Stil ausprobiert hat, erreicht in *Lust* eine klangliche und rhythmische Perfektion. Phasenweise liest sich *Lust*, als sei es in Versen geschrieben. Die Sprache soll die Wahrheit, die sie ans Licht bringt, überdauern. Wenn man so will, ist das Elfriede Jelineks Utopie: Es könnte sich etwas verändern, wenn nur das Richtige gesagt wird. «Die Sprache selbst will jetzt sprechen gehen!», heißt es im Roman.[39] Eine solche Sprache zu finden und weiterzuentwickeln, sie wuchern zu lassen, bis nichts mehr an ihr vorbeiführt – das ist das Ziel von Elfriede Jelineks Schreiben.

images und mode Mit *Lust* war Elfriede Jelineks Karriere an einem vorläufigen Höhepunkt angelangt. Sie war Anfang vierzig und hatte mit einem Buch nun auch einen kommerziellen Erfolg. Sie war mit ihrer Literatur dort, wo sie sein wollte, *Lust* nannte sie «das, was ich ästhetisch immer erreichen wollte beim Schreiben»[40]. Die Fotografin Karin Rocholl sagt, sie habe sie «als ganz große, attraktive Dame wahrgenommen». Wenn Elfriede Jelinek auf der Straße ging, drehte man sich nach der eleganten Erscheinung um, im Kaffeehaus saß sie umgeben von Freunden und Freundinnen und war die «Königin», wie eine ihrer Freundinnen, die Dramaturgin Brigitte Landes, es ausdrückt. Elfriede Jelinek war in der Öffentlichkeit präsent, und sie genoss es, mit ihren Images zu spielen.

Von Werk zu Werk wechselte Elfriede Jelinek, darin Madonna vergleichbar, ihr äußeres Erscheinungsbild. Ihr Auftreten anlässlich des Erscheinens von *Lust,* mit Zigarillo und aufgeschlagenem Ledermantelkragen, steht in einer Kette von Outfits, in denen sie ihr Werk begleitete und hintersinnig kommentierte. Mit den Fabrikarbeiterinnen in *Die Liebhaberinnen* schien sie sich durch das Tragen von bunter, industrieller Strickware zu verbünden, oder aber sie gab die reiche Ehefrau, wenn sie sich im dicken Pelzmantel stark geschminkt präsentierte (vor Feministinnen musste sie sich dafür nicht selten rechtfertigen). Als sie ihr Stück *Nora* herausbrachte, trat sie in schwarzer Lederkluft mit Flammenmuster auf, bei *Clara S.* im Zwanziger-Jahre-Look. Zur Entstehungszeit von *Burgtheater* kursierten Fotos, auf denen sie mit Seidenschal unter der Wolljacke und hochgesteckter Frisur das Aussehen der Trümmerfrauen imitierte, jene für *Die Ausgesperrten* angelegte Sammlung von Anoraks besteht heute noch. Für ein Interview zu *Die Klavierspielerin* ließ sie sich unter anderem im ärmellosen Lack-Oberteil fotografieren; als das Buch herauskam, trug sie einen fransigen, blondierten Haarschnitt. Später hatte sie das Haar feministisch kurz, punkig oder zu zwei Zöpfen geflochten, darüber manchmal eine Baskenmütze oder einen japanischen Turban.

Sie liebt es, sich zu schminken und Geld für Kosmetika auszugeben, insbesondere für Lippenstifte und Lidschatten. Die Haartolle über der freien Stirn ist, ob mit oder ohne Zöpfe, so etwas wie ein Markenzeichen geworden: ihr Krönchen.

Mode ist ihre Form sinnlich erlebten Alltags. Für Elfriede Jelinek, die weder stundenlang in Restaurants speist noch in geselligen Runden Alkohol trinkt, drückt sich Lebensfreude in Frisur und Schminke, Stoffen und Kleidern aus. Beide Schwestern des Vaters waren Modeschneiderinnen, Tante Vilma arbeitete für Adlmüller, Tante Emmy in der Kinderbekleidung. Die einzige Nichte bekam von ihnen Stoffreste für die Barbie-Puppe aus der ersten so genannten Bild-Lilly-Serie, die Elfriede Jelinek in einem Schränkchen neben dem Klavier stehen hat und Besuchern noch heute gerne zeigt.

Eines ihrer ersten Hörspiel-Honorare gab Elfriede Jelinek für ein Popeline-Kostüm von Yves Saint Laurent aus. Sie hat es weiterhin im Schrank hängen, wie fast alle Kleider, die sie im Lauf der Jahre erworben hat. Auch Schuhe werden nicht weggeworfen, sie füllen bei ihr Regale. In den achtziger Jahren schrieb Elfriede Jelinek sogar einen fünfseitigen Text über ihre Schuhe, in dem sie über ihren Besitz Inventur machte. Die Schuhe werden aufgezählt und einzeln charakterisiert. Da sind schwarze «Filzhausschuhe aus Korea, die ich immer anziehe, wenn jemand auf Besuch kommt, weil ich mich in meinen grünen Hüttenschuhen mit dem roten Musterl geniere», und auf der anderen Seite, im Regal mit den Stöckelschuhen, etwa «ein Paar irrsinnig spitze rote Pumps mit

Bleistiftabsätzen, an der Seite Drapierungen, Löcher, Riemchen, Wasserfälle, Kaskaden, eine Landschaftsgärtnerei der Fußbekleidung, und ich trage es nie»[41]. Dazwischen flache und hohe Schuhe, Pelzschuhe, Plastikschuhe, Maßschuhe, College-Schuhe, Slipper von Gaultier, Ballerinas, Bergschuhe, Tennisschuhe, Schuhe aus China, Pumps aus den fünfziger Jahren, kostbare Einzelstücke und Restware aus Schuhgeschäften und Stiefel, allein «die Stiefel, die ich aus den sechziger Jahren noch habe, würden Bände füllen und füllen die Fächer»[42].

Als einen ihrer Lieblingsdesigner nannte sie Gaultier. Anfang der neunziger Jahre begann Elfriede Jelinek sich für japanische Designer zu interessieren. 1995 trat sie sogar in einer Modenschau im Wiener Palais Liechtenstein auf und drehte in einem schwarzen Modell von Yamamoto und knöchelhohen Converses ihre Runde über den Laufsteg.

Elfriede Gerstl ist die Freundin, mit der sie sich am innigsten über Mode austauschen kann. Außer einer Liebe zu Sprachspielereien – Gerstls Gedicht «wer ist denn schon bei sich/wer ist denn schon zu hause» wurde Elfriede Jelinek ein viel zitiertes Motto – teilen die beiden die Erfahrung einer dominanten Mutter. Die Klavierspielerin sei auch für sie geschrieben worden, sagt Elfriede Gerstl. Die beiden haben sich in den siebziger Jahren kennen gelernt, die Lyrikerin sammelt in ihrem Fundus Kleider, Hüte und Taschen aus sechs Jahrzehnten, auch eine Modenschau haben die beiden schon zusammen veranstaltet. Stundenlang können die beiden Schriftstellerinnen in Elfriede Gerstls Fundus verbringen, Jacken und Blusen probieren, Hüte aufsetzen, in Schächtelchen kramen, sich gegenseitig Broschen anstecken oder sich Kleidungsstücke zum Geschenk machen. Es ist ihre Form, abzutauchen in eine Vorstellung von unbeschwerter Kindheit, die sie beide nicht hatten. Die 1932 geborene Elfriede Gerstl musste als Jüdin in ihrer Kindheit sogar um ihr Leben fürchten. Sie verbrachte die Jahre des Nationalsozialismus in verschiedenen Verstecken.

An einem typischen Wiener Tag, so erzählt es Elfriede Gerstl, trafen sich die Freundinnen am Vormittag und klagten einander ihr Leid mit den Müttern. Ilona Jelinek war noch als gebrechliche Frau in den Neunzigern rührig. Eines Tages ließ sie einen Handwerkertrupp kommen und in einem Kraftakt die Fenster des Einfamilienhauses herausbrechen. Die Fenster wurden durch Spezialanfertigungen aus Metall ersetzt, die das Haus stärker abdichten sollten. An einem solchen Tag zogen die beiden dann los, Elfriede Jelinek zu den «Japanern», Elfriede Gerstl in Altwaren-Läden und auf Flohmärkte. Danach zeigten sie sich die Fundstücke, etwa eine «Trosthose von Comme des Garçons» oder das «Miyake-Jackerl», genannt «Miyakerl».[43]

Mit den «Japanern» verbindet Elfriede Jelinek ein inzwischen andauerndes Selbstbild. Sie mag keine weichen Stoffe, die den Körper nachzeichnen, sondern bevorzugt solche, die «Körper» haben, die fast steif sind. Elfriede Jelinek will, dass man die Kleidung sieht und nicht sie, Kleidung soll ungebetene Blicke umlenken, die Blicke sollen an der Inszenierung hängen bleiben und nicht an ihr selbst. Mode ist für sie ein Mittel, eine «ironische Distanz» zu sich zu gewinnen, sie trägt zu japanischer Designermode Turnschuhe und Vintage-Mode. «An ihr sieht dergleichen selbstverständlich aus, sie wirkt gelassen und souverän», meint Elfriede Gerstl.[44] Überhaupt sei Ästhetisches für Elfriede Jelinek «das bestimmende Prinzip aller Lebensbereiche»[45].

ingeborg bachmann 1989 bekam Elfriede Jelinek abermals einen großen Film-Auftrag. Sie sollte aus *Malina*, dem Roman von Ingeborg Bachmann, ein Drehbuch machen. Ingeborg Bachmann war als eine der elegantesten und ernsthaftesten Frauen durch den deutschen Literaturbetrieb gewandelt. Sie war das weibliche Aushängeschild der «Gruppe 47» (die Elfriede Jelinek einmal eine «Sadistenvereinigung, an der ich nicht einmal unter Todesdrohung teilgenommen hätte» nannte[46]), wurde für ihre Lyrik hymnisch gefeiert und nach ihrem Wechsel in die Prosa von der Kritik fallen gelassen.

Die jungen Pop-Literaten hatten Anfang der siebziger Jahre die Nase recht hoch getragen, wenn es um Ingeborg Bachmann ging. Ihre Gedichte fand man kitschig und von gestern, erst nachdem Ingeborg Bachmann 1973 in Rom an den Folgen eines Brandunfalls gestorben war, veränderte sich der Blick auf das Werk. Als Person wurde Ingeborg Bachmann zu einem Mythos weiblicher Kreativität. Das Bild, das Ingeborg Bachmann nach außen hin abgab, hatte sie ihr Leben lang streng kontrolliert, ihre Nachlassverwalter kontrollieren es über ihren Tod hinaus. Die berühmten Männer, die Bachmanns Leben kreuzten – Paul Celan, Hans Werner Henze, Max Frisch – gaben reichlich Stoff für Spekulationen über Liebesdramen.

Elfriede Jelinek hatte 1983, zehn Jahre nach Bachmanns Tod, einen langen Essay über die Dichterin geschrieben. Ingeborg Bachmann war für sie eine Frau, die «mit radikal poetischen Mitteln» und wie keine andere Autorin der Nachkriegszeit «das Weiterwirken des Krieges, der Folter, der Vernichtung in der Gesellschaft, in den Beziehungen zwischen Männern und Frauen beschrieben hat»[47]. Elfriede Jelinek sah in ihren Büchern die «oft blutige, manchmal unblutige Vernichtung des Weiblichen, das nie Subjekt werden darf, immer Objekt bleiben muß, Gegenstand von gesellschaftlich nicht anerkannten Arbeitsverträgen, genannt Ehe»[48] beschrieben, darin erkannte sie auch ihr eigenes Thema.

Malina, erschienen 1971, ist Ingeborg Bachmanns einziger vollendeter Roman und sollte der erste Teil ihres «Todesarten»-Zyklus sein. Der Roman aus der Perspektive einer Schriftstellerin, die zwischen Ivan und Malina steht, ist ein Protokoll weiblicher Auflösung durch alle Arten von (männlicher) Gewalt. Am Ende verschwindet die Frau durch einen Spalt in der Wand, übrig bleibt ihr männliches Alter Ego Malina, das angepasste, pragmatische Wesen. Die Figur, die ihr weibliches Ich für ihre Anerkennung als Schriftstellerin geben muss, wollte Ingeborg Bachmann als Teil ihrer Autobiographie gedeutet wissen.

Elfriede Jelinek verlegte *Malina* in die Gegenwart. Die Schriftstellerin will, wie Elfriede Jelinek es ausdrückte, «ein Subjekt in der Liebe und ein Subjekt in der Arbeit»[49] sein. Die Biografie Bachmanns bezog sie in ihr Drehbuch (aus dem Werner Schroeter, trotz Isabelle Huppert in der Hauptrolle, einen Kopfschmerzen verursachenden Frauenfilm machte) mit ein, immer wieder sieht man die Schriftstellerin umgeben von Flammen. Das Fiebrige und Doppelbödige, das in Bachmanns Roman das Ich ausmacht, sparte Elfriede Jelinek jedoch aus, sie verwandelte die Schriftstellerin in eine prototypische Figur, «die Frau», eine Frau der Gegenwart mit den Nöten der Gegenwart. «Malina, verstehst du das, wie eine Frau, die immer allein gelebt hat, immer gearbeitet hat, selbst während dem Studium und dann nachher auch, wie diese Frau plötzlich so vollständig von einem anderen Menschen abhängig werden …», ist einer der typischen Sätze aus dem Drehbuch.[50]

Eine Frauengeneration lag zwischen Ingeborg Bachmann und Elfriede Jelinek. «Also jetzt ganz überspitzt», sagte Elfriede Jelinek in ihrem Gespräch mit Alice Schwarzer. «Die Bachmann ist auch ermordet worden, ist auch zugrunde gegangen. Während ich überleben werde.»[51] Dass man an der Unvereinbarkeit von Liebe und Arbeit scheiterte – das war der leistungsorientierten Elfriede Jelinek bei aller Bewunderung fremd. Die Frauenfiguren in ihren Büchern haben denn auch neue, zumeist ökonomische Probleme. Sie scheitern an ihrer sexuellen Verwirklichung oder sie sind, wie in Gertis Fall, Opfer, die zu Täterinnen werden.

Im Sommer 1990 wurde *Malina* in Wien gedreht. Elfriede Jelinek erschien mehrmals bei den Dreharbeiten. Sie lernte Isabelle Huppert kennen, die die Schriftstellerin spielte. Die beiden Frauen unterhielten sich während der Vorbereitung des Films, Isabelle Huppert erinnert sich, dass sie an Elfriede Jelinek «eine physische Ähnlichkeit mit mir selbst» wahrnahm. «Ich war sehr überrascht, als ich sie sah: Sie hat so gar nichts von dem, was in ihren Büchern vorkommt. Sie ist sehr zart, sehr blass, sehr schön.» Von Jelineks Romanen *Die Klavierspielerin* oder *Lust* ist die Schauspielerin fasziniert. «Ihre Bücher haben eine verheerende, tödliche Ironie, die es in allen großen Werken der Literatur gibt. Die Tragik findet immer ihren Ausdruck im Komischen. Sie hat Distanz, und genau das praktiziert Elfriede Jelinek.»[52]

prinzessinnen, keine königinnen Zahlreich sind die Frauenfiguren, die in Elfriede Jelineks Texten als Beispiele weiblichen Fehlverhaltens vorgeführt werden: von Nora bis Clara S., von Claudia Schiffer bis Lady Di (den beiden Letztgenannten widmete sie Essays). Zehn Jahre nach ihrem *Malina*-Experiment erfand Elfriede Jelinek für diesen fehlerhaften Frauen-Typus sogar ein eigenes Genre: *Prinzessinnendramen,* eine parodistische Antwort auf die Shakespeare'schen Königsdramen, die fünf kurzen Stücke tragen jeweils den Untertitel *Der Tod und das Mädchen.*

Prinzessinnen sind bei Elfriede Jelinek von ihrer Rolle verblendete, glanzlos scheiternde Antiköniginnen. Schneewittchen im ersten Teil und Dornröschen im zweiten Teil kommen aus der Märchenwelt und fallen einem Jäger beziehungsweise einem (als Jörg Haider verkleideten) Prinzen in die Hände. In der Schriftstellerin Rosamunde, der dritten Prinzessin, verschmilzt die verkannte romantische Librettistin Helmina von Chézy mit der Titelheldin ihres Balletts *Rosamunde,* das Schubert vertont hat. Die vierte Prinzessin ist Jackie (Kennedy), sie deutet im Chanel-Kostüm die Tragödien ihres Lebens als Mythos und triumphiert über Marilyn (Monroe), die vor ihr sterben musste. Im fünften *Prinzessinnendrama* unter dem Titel *Die Wand* reden wieder Dichterinnen: Sylvia (Plath) und Inge (Bachmann) treffen in der Unterwelt aufeinander und warten auf eine Seherin, die niemals kommt. Das Drama der begabten Frau ist bei Elfriede Jelinek ein wiederkehrendes Thema. Mit Plath und Bachmann nahm Elfriede Jelinek zwei Ikonen des «weiblichen Schreibens» in ihrem Ehrgeiz, ihrer Eifersucht und ihrem Scheitern aufs Korn, im Sinne des *Malina*-Themas: Wer (als Frau) leben will, kann nicht mehr schreiben, wer schreiben will, kann nicht mehr leben.

● zwischenspiel auf dem theater
wolken.heim. 1993

Im Herbst 1993 wollte Elfriede Jelinek die Proben zu ihrem Stück *Wolken.Heim.* am Deutschen Schauspielhaus in Hamburg besuchen, das Stück gehörte zum Eröffnungsprogramm der Intendanz von Frank Baumbauer. Doch man bat, unter sich bleiben zu dürfen, Elfriede Jelinek sollte keine falschen Schlüsse aus dem unfertigen Zustand ziehen. Auch wollte sich das Regieteam offen halten, auf ein anderes Stück umzusteigen. Mit *Wolken.Heim.* hatte Elfriede Jelinek 1988 das erste jener Stücke geschrieben, die später die abschreckende Bezeichnung «polyphone Textfläche» erhielten: Es gibt keine Angaben zu Figuren, Zeit und Ort, sehr verschiedene Stimmen sind miteinander verwoben, in diesem Fall Zitate der deutschen Geistes- und Literaturgeschichte, Worte von Kleist, Hölderlin, Hegel, Fichte und Heidegger, dazwischen sind Briefe von RAF-Mitgliedern wie Kassiber in den Text eingeschleust. Die Zitate sind nicht gekennzeichnet und mehr oder weniger stark bearbeitet – so, dass sie sich dem Sprachrhythmus einfügen oder einen Kommentar über sich abgeben.

Durch diese minimalen Veränderungen wird aus deutschem Idealismus ein unangenehm aufstoßender Chauvinismus. Wo die Dichter und Philosophen das Wörtchen «Wir» nicht selbst geschrieben haben, fügt Elfriede Jelinek in *Wolken.Heim.* eines hinzu. «Hier sind wir alle. Und einmal treten dann endlich wir in vollendeter Klarheit heraus. Leben das Neue oder lassen das Nichtige wenigstens entschieden fallen und stehen aufmerksam da, ob irgendwo der Fluß des Lebens uns ergreifen wird oder, falls wir nicht so weit wären, die Freiheit wenigstens ahnen und sie nicht hassen oder vor ihr erschrecken, sondern sie lieben. Wir wir wir! All diese ursprünglichen Menschen wie wir, ein Urvolk, das Volk schlechtweg! Deutsche! Deutsche! Deutsche!»[1]

Das Stück ist Ausdruck eines *philosophic turn* in Elfriede Jelineks Werk. Mitte der achtziger Jahre hatte sie den jungen Philosophen Daniel Eckert kennen gelernt. Eckert schrieb seine Doktorarbeit mit dem Titel «Sprachphilosophische Studien», eine Freundschaft entwickelte sich. Daniel Eckert wurde ein Vertrauter, der beim Recherchieren hilft und essayistische Texte gegenliest, durch ihn angeregt, hatte Elfriede Jelinek begonnen, sich mit deutscher Philosophie zu befassen. Sie vertiefte sich in das Werk Martin Heideggers, vor allem in seine Texte zur Lyrik, die Hölderlin- und Trakl-Interpretationen. Den Platz, den früher die Popkultur, die Medien oder verschiedene Theorien eingenommen haben, nahm nun die Philosophie ein – das Gedankengut der Dichter und Denker wurde ihr neues Material. Die Philosophie sollte sich ausgerechnet mit dem Emotionsmedium Theater verbinden. Im Stück *Totenauberg* (uraufgeführt 1992) tritt Heidegger selbst auf und verteidigt seine Heimat, mal gegen untote Osttouristen, mal gegen Hannah Arendt, die ihn in seiner Hütte in Todtnauberg im Schwarzwald besucht.

Wolken.Heim., ursprünglich ein Beitrag zum Kleist-Schwerpunkt «Wir Deutschen» des Schauspiels Bonn und 1988 als weihevolle Raum- und Tanz-Performance in eine Halle gewuchtet, erfuhr nach der Wende in Deutschland neue Beachtung. Der Steidl Verlag gab 1990 eine Luxusausgabe heraus, für die Elfriede Jelineks Umschlagdesigner Klaus Detjen jeden einzelnen Satz in eine andere typographische Form gebracht hatte. Elfriede Jelinek selbst dachte sich 1993 auf der Basis von *Wolken.Heim.* ein Videospiel aus, programmiert von ihrem Mann. Das Spiel hieß *Trigger your Text,* per Joystick musste man Fliegen totschlagen. Je nach Spiellevel bekam man zur Belohnung aggressivere oder weniger aggressive Texte aus *Wolken.Heim.* zu lesen.

Regisseur Jossi Wieler hingegen, der *Wolken.Heim.* 1993 in Hamburg inszenierte, hatte den Text schon beim ersten Lesen leicht und ironisch gefunden: «Intuitiv hat mich das Archäologische daran berührt. Schichten freilegen, in den Unterbau einer Kultur vordringen, die Subtexte einer Gesellschaft ergründen, die Übergänge vom 19. ins 20. Jahrhundert, zwischen Rechts und Links – welcher Autor macht das sonst zum Thema und geht dann noch frei damit um?» Er besetzte sechs Damen aus dem Ensemble und stellte sich das «Wir» des Textes weiblich vor, so, als würden Frauen sprechen, die sich eine Männeridentität aneignen wollen. Auch eine «Situation», wie das am Theater heißt, wurde gefunden: Die Schauspielerinnen sollten die Witwen und Töchter von Fliegern darstellen, die in einem Offiziersbunker nach den geisterhaft vorhandenen Spuren der Männer suchen. Auf einem Schreibtisch glimmte noch eine Zigarre, aus einem Spind sprach eine Geisterstimme. Die Frauen unterhielten sich beiläufig, als ginge es um Nachbarschaftsangelegenheiten. Aber leicht brach es aus ihnen hervor, und sie wurden böse und wütend. Immer wieder sangen sie heimatliche Lieder und nahmen Haltung an. Die untergründige Aggressivität der Texte, die nicht ihre eigenen waren, schlug gegen die Frauen zurück. Es gibt kein weibliches Leben im männlichen – Elfriede Jelineks Thema.

rückblende in den betrieb Mit der Hamburger *Wolken.Heim.*-Inszenierung schaffte Elfriede Jelinek ihren Durchbruch als Dramatikerin, bemerkenswerterweise mit einem Text, der für Laien als Bühnenwerk kaum zu erkennen ist. Bis dahin war ihre Theaterkarriere eher wechselvoll verlaufen.

Als ihr erstes Stück *Was geschah, nachdem Nora ihren Mann verlassen hatte* 1979 beim «steirischen herbst» im Schauspielhaus Graz uraufgeführt wurde, begleitete Elfriede Jelinek ambitioniert die Proben. Sie besprach mit dem Regisseur Kurt Josef Schildknecht die Kürzungen und kam mit ihm überein, das Stück aus den zwanziger Jahren in die Gegenwart zu versetzen. Doch der Probenprozess entglitt ihr, sie zog sich wieder zurück. Schließlich ging sie in eine offene Konfrontation mit dem Regisseur. Sie verbeugte sich bei der Premiere nicht und schrieb einen Brief, in dem sie die Gründe für ihren Rückzug darlegte. Ausgerechnet jenen Vorwurf, den Elfriede Jelinek selbst am häufigsten zu hören bekam, machte sie ihrerseits dem Regisseur, sie hielt ihm vor, zu denunzieren und zu karikieren.

Der Brief fand den Weg in die Öffentlichkeit, es gab Aufregung und schlechte Presse. Elfriede Jelinek versuchte, den Schaden wieder gutzumachen, gab eine Erklärung ab, in der sie den Brief als ausschließlich für den theaterinternen Gebrauch bestimmt bezeichnete, und stellte sich einer Diskussion im Grazer «Club links». So etwas passierte ihr danach nicht wieder. Über Inszenierungen ihrer Stücke äußerte sie sich fortan nicht öffentlich, und sofern nicht gesundheitliche Gründe dagegenstanden, ging sie bei den kommenden Uraufführungen auf die Bühne und verbeugte sich.

Clara S. hätte abermals beim «steirischen herbst» uraufgeführt werden sollen, in der Regie von Fassbinders Komponisten Peer Raben. Doch der koproduzierende Grazer Schauspieldirektor lehnte das Stück mit der Begründung ab, es bediene sich «der Genital- und Fäkalsprache, oft in perverser und sadomasochistischer Art»[2]. So landeten dieses und die nächsten Stücke Elfriede Jelineks in Bonn. Am dortigen Schauspiel wurde versucht, den starken formalen Vorstellungen, die Elfriede Jelinek ihren Stücken einschrieb, gerecht zu werden. Der österreichische Regisseur Hans Hollmann, ein General auf der Probe, prägte mit seinen Inszenierungen von *Clara S.* (1982) und *Krankheit oder Moderne Frauen* (1987) lange die

Sicht auf Jelineks Stücke. *Clara S.* hatte Hollmann in einer fast vierstündigen Aufführung eine äußerst strenge Form verpasst. Der Kritik stachen Dressurakte, Manierismen und Marionettenhaftigkeit ins Auge. *Krankheit oder Moderne Frauen* war, in den klassizistisch-geometrischen Kulissen von Xenia Hausner, ein dreistündiger postmoderner Kraftakt, mit dem sich Hollmann in der *Zeit* den Titel «Stechschritt-Surrealist» einhandelte.

«Was mich interessiert an den Texten Elfriede Jelineks, ist der Widerstand, den sie leisten gegen das Theater, so, wie es ist», meinte Heiner Müller anlässlich der Uraufführung von *Krankheit oder Moderne Frauen*. «Und das Theater, so, wie es ist, wie es sich durchgesetzt hat, ist das ‹Genau-Wie-Otto-Theater›, also man sitzt da unten und sieht da oben jemand und sagt ‹Genau wie Otto›. [...] Ich habe die Hoffnung, dass es diesem Theater schwerfällt, die Texte von Elfriede Jelinek einzutheatern.»[3] Der Segen, den Heiner Müller Elfriede Jelinek erteilte, erwies sich in der Theaterpraxis jedoch als Fluch.

Krankheit oder Moderne Frauen, so der Kritiker Benjamin Henrichs, sei «ein ganz ohne Zweifel geniales Stück, aber wahrscheinlich kein gutes»[4]. Das war das Netteste, was Elfriede Jelinek von der Kritik über ihre frühen Stücke zu lesen bekam. *Clara S.* und *Krankheit* wurden zwar – meistens unter feministischen Vorzeichen – mehrmals nachgespielt. Trotzdem wurde es eher als etwas Freudlos-Heroisches angesehen, wenn sich wieder jemand an einen Theatertext von Elfriede Jelinek heranmachte. «Nur die schöpferische Anstrengung zählt», schrieb ihre Theaterverlegerin Ute Nyssen erbittert über den «eigenwilligen Versuch von Elfriede Jelinek mit dem Theater». Als freischaffende Autorin habe sie ein «hartes Brot» gewählt.[5]

ein theaterverlag in köln Nyssen & Bansemer galten in der Bundesrepublik als exklusiver, aber eigenwilliger Theaterverlag. Das Lektoren-Paar Ute Nyssen und Jürgen Bansemer hatte

1981 Kiepenheuer & Witsch verlassen und sich in Köln selbständig gemacht, Elfriede Jelinek war als eine der Ersten mitgezogen. Der Rowohlt Verlag zeigte damals kein Interesse an ihren Theaterstücken, und Nyssen & Bansemer hatten bald eine attraktive Auswahl an kritischen Gegenwartsautoren im Programm, darunter Lina Wertmüller, Heinar Kipphardt und Tankred Dorst. Als «priesterlich» werden die Auftritte der beiden beschrieben, als streng bis autoritär, wobei Bansemer der Gütigere gewesen sein soll. Bei den Theatern galt es als kompliziert, Aufführungsrechte von Nyssen & Bansemer zu erwerben, auch die Autoren waren hohen, kompromisslos vorgetragenen Ansprüchen ausgesetzt.

Nora hatte Elfriede Jelinek zugunsten größerer Bühnentauglichkeit geändert, bei *Clara S.* gab es gleich wieder Meinungsverschiedenheiten. Im Stück trifft Clara Schumann auf den Fascho-Dandy Gabriele d'Annunzio in dessen Villa Vittoriale in Gardone Riviera – 1929, als die Pianistin längst nicht mehr lebte. Ute Nyssen bestand darauf, dass das Ehepaar Schumann auf einen Zeitgenossen treffen sollte. Wieder machte sich Elfriede Jelinek ans Umschreiben. Sie tauschte D'Annunzio gegen Clara Schumanns Vertrauten Franz Liszt aus. Die neue *Clara S.* bot sie den Theatern zwar an, schickte aber bald die Erstfassung hinterher. Die Liszt-Variante warf gerade noch ein Hörspiel ab.

Für Nyssen & Bansemer, zu deren Verlagsphilosophie es gehörte, Autoren mit Übersetzungen zu fordern, übersetzte Elfriede Jelinek Komödien aus dem 19. Jahrhundert, Eugène Labiche und Georges Feydeau. Eine davon wurde ihre erfolgreichste Arbeit für das Theater, wenn man die Zahl der Inszenierungen als Maßstab nimmt: Labiches *Die Affäre Rue de Lourcine* wurde 1988 in der Regie von Klaus Michael Grüber an der Berliner Schaubühne erstaufgeführt und seither mehr als dreißigmal nachgespielt. Dass ihre eigenen Stücke auf dem Theater allenfalls für Achtungserfolge sorgten, machte

Elfriede Jelinek unruhig. Aufwand und Ergebnis standen in keinem Verhältnis. Sie spielte mit dem Gedanken an Rückzug. Sie schreibe Stücke «als Hobby, und gar nicht mehr in der Hoffnung auf eine Aufführung».[6]

gegen menschentheater Wenn sie Stücke schrieb, arbeitete Elfriede Jelinek auch an einer Theatertheorie. Schon *Burgtheater* ist unter ästhetischen Gesichtspunkten ein Thesenstück gegen suggestiven Bühnenrealismus, gegen jene Art von Einfühlungstheater und Charakterdarstellung, für die die echte Schauspielerfamilie Wessely verehrt wurde. «Welche Fraid!», sagt Käthe in *Burgtheater*. «Mir derfen eine Rolle verkerpern!» Oder: «Menschenbildner sein! Greeßte Aufgabe!» Elfriede Jelinek wollte das Gegenteil von dem, was sie parodierte.

1983 formulierte sie ihre Ästhetik in einem verspielten Essay mit dem Titel «Ich möchte seicht sein». Der Text ist eine Umkehrung von *Publikumsbeschimpfung,* jenem Stück Peter Handkes, in dem das Publikum von der Bühne herab für seine Erwartungshaltungen und seine erwartbaren Reaktionen beschimpft wird. Bei Elfriede Jelinek werden im Namen des Publikums die Schauspieler beschimpft. «Wir Zuseher sind nämlich nötig, die Schauspieler nicht.»[7] In ihrer Tirade zählte Elfriede Jelinek auf, was sie am Theater alles nicht will: «Ich will nicht spielen und auch nicht anderen dabei zuschauen. Ich will auch nicht andere dazu bringen zu spielen. Leute sollen nicht etwas sagen und so tun, als ob sie lebten. Ich möchte nicht sehen, wie sich in Schauspielergesichtern eine falsche Einheit spiegelt: die des Lebens. [...] Ich will kein Theater.»[8] Elfriede Jelineks Abneigung gegen schwitzende Körperlichkeit schlägt durch, wenn sie an Schauspieler denkt, die sich «aus ihrer Frischhaltepackung über uns ergießen und uns erschüttern, ich meine überschütten». Stattdessen schwebte ihr vor: «Vielleicht eine Modenschau, bei der die Frauen in ihren Kleidern Sätze sprechen.»[9] Selbstreferenziell, wie das Theater sein kann, landete der Essay sogar auf der Bühne. 1996 rezitierte ihn Hanna Schygulla in München.

kasperlpuppen In ihren frühen Stücken orientierte sich Elfriede Jelinek an Formen wie dem Brecht'schen Lehrstück und den Altwiener Possen Nestroys. Ob *Nora, Clara S., Burgtheater, Krankheit*, ob *Totenauberg* oder *Raststätte* (1994) – es gibt keine Charaktere, die Figuren sind nur, was sie sagen. Die Thesen und biographischen Deutungen, mit denen manche ihrer Theatertexte Aufsehen erregten, haben auf die Dramaturgie des Stücks keinen Einfluss. Die Konflikte einer Paula Wessely oder einer Clara Schumann werden wohl angesprochen, aber niemals in den Dienst einer Entwicklung oder Spannung gestellt. Das dramatische Gesetz, dass eine Figur durch ihre Redeweise ihren Charakter preisgibt, ist bei Elfriede Jelinek außer Kraft gesetzt zugunsten eines monomanischen, unaufhörlichen Sprechakts. «Ich vergrößere (oder reduziere) meine Figuren ins Übermenschliche», formulierte Jelinek 1984 in einer alternativen Berliner Theaterzeitschrift eines ihrer am häufigsten zitierten Statements zum Theater. «Ich bemühe mich nicht um abgerundete Menschen mit Fehlern und Schwächen, sondern um Polemik, starke Kontraste, harte Farben, Schwarzweiß-Malerei; eine Art Holzschnitttechnik. Ich schlage sozusagen mit der Axt drein, damit kein Gras mehr wächst, wo meine Figuren hingetreten sind.»[10] Das klingt sehr entschieden und ist doch nichts anderes als ein Bekenntnis zu uralten Theaterformen, zum Kasperltheater, zum Volksstück und zur Typenkomödie.

Vom Regisseur Einar Schleef gibt es eine plastische Geschichte über Puppen, die Elfriede Jelinek bei einer Veranstaltung vorgetragen hat. Schleef schreibt, wie seine handwerklichen Fähigkeiten sich als Kind verbesserten und er statt grober Kasperpuppen feine Marionetten anfertigte. Als es ans Spielen ging, kehrte er zu den alten Puppen zurück. Ihm fehlte sonst «das Geräusch der aufeinanderknallenden Holzköpfe»[11]. Diese Derbheit und Klanglichkeit meinte Elfriede Jelinek in ihren frühen Stücken. Wie im Kasperltheater lässt sie ihre Figuren aufeinander einprügeln und durcheinander schreien, laufend kommen unliebsame Gäste herein wie das Krokodil und geben Sprüche aller Art zum Besten. (Einmal schrieb Elfriede Jelinek sogar ein Kasperl-Hörspiel für Kinder, *Kasperl und die dicke Prinzessin oder Kasperl und die dünnen Bauern*, Hans Clarin sprach den «albernen Kasperl».)

Wenn Elfriede Jelinek sich wie in *Burgtheater* Johann Nestroy zum Vorbild nahm oder wenn sie bürgerliche Pariser Komödien übersetzte, dann studierte sie daran die Mechanik des Schlagabtauschs zwischen felsenfest stehenden Haltungen. Wie bei Nestroy oder Feydeau bekommen Elfriede Jelineks Figuren mit ihrem ersten Auftreten Eigenschaften zugeteilt, als wäre es Rüstzeug an einer Ausgabestelle. Diese Eigenschaften sind unabänderlich, nur die Konsequenzen, die sich daraus ergeben, variieren von Situation zu Situation. Drastische Aktionen und Wiederholungen wie im Puppentheater bestimmen die Handlung, seien es die Ohrfeigen in *Burgtheater* oder das ständige Blutsaugen in *Krankheit oder Moderne Frauen*.

Die Hamburger Aufführung von *Wolken.Heim*. 1993 war das Gegenteil dessen, was Elfriede Jelinek vom Theater theoretisch wollte. Es war Einfühlungstheater mit Menschen aus Fleisch und Blut, pure Psychologie, Jossi Wieler hatte ein Ibsen-Drama aus Elfriede Jelineks Stück gemacht. Sie, die Autorin, hatte weder die Proben noch die Premiere in Hamburg besucht, von Freunden ließ sie sich über den wachsenden Ruhm der Aufführung auf dem Laufenden halten. Als *Wolken. Heim*. 1994 zum Berliner Theatertreffen eingeladen war, fuhr sie nach Berlin. Überschwänglich lobte sie die Mitwirkenden. Lob ist bei ihr eine Mischung aus ungeheuchelter Bewunderung für etwas, das sie selbst nicht könnte, und Dankbarkeit für Phantasie, die sich an ihren Texten entzündet. Die Produktion wurde von deutschen Kritikern zur «Inszenierung des Jahres» gewählt und tourte durch Europa.

sexpuppe Das Stück *Raststätte oder Sie machens alle* hatte Elfriede Jelinek inzwischen fertig. Lorenzo da Pontes Libretto für *Così fan tutte* klingt im Titel an, verarbeitet ist der Sex-Boom in Grenzregionen nach dem Fall des Eisernen Vorhangs. Zwei verheiratete Frauen aus der Provinz haben ein Inserat aufgegeben und sich an einer Autobahnraststätte mit zwei Unbekannten verabredet, die sich als Elch und Bär verkleiden sollen. Auf der Toilette kommt es zum Stelldichein unter Swingern, unter den Kostümen stecken indes die eigenen Männer. *Raststätte* sollte das Satyrspiel zu *Wolken.Heim.* und *Totenauberg* sein. Im November 1994 richtete Claus Peymann am Wiener Akademietheater die verklemmte Uraufführung ein, kurz darauf inszenierte Frank Castorf das Stück am Deutschen Schauspielhaus in Hamburg.

Beeindruckt vom Erfolg der Arbeit Jossi Wielers, ließ Elfriede Jelinek Castorf vollkommen freie Bahn. Sie sagte, er könne alles mit dem Stück machen, und munterte ihn sogar auf, «eine gewisse Respektlosigkeit» walten zu lassen. Der Hinweis wäre nicht nötig gewesen. Von der ersten Leseprobe an trug Frank Castorf sein Missvergnügen am Text machohaft zur Schau. Er begriff das Stück als Gegner, den es mit Theaterblut, Schweiß und Lautstärke zu bezwingen gelte. Auf ihre Weise misstrauen beide, Castorf und Jelinek, dem Empfindungsaustausch zwischen Bühne und Zuschauerraum. Doch während Elfriede Jelinek jeden Ansatz von Einfühlung durch Ironie vereitelt, sucht Castorf das schnellere, härtere, bessere Gefühl.[12]

Die Orgie auf der Toilette, die Elfriede Jelinek in *Raststätte* verwitzelt, fand bei Castorf exzessiv statt. Schauspieler mit blutverschmiertem Nylon auf der Haut lieferten sich eine Körperschlacht in gequirltem Lehm. Vom Theatertext wollte sich Frank Castorf, ganz der Cowboy aus dem wilden Osten, bei seiner Inszenierung nicht reinreden lassen. Lässig zog er auf der Probe eine Kassette aus der Tasche. Es war das Pornovideo, das er bei einem seiner ersten Aufenthalte im Westen erstanden hatte und das während der Aufführung über einen kleinen Monitor flimmerte.

«Stücke, die ich nicht mag, kann ich am besten», sagte Frank Castorf vor der Premiere.[13] Ihn interessierte an *Raststätte* die Frage nach Authentizität, sein Augenmerk war gerichtet auf «Menschen, die ihre Natur verloren haben». Er extrahierte Elfriede Jelineks Thesen und verlegte sie auf ein Nebengleis. Ein Playboy-Häschen radebrechte die Regieanweisungen, statt sie zu befolgen, genervt tunkten die anderen dessen Kopf in einen Wassereimer. Männer murmelten demonstrativ gelangweilt den Text an der Theke beim Bier. Schließlich der Knalleffekt: Auf der Bühne erschien eine monströse Sexpuppe. Sie trug ein schwarzes Kostüm, ihr Gesicht war dem Elfriede Jelineks nachgebildet.

Der Regisseur und sein Ausstatter Bert Neumann hatten ihre Idee lange geheim gehalten. Erst wenige Tage vor der Premiere kam die Puppe auf die Probe. Ihr Kopf war jenem stilisierten Zigarillo-Foto für *Lust* nachgebildet, die Stimme der Puppe kam vom Band. Zwei verhutzelte Männlein, ein Japaner und ein Kellner mit Sombrero, zogen die Kleider über der Puppe weg. Die Brustwarzen blinkten rot. Frank Castorf, das war allen Mitwirkenden klar, wollte einen Skandal.

Elfriede Jelinek kam gemeinsam mit ihrem Mann auf die Hauptprobe. Was sie erwartete, wusste sie nicht. Vom Regisseur wurde sie links liegen gelassen, der Dramaturg saß für alle Fälle in ihrer Nähe. Als sie die Szene mit der Sexpuppe sah, war für die Anwesenden ihr Lachen zu hören. Sonst ließ Elfriede Jelinek sich nichts anmerken. Als sie sich im Anschluss an die Probe über die Inszenierung äußern sollte, parierte sie die Castorf'sche Provokation mit Wiener Schmäh. «So einen tollen Körper habe ich doch gar nicht», sagte sie und fügte hinzu, dass ihre Mutter nichts davon erfahren dürfe.

In einer Vorstellung erlebte Elfriede Jelinek dann die Reaktion des Publikums auf den Regieeinfall. Die Puppe kam herein, aus ihr sprach Unverständliches, sie war, aus Sicht des belustigten Publikums, in ihrem Sprachfluss einfach nicht mehr zu stoppen. «Die wirkliche Autorin im Publikum schaut woanders hin, lächelt verlegen, will ihre Getroffenheit nicht zeigen, sie fährt buchstäblich zurück, während diese Sexpuppe Elfriede auf der Bühne herumfährt», notierte sie.[14] Es sei «sehr zwiespältig» gewesen, sich so lächerlich gemacht zu sehen. «Bitte, vielleicht wäre es leichter gewesen, wenn die Inszenierung nicht so toll gewesen wäre. Aber so.»[15]

Der Auftritt der Autorin als Sexpuppe war ein einmaliger Vorgang. Kein anderer Dramatiker, man denke etwa an Botho Strauß oder Rainald Goetz, ist jemals von der Regie zum Watschenmann eines seiner Stücke gemacht worden. Nicht einmal dem ähnlich exponierten Heiner Müller ist so etwas zu Lebzeiten widerfahren. Rächte Castorf tatsächlich jene «phallische Anmaßung», mit der Elfriede Jelinek, Sigmund Freud zitierend, ihr Schreiben als Frau gerne in Verbindung brachte? Den Reaktionen nach zu schließen, wurde es so verstanden. Das Publikum amüsierte sich, erkannte in der maschinell sprechenden Puppe die Autorin von *Lust,* die gestylte Feministin aus Österreich mit ihrem «Anti-Porno». Wenn man Frank Castorf nicht Bosheit unterstellen möchte, könnte man sagen, er bediente sich eines Jelinek'schen Verfahrens: Indem er eine Moralistin, die gegen den Objektcharakter der Frau protestierte, selber zum faselnden Objekt herabwürdigte, thematisierte er dialektisch die Tragik des vergeblichen Sprechens.

Elfriede Jelinek flüchtete sich in Selbstironie. Sie bezeichnete sich als «Expertin für vermischte Demütigungen aller Art» und schrieb über die Reaktionen des Publikums: «Sie lachen. Sie lachen nicht über das, was ich sage, sie lachen über mich. Das ist schon hart. Ich. Das gibts doch nicht! Die will sie wirklich sein! Also wenn ich sie wäre, die würde ich nicht sein wollen!»[16]

regisseure und anweisungen Die Aufführung mit der Puppe war Elfriede Jelineks zweiter großer Theatererfolg. Wie schon im Jahr zuvor *Wolken.Heim.* wählten die deutschsprachigen Kritiker 1995 *Raststätte* zur «Inszenierung des Jahres», davor hatte Elfriede Jelinek für *Burgtheater* und *Totenauberg* jeweils den Titel «Dramatikerin des Jahres» erhalten. Die Psychologie Wielers und der Aktionismus Castorfs hatten ihrem Bühnenwerk zwei neue Interpretationsansätze hinzugefügt, Elfriede Jelinek reagierte auf diese Erfindungen, wie sie auf so vieles Neue reagierte: Sie ließ sich davon anregen und trieb sie weiter. Sie schrieb Stücke, die noch offener für Deutungen waren, die den Regisseuren noch mehr Freiraum ließen.

Ein Sportstück beginnt mit folgender Regieanweisung: «Die Autorin gibt nicht viele Anweisungen, das hat sie inzwischen gelernt. Machen Sie was Sie wollen. Das einzige, was unbedingt sein muß, ist: griechische Chöre […].»[17] Die vermeintliche Ohnmacht des Autors gegenüber dem Regietheater, das nach allgemeiner bildungsbürgerlicher Überzeugung sowieso macht, was es will, griff Elfriede Jelinek ebenfalls ironisch auf: «Diesmal allerdings, Herr Chef, Frau Chefin, müssen Sie, zumindest in den Grundzügen, die szenischen Anweisungen für die Bühnenaktionen ausführen, die ich vorgegeben habe, denn diesmal sind sie Teil des Textes. Tut mir echt leid.»[18]

Und weil sie seit *Raststätte* damit rechnen musste, von Regisseuren als Figur auf die Bühne gezerrt zu werden, schrieb sie sich selbstironisch in ihre Stücke ein. In *Stecken, Stab und Stangl* wird eine abwesende Autorin beschimpft, in *Ein Sportstück* treten gleich mehrere ihr gleichende Frauenfiguren auf, auch in späteren Stücken schaltet sich immer wieder eine Autorin ein, die das Geschehen auf einer Meta-Ebene kommentiert. Elfriede Jelinek machte sich damit allerdings nicht nur Freunde. Ihre Verlegerin Ute Nyssen hielt *Ein Sportstück* für nicht umsetzbar, und sie fand es nicht angebracht, wie sich die Autorin angeblich eine Opferrolle zuwies. Der Streit kam zum rechten Zeitpunkt. Nyssen & Bansemer gingen daran, aus persönlichen Gründen, wie es damals hieß, ihren Verlag zu verkaufen. Nach *Ein Sportstück* trennten sich die Wege.

Die Regisseure nahmen Elfriede Jelineks Erfindungen begierig auf. Einar Schleef, der 1998 bei der Wiener Uraufführung von *Ein Sportstück* als Schauspieler auf der Bühne stand, rief nach «Frau Jelinek», Jossi Wieler wiederum, der im selben Jahr *er nicht als er* bei den Salzburger Festspielen herausbrachte, bat die Autorin als dreifache «Sie (selbdritt)» herein, wie die frei erfundene Rollenbezeichnung lautete. Der Text, dessen Titel sich aus den Silben von Rob-er-t W-als-er herleitet, ist ein imaginärer Dialog mit dem Schweizer Dichter, der einen Großteil seines Lebens in einer Nervenheilanstalt verbrachte. Bei Wieler betraten drei Kultur-Damen eine Art Aufenthaltsraum, in dem sich ältere Heiminsassen in schäbige Sessel vergruben. Die Damen näherten sich dem verschlossenen Mann in der Mitte in japanischer Designerkleidung (eine trug sogar die zu diesem Zeitpunkt für Elfriede Jelinek charakteristischen Girlie-Zöpfe). Nicolas Stemann, als er 2003 am Akademietheater *Das Werk* inszenierte, ließ unter seinen Schauspielern eine Perücke mit Zöpfen reihum gehen: Wer sie hatte, war dran.

geben und nehmen Elfriede Jelinek hat sich auf die Bedürfnisse des modernen Regieführens, bei dem der Regisseur zum Erzähler wird, eingestellt wie niemand aus ihrer Generation. Ihre Stücke enthielten kaum noch Vorgaben für Regie und Bühnenbild. Die Texte wurden formal zwar monologischer, aber innerhalb dieser Monologe gibt es mehr Auseinandersetzung als zuvor. Die Theatertexte enthalten unzählige Stimmen, Zwischenrufe, Befehle oder Fragen, die jeder für sich selbst ordnen muss. Zugespitzt gesagt, schreibt Elfriede Jelinek Dialoge erst, seit sie keine Dialoge mehr schreibt. Seit sie es den Bühnenpraktikern überlässt, zu filtern, was Rede ist und was Gegenrede, überhaupt herauszufinden, wer mit wem spricht: eine Figur zum Publikum? Eine Figur zu einer anderen? Eine Autorin zur Figur?

Früher hat Elfriede Jelinek bedauert, nicht den *einen* bestimmenden Regisseur gefunden zu haben, wie ihn etwa Thomas Bernhard in Claus Peymann bekommen hat. Doch inzwischen ist ihr daraus ein Vorteil erwachsen. In ihre Dramentexte kann und muss jede Regie etwas hineinlesen. Diese Regisseure ermutigten wiederum Elfriede Jelinek, in der freien Form, die sie mit *Wolken.Heim.* zum ersten Mal erprobt hatte, weiter zu gehen. Ein Geben und Nehmen: Sie gibt Regisseuren freie Hand, lässt sie zu «Co-Autoren» werden, die «das Stück sozusagen erst fertig schreiben»¹⁹, und bekommt auf der Bühne Deutungen zurück, die sie begierig liest, als wären es von Künstlern geschriebene Rezensionen.

Elfriede Jelinek fand auch am Theater eine Methode, Anteil zu nehmen, ohne immer dabei sein zu müssen. Wenn im Wiener Akademietheater Premiere ist, wartet sie fünf Gehminuten entfernt im Café des Hotels Imperial, mit Blick auf die Ringstraße. Kurz bevor die Aufführung zu Ende ist, kommt ein Mitarbeiter des Theaters und geleitet sie zum Schlussapplaus auf die Bühne. Kann sie gar nicht kommen, lässt sie sich unmittelbar nach einer Premiere von Freunden anrufen und sich einen

Live-Bericht aus dem Theater geben. Sie hat ein dichtes Netz von Freunden und Bekannten, die sie mit Zeitungsausschnitten, Informationen aus dem Betrieb und Klatsch versorgen.

Im Theaterbetrieb wurde Elfriede Jelinek heimisch, sie ist darin mittlerweile heimischer geworden als im Literaturbetrieb. Ein Indiz dafür ist das quantitative Verhältnis zwischen Prosa- und Theaterveröffentlichungen. Zwei großen Romanen seit 1990 stehen mehr als ein Dutzend Stücke gegenüber.

● gespenstergeschichte
die kinder der toten 1995

Die Uraufführung des Stücks *Raststätte oder Sie machens alle* wurde in Wien weltberühmt für eine Damentoilette. Das Bild von zwei Burgschauspielerinnen, die mit heruntergezogenen Höschen auf dem Klo sitzen, war im Herbst 1994 das Beweisfoto für den Kulturverfall in Österreich. Über Wochen war das Stück der «Sexorzistin»[1] Elfriede Jelinek an der «Staats-Pornobühne»[2] ein Thema der Medien. Claus Peymann hatte seinerseits die Stimmung angeheizt, indem er ankündigte, nach der Premiere müssten die Autorin und er wohl emigrieren. Der Hausdichter der *Kronen Zeitung,* Wolf Martin, fand hier sein Thema. Im Laufe der Jahre sollte er dann zwei Dutzend bizarre Gedichte über Elfriede Jelinek schreiben. Etwa: «Wenn Peymann nächstes Jahr, gottlob,/die Burg verlässt, sein Biotop,/das er erfüllt mit Sumpfes Fäule,/dann braucht es wohl noch eine Weile,/bis dass die Bretter wieder blank/und sich verzogen der Gestank/des wahrlich penetranten Drecks/der Mühls, Turrinis, Jelineks.»

So groß die Aufregung vor der *Raststätte*-Uraufführung gewesen ist, so schlecht waren die Kritiken danach, für Peymann und für Elfriede Jelinek. In dieser Beziehung unterschied sich die Wiener Erregung von derjenigen um die Hamburger Sexpuppe. Die Inszenierung im Akademietheater war zu schwach für ihren Ruf und lieferte vor allem Elfriede Jelineks Gegnern Argumente für Häme. Wer einst ihren Zorn und Spott abbekommen hatte, allen voran Jörg Haider und seine prosperierende FPÖ, sah jetzt seine Stunde gekommen.

«Lieben Sie Scholten, Jelinek, Häupl, Peymann, Pasterk ... oder Kunst und Kultur?» Dieser Satz stand ein Jahr nach *Raststätte* unter Anführungszeichen auf einem blauen Plakat der FPÖ. Eine einsame Geige war noch abgebildet, darunter der Zusatz «Freiheit der Kunst statt sozialistischer Staatskünstler». Die ehemalige Geigenschülerin Elfriede Jelinek fand sich mit einem Burgtheaterdirektor und drei Politikern auf einem Wahlplakat wieder. Nach der Motivation für die Aktion befragt, meinte der Bundesgeschäftsführer der FPÖ, man hätte es jenen zurückgeben wollen, die die Freiheitlichen kritisierten. «Wir haben schon immer die witzigsten Plakate gemacht.»[3]

jörg haider und die begriffe In den neunziger Jahren beherrschte Jörg Haider das politische Klima in Österreich. Haider, Jahrgang 1950, verkörperte schon als Person alles, was Elfriede Jelinek zutiefst zuwider war. Er war ein Narziss wie aus einem ihrer Bücher, ein Sportlertyp wie Erika Kohuts Klavierschüler Walter Klemmer, allerdings in der Landei-Ausgabe. Jörg Haider stand für Provinzialität, Antiintellektualismus und neues Geld, dem alte Schuld anhaftete (der Grund in Kärnten, den Haider geerbt hatte, war einst «arisiert» worden). Gegen seine Ideologie musste sie schon aufgrund ihrer Familiengeschichte allergisch sein.

Als Haider-Gegnerin war Elfriede Jelinek im öffentlichen Bewusstsein omnipräsent. Sie hatte die Karriere des Oberösterreichers seit den achtziger Jahren mit Protest und literarischen Zuspitzungen verfolgt. An Haider als Prototyp des Verführers hatte sie nichts zu deuten ausgelassen: nicht die ihn umschwänzelnden Jungmännertrupps (österreichisch: «Buberlpartie»), nicht seine zielgruppenbetonten Ankleidegewohnheiten zwischen Lack und Lederhose, nicht seine Verkleidungen von Dirndl bis Rodeo-Outfit bei Festen aller Art. In *Die Kinder der Toten* bleckt ein junger Führer das Gebiss, «die Zähne sind

Flammen, sie verbergen zum Teil das etwas schief geratene Ge-
sichtsfabrikat. [...] So ein Mann hat dieses Land bereits einmal
erbaut (die Pläne hat es sicherheitshalber aufgehoben), und da
der große Aufruhr, den dieses Bauen hervorgerufen hat, ge-
stillt war, reichte man sie wieder ein die Pläne, für eine heftige
Volksbewegung, für eine dritte Republik, aus der Tiefe geholt,
aber doch etwas von oben herab.»[4] Zu jener Zeit wollte Haider
eine «dritte Republik» errichten, und die schiefen Schneide-
zähne ließ er sich gerade richten.

Elfriede Jelinek wandte sich auf allen ihr zur Verfügung stehenden Kanälen gegen Haider. Sie verfasste Gastkommentare
und unterschrieb Petitionen gegen die von der FPÖ forcierte
Ausländerfeindlichkeit. Sie gab Interviews, publizierte in in-
und ausländischen Zeitungen, schrieb 1991 etwa in *La Re-
pubblica* und *Libération* über den «dumpf homoerotischen Verein von gesunden Jungmännern mit gesunder Gesichtsfarbe
und gesunden Ansichten». Sie trat bei einer Demonstration gegen Fremdenhass auf und begleitete einen Trauermarsch zum
Asylgesetz. Sie setzte ihre Unterschrift unter Petitionen und
ging auf die Straße. Sie unterstützte Initiativen wie «SOS Mit-
mensch» und war dabei, als sich 1993 auf dem Wiener Heldenplatz 250 000 Menschen zu einem «Lichtermeer» gegen Ausländerfeindlichkeit formierten. Für ihr Stück *Das Lebewohl*
erwählte sie ihn schließlich als Hauptfigur.

Haider selbst gab sich, wenn er angegriffen wurde, jovial
und – seine größte Stärke – ambivalent. Er hätte derlei nicht
affichiert, meinte er etwa auf Nachfrage zum Plakat mit der
Geige, würde aber seinen Wiener Parteifreunden nichts vor-
schreiben wollen. Das war sein Stil. Wenn er es in seinen Äußerungen, wie über die seiner Ansicht nach «ordentliche Be-
schäftigungspolitik» Hitlers, zu weit getrieben hatte und er
sich entschuldigte, dann mit dem Zusatz «meinetwegen». Dann
wussten seine Fans, dass Haider den «Tugendterroristen», die
ihm die Buße abnötigten, wieder einen Streich gespielt hatte.

Seine größten Schlachten schlug Jörg Haider auf dem Feld der Begriffe, durch sprachliche Verschiebungen und «Ungenauigkeiten», indem er etwa «Straflager» sagte statt Konzentrationslager. Im Kabarettland Österreich war Haider ein rechter Kabarettist, der durch assoziative Logik zu seinen gruseligen Pointen kam. Solange er selber oben nicht angekommen war, konnte er, wie jeder Kabarettist, gegen «die da oben» wettern. «Die da oben» waren die «Altparteien», aber auch ganz allgemein die «Großkopferten», also die Wiener, die Intellektuellen, die Künstler.

Jörg Haider, so schien es, war das lebende Beispiel dafür, dass kein «Gedenkjahr» – ein solches wurde 1988 in Österreich fünfzig Jahre nach dem «Anschluss» begangen – etwas an der Kontinuität eines bestimmten Denkens verändern kann. Zwar gestand Franz Vranitzky 1991 als erster österreichischer Bundeskanzler die «moralische Mitverantwortung für Taten unserer Bürger» im Nationalsozialismus ein.[5] Doch wie weit es mit diesem Bewusstsein her war, demonstrierte der *Krone*-Kolumnist Richard Nimmerrichter alias «Staberl». 1992 nannte er in einem Text, der über die Landesgrenzen hinaus schaurige Berühmtheit erlangte, den Massenmord an den Juden «Märtyrer-Saga» und verglich ihn mit dem «wohl noch barbarischeren Kreuzigungstod Jesu Christi»[6]. Vor diesem Hintergrund schrieb Elfriede Jelinek ihren Roman *Die Kinder der Toten*.

die geister kommen Bei der Wahl des Stoffes hatte sich Elfriede Jelinek von einem ihrer Lieblingsfilme inspirieren lassen, dem Schwarz-Weiß-Gruselfilm *Carnival of Souls* aus dem Jahr 1962. Es geht um eine Organistin, die mit zwei Begleiterinnen bei einem Autounfall im Fluss stirbt und als Untote ihr Leben in einer anderen Stadt weiterführt, als «Somnambuhlschaft des Nichts», wie Elfriede Jelinek es ausdrückte.[7] Aus dem Stoff wollte Elfriede Jelinek «eine kleine Gespenstergeschichte» machen. Die Geschichte wuchs sich aus, am Ende wird Elfriede Jelinek fast drei Jahre daran gesessen haben.

Drei Untote sind die Hauptfiguren. Edgar Gstranz, Gudrun Bichler und Karin Frenzel sind triviale, zeitgemäße Tode gestorben, nun geistern sie durch eine sommerliche Gegenwart in den obersteirischen Alpen. Jeder der drei ist gezwungen, seinen Tod immer wieder von neuem zu erleben: der Leistungssportler Edgar seinen Autounfall, die Philosophiestudentin Gudrun ihren Selbstmord in der Badewanne, die Urlauberin Karin ein Busunglück. Es ist wie in einem Albtraum. Die mit dem Sterben verbundenen Bilder kehren, auf den ganzen Roman verteilt, wieder, jedes Mal ein anderer Ausschnitt, andere Begleitumstände und eine andere Wahrheit.

Nicht nur der eigene Tod beschäftigt Edgar, Gudrun und Karin. Sie, die nicht fertig gelebt haben, holen das vorenthaltene Leben auf ihre Weise nach. «Die Abrechnung bei ihrem Tod war übereilt, denn da war noch ein Stück Gegenwart zurückzulegen, eine Gutschrift, die jetzt eingelöst werden soll.»[8] Sie verüben Verbrechen, gerieren sich wie Vampire, Doppelgänger gesellen sich ihnen zur Seite, sie werden und vergehen. «Der gestockte Blutstrom des Gerichteten wird schütter, die Endmoräne mit den letzten paar Knorpeln schleppt sich noch ein Stück durchs Gras, das sich dahinter rasch wieder aufrichtet, es wächst der Torso, der Golem, zu dem sich das Fleisch wunderbar geformt hat, wieder zusammen [...].»[9] Manchmal machen sie sich unsichtbar, manchmal verwandeln sie ihre Identität und leihen Namen und Gestalt jenen Mannequins, Krankenschwestern, Sportlern oder Wanderern, die ebenfalls ums Leben gekommen sind. Die Lebenden bemerken von diesen Vorgängen nichts.

Die filmische Erzählweise, die Elfriede Jelinek seit ihrem Frühwerk entwickelte, nähert sich in *Die Kinder der Toten* der Übertragung eines gigantischen Sportereignisses, bei dem Dutzende von Kameras über die Strecke verteilt sind. Eine anonyme Bildregie setzt Schnitte und Wechsel, Wiederholungen, Zeitlupen, Superzeitlupen. Immer wieder wird Geschehen verlangsamt, unterbrochen, aus einem anderen Blickwinkel wiedergegeben. Eine Szene, in der Edgar Gstranz mit seinem Auto von der Fahrbahn abkommt und vor der Pension Alpenrose aufkracht, ist über 35 Seiten gedehnt. Es gibt in dem Roman keine Instanz, die das Erzählte bündeln könnte, es gibt nur eine Erzählerin, die sich «Frau Autor» nennt und sich hin und wieder mit Sätzen wie «So, hier sind wir wieder» oder «Erinnern Sie sich bitte» zu Wort meldet.

Der Erzählfluss ist ein einziger Strom, der mit sich reißt, was sich sagen und erzählen lässt: Geschichten, Gedanken, Beispiele, Sprachgebilde, Witze, Kalauer. Namen und No-Names, Anwesende und Abwesende, Lebende, Tote und Untote. Fundsachen aus den Medien und der Mythologie, der deutschen Philosophie und der Wiener Psychoanalyse, Bilder aus der jüdischen Religion und der katholischen Kirche. Was geschieht, passiert nicht im Sinne von kontinuierlichem Spannungsaufbau oder Figurenpsychologie, sondern jeweils in unmittelbarer Reaktion auf das Vorhergehende: mittels Assoziationen, Kalauern und Vergleichen, durch Sprünge, Brüche und Schnitte. Ein Satz scheint den vorigen zu verdrängen, ein Prozess des sprachlichen Überlagerns und Überschüttens bestimmt das Buch. Dieser Vorgang ist – ins Allgemeine, Geschichtliche, Politische gewendet – das Thema des Romans: Verdrängung.

das unheimliche und das verdrängte Eine wichtige literarische Referenz ist *Die Wolfshaut,* der Roman des österreichischen Autors Hans Lebert. Lebert, Neffe des Komponisten Alban Berg, der sich in den Kriegsjahren in der Südsteiermark versteckt gehalten hatte, erzählt die Geschichte eines österreichischen Dorfes mit dem sprechenden Namen Schweigen Anfang der fünfziger Jahre. Bewohner haben dort kurz vor

Kriegsende sechs Fremdarbeiter ermordet. Das Verbrechen war vertuscht worden, doch die Vergangenheit holt die Dorfbewohner ein. Gespenstische Visionen, eine blutgetränkte Spur im Schnee sind die ersten Hinweise auf das Verdrängte. Ein Wolf schleicht um das Dorf und kreist die Bewohner regelrecht ein. Doch die wollen das nicht wahrhaben. Zwei Außenseiter bringen die Tat schließlich ans Licht.

Die Wolfshaut erschien 1960 und war der erste große Roman, der sich mit der österreichischen Verstrickung in Schuld befasste, und er war die Vorgabe für alle Autoren, die sich später mit dem Thema auseinander setzten, wie Thomas Bernhard in *Frost* (1963) oder Gerhard Fritsch in *Fasching* (1967). Schon zum Zeitpunkt seines Erscheinens sorgte *Die Wolfshaut* für Aufsehen, doch von einer breiten Öffentlichkeit wahrgenommen wurde das Buch erst, als es 1991 neu aufgelegt wurde. Elfriede Jelinek schrieb eine Rezension. Sie nannte *Die Wolfshaut* «eins der großen Werke der Weltliteratur» und «auch eins der größten Leseerlebnisse meines Lebens»[10]. Bei Lebert, stellte Elfriede Jelinek fest, entstehe «der große Mythos einer für immer schuldig gewordenen Welt. Eine Gottesgeschichte und gleichzeitig eine Gespenstergeschichte.» Sie interpretiert das Buch, als sähe sie schon ihr eigenes vorglühen: «Die unglaubliche Ungerechtigkeit, daß die einen tot sind und die anderen nicht (auch Canetti hat sie nicht ertragen können), daß für die einen die Zeit zu Ende ist und für die anderen noch nicht – und in diesen unseren Ländern haben die einen dafür gesorgt, daß für die anderen alles für immer beendet worden ist –, diese Ungerechtigkeit führt dazu, daß wir Lebenden uns selbst ständig vernichten müssen, daß wir schon verfallen sind, liegengelassene Pfänder, gerade in unseren eifrigsten Bemühungen, hier zu bleiben, gelbe Spuren in den Tiefschnee zu pissen.»

Auch *Die Kinder der Toten* sind sowohl Gespenster- als auch Gottesgeschichte. Wie durch den Racheakt einer archaischen Gottheit bricht in dem Roman plötzlich der Boden auf. «Ist sie endlich aufgebrochen, die Narbe? Unschuldig ist diese Landschaft von Regen, Hagel und Sturm gequält worden, man sieht es dem Boden an.»[11] An allen möglichen Stellen quillt Haar hervor, das, wie in den Gedichten von Paul Celan, zu einer tragenden Metapher wird. *Die Kinder der Toten* durchzieht ein kontinuierlich sich steigerndes Klagelied über das jüdische Volk, sei es durch Verweise auf seine Geschichte seit dem Auszug aus Ägypten, sei es durch (Nicht-)Erwähnen eines Wortes, «das keiner mehr hören mag: DER ORT IN POLEN.»[12] Der Jüdische Friedhof des Wiener Zentralfriedhofs wird aufgesucht, in dem Elfriede Jelineks Urgroßeltern begraben sind. Im Buch sind ihre Gräber geschändet, als Zeichen für Antisemitismus in einem Land, das sich seiner Juden entledigt hat – «wer hat an Uropa Isidors und Uroma Bettys Grabstein gerüttelt, bis er umgefallen ist?»[13]

Ein paarmal wird die Erzählerin mit der Nase auf ihren Stammbaum gestoßen: «Was sagt der Herr? Im Haus meines Vaters sind viele Wohnungen. Aber allein aus dem Haus von meinem Vati sind mindestens 49 Österreicher verschwunden, die brauchen jetzt keine Wohnung mehr.»[14] Eine Verwandte hatte Elfriede Jelinek ausgerechnet, dass wahrscheinlich so viele entfernte jüdische Verwandte von den Nazis ermordet wurden. Für eine Sekunde taucht im Buch sogar der verschwundene Vater als Geist auf. Die «ewige Tochter» sagt zu ihm: «Was sagst? DU BIST DER EINZIGE, DER SO LANG SCHON WANDERT? Und das sind deine Freunde, die schon lang mit dir mitgehen? Das ist aber nett! Guten Abend gute Nacht!»[15]

Sigmund Freuds Aufsatz über das Unheimliche ist in *Die Kinder der Toten* literarisch umgesetzt. Freud hat auf die Beziehung zwischen «unheimlich» und seinem scheinbaren Gegenteil «heimlich, heimisch, vertraut» hingewiesen: «Unheimlich sei alles, was ein Geheimnis, im Verborgenen bleiben sollte und hervorgetreten ist.»[16] Das Unheimliche, so Freud weiter, sei «wirklich nichts Neues oder Fremdes, sondern etwas dem Seelenleben von alters her Vertrautes, das ihm nur durch den Prozeß der Verdrängung entfremdet worden ist.»[17] Das Verdrängte steigt in *Die Kinder der Toten* aus den heimatlichen Kellern auf. Unter den erweckten Toten sind die Opfer der «Euthanasie» im Krankenhaus Baumgartner Höhe. In einem Keller waren bis vor wenigen Jahren Hunderte Gehirne von Kindern und Jugendlichen, die von den NS-Behörden als «lebensunwert» eingestuft worden waren, in Spiritus gelagert. Von der Erzählerin erweckt, «verlassen gesunkene Menschen ihre absonderlichen Behältnisse»[18] und machen sich mit dem letzten Schnellzug auf den Weg zur Pension Alpenrose, zu einer *danse macabre* mit Diskomusik.

Lange Zeit scheint in *Die Kinder der Toten* die Sonne. Dass mit dem Wetter etwas nicht stimmt, deutet sich an, als Gudrun einmal gähnend an ihr Fenster tritt. Die Erzählerin wirft ein: «Ich wollte die Beobachtung eigentlich für mich behalten, aber die Vögel fliegen, seitdem ich das gesehen habe, nicht mehr auf.»[19] Bald sprengen die «Knochen- und Federpatzerln» toter Vögel den Rasen, Niederschläge setzen ein. Die Hänge und der Boden weichen auf, die ungeheuren Materialströme des Gebirges sind losgelassen. «Die Mure, die Furie» begräbt alles unter sich.

Die Naturkatastrophe wird in *Die Kinder der Toten* eins mit einer Geschichtsapokalypse. Ein letztes Mal werden Zeugen aufgerufen: Johannes und seine Offenbarung, Walter Benjamin und der Engel der Geschichte, Hegel und die Furie des Verschwindens, Synonym für historische Gewalt. Die apokalyptischen Rösser werden «vor ihrem original Wiener Fiaker»[20] angespannt, der Engel der Geschichte watet, anstatt dass er vom Fortschritt weggeweht würde, «mit in Blut eingeweichten und vor der Kamera mit Ariel Ultra gewaschenem Gewand vorwärts»[21], während die Geschichte selbst «immer schneller rückwärts» läuft. Es gibt keinen Fortschritt in dieser Geschichte.

Die Katastrophe wiederholt sich, und die Wiederholung ist die Katastrophe.[22]

Die Arbeit an *Die Kinder der Toten* beanspruchte Elfriede Jelinek wie kein anderes Buch. Sie saß nahezu ununterbrochen an dem Roman und beschränkte ihre Produktion an kleineren Texten auf das Nötigste. «Ich hab' ja jetzt zweieinhalb Jahre an diesem Trumm von Gespenstergeschichte gearbeitet», schrieb sie an Otto Breicha, «jetzt ist sie (so gut wie) fertig, ich bin es auch, aber einmal werde ich auch wieder anfangen.»[23]

1995 beendete Elfriede Jelinek *Die Kinder der Toten,* wie bei jedem ihrer Bücher nahm sie an der Gestaltung des Buchs lebhaft Anteil. Sie wollte, dass der Roman aus zahlenmystischen Gründen 666 Seiten umfasst. Es gab ein typographisches Geschiebe, am Ende hatte der Roman 667 Seiten, aber die letzte blieb unpaginiert. Für die erste Seite hatte Elfriede Jelinek eine Schriftrollenskizze entwerfen lassen, auf der ein Satz aus der jüdischen Kabbala zu lesen ist. Sie wollte, dass das Zitat in hebräischer Schrift gedruckt wird, übersetzt ist es, wenn man es weiß, auf der Rückseite: «Die Geister der Toten, die solang verschwunden waren, sollen kommen und ihre Kinder begrüßen.» Der Umschlag, den wie meistens Klaus Detjen gestaltete, zeigt ein blaues Gespenst auf Knitterpapier vor nachtschwarzem Hintergrund.

Im Nachhinein bezeichnet Elfriede Jelinek *Die Kinder der Toten* als ihr Hauptwerk, als das Buch, «das ich immer schreiben wollte, ja musste». Im August 1995 erschien der Roman. Österreich war eben erst der Europäischen Union beigetreten und bereitete sich auf seinen Auftritt als Schwerpunktland bei der Frankfurter Buchmesse vor. Elfriede Jelinek würde nicht mitreisen. Zur Buchmesse war sie schon seit Jahren nicht mehr gefahren, und wo man sich, flankiert von Jazz-Musik, Burgschauspielern und Veranstaltungen wie «Oh, du mein Österreich» selbst zu feiern gedachte, wollte sie erst recht nicht sein.

Der Absolutheitsanspruch, den Elfriede Jelinek an ihren Roman und an sich selbst gestellt hatte, traf das härteste Urteil: unzufriedenes Lob. Zwar wurde der Roman umgehend *Opus magnum* genannt[24], doch bei aller Anerkennung für den sprachlichen Auftritt hatte der Roman sofort den geschäftsschädigenden Ruf der Unlesbarkeit weg. Im *Spiegel* erschien eine abfällige Mininotiz, und kein Kritiker, auch der wohlgesinnteste nicht, versäumte den Hinweis, dass diese Lektüre Arbeit bedeute und der Inhalt des Buches kaum wiederzugeben sei.

versuchte existenzvernichtung Zur Enttäuschung über die schlechten Besprechungen kam im Herbst die Sache mit dem Plakat. Großflächig hing es eines Morgens über die ganze Stadt verteilt. Elfriede Jelinek wurde durch ihren Freund Daniel Eckert darauf aufmerksam gemacht. Sie selbst sah es, als sie in der Straßenbahn saß. Ihr Mann machte ein Foto, Robert Schindel rief sie an. Sonst meldete sich eine Woche lang niemand bei ihr. So gut wie alle österreichischen Autoren waren mit ihren Reisevorbereitungen für die Frankfurter Buchmesse beschäftigt oder bereits unterwegs. Der Erste, der sich öffentlich äußerte, war der Schriftsteller Peter Turrini. Bei einer Gala in der Alten Oper Frankfurt protestierte er, statt aus eigenen Werken zu lesen, gegen das Plakat und sprach von «versuchter Menschen- und Existenzvernichtung».[25]

So etwas sagte man in diesem Jahr nicht von ungefähr. Eine «Bajuwarische Befreiungsarmee» hatte im Februar 1995 vier Bewohner einer Roma-Siedlung in Oberwart im Burgenland durch einen Sprengsatz getötet und verschickte seitdem Briefbomben an politisch links stehende und sozial engagierte Personen. Ein paar Tage nach Turrinis Rede schon wieder. Turrinis Wortmeldung blieb dennoch die einzige, keiner schrieb einen der üblichen Protestbriefe. Elfriede Jelinek kam sich verraten vor. Sie selbst, so fand sie, hatte «stets funktioniert», erst kürzlich wieder. Als ihre journalistische Freundin Sigrid

Löffler bei *profil* entlassen worden war, hatte Elfriede Jelinek zu Abonnement-Kündigungen aufgerufen, sowie sie sich stets zu Wort meldete, wenn jemandem ihrer Meinung nach unrecht getan wurde. Dann setzte sie sich innerhalb von Stunden an den Schreibtisch, verfasste Leserbriefe oder Zeitungsartikel, in denen sie Stellung nahm. Sie protestierte, als eine Freundin bei einer Stelle an der Universität ausgebootet worden war und eine andere sich vor Gericht wegen Körperverletzung verantworten musste, weil sie angeblich zwei Männer zusammengeschlagen habe. Als Jörg Haider dem österreichischen Dichter H. C. Artmann unterstellt hatte, sein Geld zu vertrinken, und ihm deshalb die staatliche Unterstützung streichen wollte, gründete Elfriede Jelinek sogar ein Komitee (und riet Artmann auch gleich, bei der Frankfurter Buchmesse «vor den Österreich-Pavillon zu scheißen»[26]). Dass das FPÖ-Plakat keine vergleichbaren Solidaritätsaktionen auslöste, verärgerte und verletzte sie.

Von intellektueller Seite wurde Turrinis Wortmeldung überdies als eher unpassend empfunden. Als zu plumper Beitrag für eine politische Debatte, in der sich längst die Frage stellte, ob es nicht die raffiniertere Methode gegen den Populisten Haider wäre, ihm Verantwortung zu übertragen. Gerade der österreichische Eröffnungsredner auf der Frankfurter Buchmesse, der Schriftsteller Robert Menasse, fand das angebracht. Dass es mit der FPÖ eine ernst zu nehmende dritte Kraft gab, sah Menasse als Beitrag zur überfälligen Demokratisierung eines Landes, das seit Ende der Ära Kreisky von großen Koalitionen regiert wurde. Auch andere wähnten sich bereits einen Schritt weiter. Der Essayist Karl-Markus Gauß nannte es ahistorisch und unpolitisch, wie Elfriede Jelinek in *Die Kinder der Toten* Österreich als Kontinuum des Verbrechens dargestellt hatte. Ihre Auffassung von der Vergangenheit entbehre «gänzlich jener Leidenschaft, die noch Lebert bestimmte», jene von der Gegenwart sei «so platt, als hätte die Dichterin Jelinek sie der unermüdlichen

29 **Fotosession für «Lust» im Hotel Sacher, 1988**

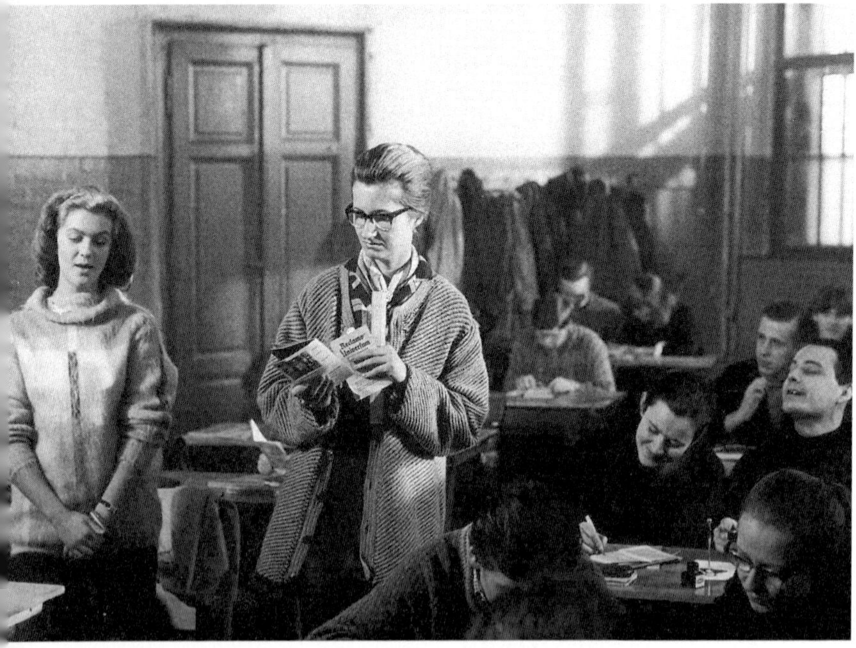

Copyright © Hanus Polak jr., Wien

30 **Mit Alexandra Curtis (links) und Paulus Manker (rechts) im Film «Die Ausgesperrten», 1982**

31 **Isabelle Huppert und Benoît Magimel in «Die Klavierspielerin», 2001**

Foto: Petro Domenigg/filmstills.at

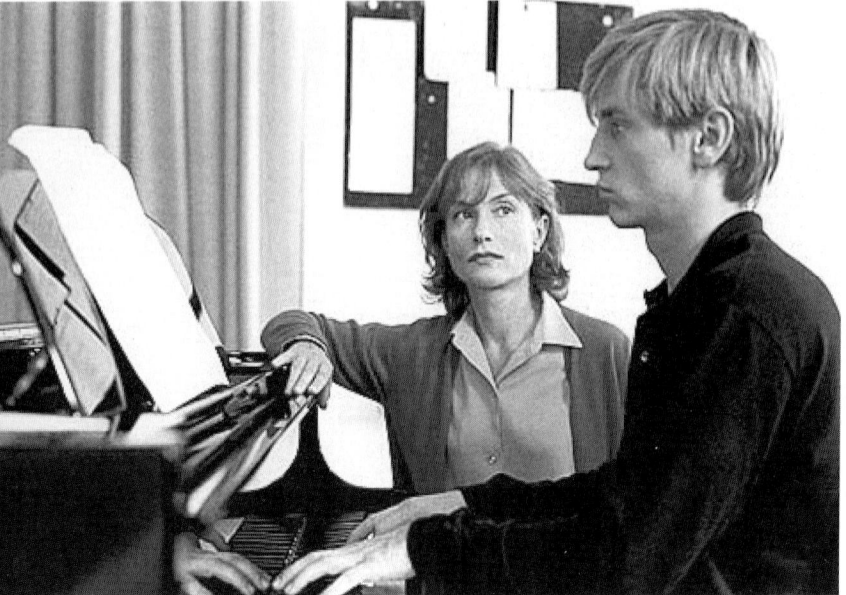

32 **1988**

33 **Szene mit Sexpuppe
in «Raststätte oder
Sie machens alle»,
Hamburg 1995**

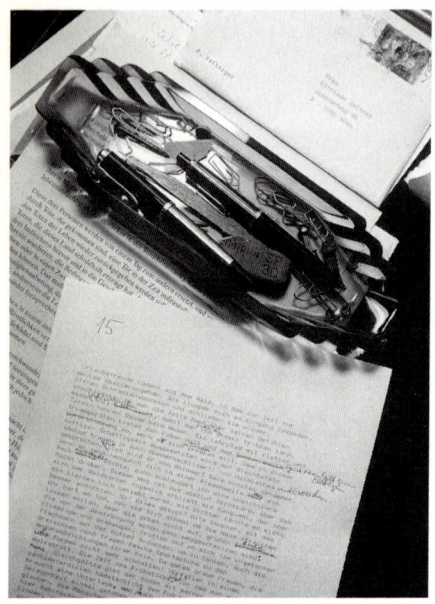

34 **An ihrem Schreibtisch, 1993**

35 **Manuskriptseite**

36 **Am Computer**

37 **Mit Ehemann Gottfried Hüngsberg, 1997**

38 **In ihrem Empfangszimmer, mit Steinway**

39 **An der Orgel**

40 **Bei einer Probe im Akademietheater, 1992**

41 **Mit Ilona Jelinek vor dem Bild ihres Freundes Robert Zeppel-Sperl,**
in den achtziger Jahren

42 **Mit Alice Schwarzer
in der Münchner Wohnung, 1989**

43 **Mit Olga Neuwirth im
«Bubble Chair», 1997**

44 **Mit Elfriede Gerstl
in deren Fundus, 1992**

45 **Dankrede zum Georg-Büchner-Preis, 1998**

46 **Videoübertragung der «Nobel Lecture» in der Schwedischen Akademie in Stockholm, 2004**

47 **An der Seite Einar Schleefs in «Ein Sportstück» auf der Bühne des Wiener Burgtheaters, 1998**

48 **Im «Sportstück»-Chor**

49 **Szene mit Libgart Schwarz in «Das Werk» in Wien, 2003**

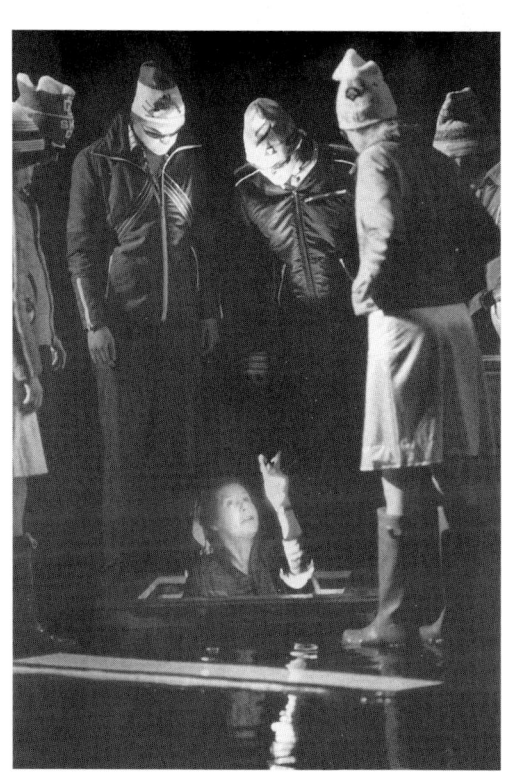

50 **Mit Christoph Schlingensief vor seinem Container in Wien, 2000**

51 **Am Bahnhof Wien-Hütteldorf, 2004**

Öffentlichkeitsarbeiterin Jelinek abgelauscht».[27] Elfriede Jelinek, so konnte man mehrmals zwischen den Zeilen lesen, solle sich mal nicht so haben. Man verstand nicht, warum eine Autorin, die doch wirklich alles gewohnt sein musste, von Haider, von der *Kronen Zeitung,* dieses Wahlplakat nun als totalen Einbruch erleben konnte. Es schien, als wolle man hinter Elfriede Jelineks Images keine reale Person mehr vermuten.

kronen zeitung Elfriede Jelinek überstand diese Wochen, wie sie alle Krisen überstanden hatte. Sie schrieb. Ihr nächstes Stück hatte sie schon fertig, es hatte die Morde an den Roma von Oberwart zum Thema: *Stecken, Stab und Stangl.* Am 20. Oktober 1995 gab sie es ab. Es war ihr Geburtstag und wenige Tage nach Plakathängung, Buchmesse, Briefbomben und einer überraschenden Entscheidung für Neuwahlen, in denen Jörg Haider seinen Anspruch auf Kanzlerschaft anmeldete.

Stecken, Stab und Stangl war ursprünglich eine lockere Idee vorangegangen. Das Schauspiel Frankfurt wollte Elfriede Jelinek zu einem Stück überreden, und um die Schriftstellerin zu inspirieren, hatte ihr Dramaturg Karl Baratta 1995 die *Kronen Zeitung* abonnieren lassen. Er rief beim Abo-Service an und bejahte die kuriose Nachfrage am anderen Ende der Leitung: «Jelinek? Schreibt sich das wie die Dichterin?» So las Elfriede Jelinek eine Zeit lang die *Kronen Zeitung* auf Kosten des Schauspiels Frankfurt, das allerdings nichts davon hatte. Der Theaterverlag wollte die Uraufführungsrechte zweiteilen, der Intendant in Frankfurt, Peter Eschberg, zog sein Interesse zurück. Das Stück kam in Hamburg heraus.

In *Stecken, Stab und Stangl* geht es um Österreich, wie es sich in seinem Sprachrohr, der *Kronen Zeitung,* darstellt. Die *Kronen Zeitung,* genannt *Krone,* ist die einflussreichste Zeitung Österreichs. Man darf sie sich allerdings nicht als herkömmliches Boulevardblatt vorstellen. Optisch wie stilistisch in den fünfziger Jahren verwurzelt, als sie von Hans Dichand übernommen und mit Gewerkschaftsgeldern finanziert wurde, wird die *Krone* von einer Riege alter Männer bestimmt (Herausgeber und Mehrheitseigentümer Dichand ist 1921 geboren, seine Kolumnisten nicht viel später), die sich in patriarchalisch-patriotischem Tonfall in Rubriken zu Wort meldet, die «Menschlich betrachtet», «Staberl», «50 Zeilen mit Gott» oder «In den Wind gereimt» heißen. Damit brachte es die *Krone* in Österreich zu einer Reichweite von mehr als vierzig Prozent. Die *Krone* war es auch, die sich auf die Seite Waldheims schlug und das ausländerfeindliche Programm der FPÖ unterstützte. Berüchtigt war und ist die *Krone* für ihren uneinsichtigen, um nicht zu sagen: perfiden Umgang mit der Geschichte. Sie ist das Sprachrohr eines kindischen Österreich, das nicht verstehen will, was es angestellt haben soll. Die verharmlosenden Aussagen Staberls über den Nationalsozialismus wären in Deutschland undenkbar und hätten wohl strafrechtliche Konsequenzen nach sich gezogen. So hieß es in jener Kolumne 1992: «Die Wahrheit ist wohl einfach. Nur verhältnismäßig wenige der jüdischen Opfer sind vergast worden. Die anderen sind verhungert oder erschlagen worden; durch Fleckfieber, Ruhr und Typhus umgekommen […], erfroren oder an Entkräftung gestorben. […] Warum also hätten sich die Nazis bei der Ausrottung jüdischer Häftlinge die Komplikation antun sollen, alle Juden zu vergasen – wenn es doch so leicht war, sie auf andere, einfachere Weise umzubringen?»[28]

Zitate aus der *Kronen Zeitung* sind das Material des Stücks von *Stecken, Stab und Stangl.* Elfriede Jelinek verwob die täglichen Sensationen und Kolumnen der *Kronen Zeitung* mit Quellentexten zum Holocaust. Der Artikel «Staberls» ist vollständig wiedergegeben, dazwischen stehen Aussagen des Österreichers Franz Stangl, des KZ-Kommandanten von Treblinka. An einer Supermarkttheke unterhält sich der Fleischverkäufer Herr Stab mit seinen Kunden über das Tagesgeschehen. Er heuchelt Anteilnahme mit den Roma, verliert wie seine Kunden aber bald die Geduld. «Einmal muß Schluß sein, meine lieben Verstorbenen! Wir haben auch Feuer im Angebot. Wählen Sie unter fünf verschiedenen Brandbeschleunigern!»[29] *Stecken, Stab und Stangl* handelt von der Kontinuität verbrecherischen Denkens, die sich an nichts so gut zeigen lässt wie an der verkommenen Sprache. Anders als im 23. Psalm Davids («Der Herr ist mein Hirte, mir wird nichts mangeln») können «Stecken und Stab» nicht trösten, nicht, solange es einen Stangl und einen Staberl gibt.

Im Februar 1996 nahm Elfriede Jelinek den Bremer Literaturpreis für *Die Kinder der Toten* entgegen, im April war Uraufführung von *Stecken, Stab und Stangl* am Deutschen Schauspielhaus in Hamburg. Das Plakat und die Folgen wirkten nach. Sie sei erleichtert, dass das Stück nicht in Österreich herauskomme, sagte Elfriede Jelinek vor der Premiere. Gespräche über eine Inszenierung in Wien hatte es wohl gegeben, dass daraus nichts wurde, begründete sie mit ihrer «Feigheit» und «persönlichen Müdigkeit»[30]. Der Hass, der ihr in Österreich entgegenschlage, sei «nicht mehr ertragbar»[31]. Auf Nachfrage von *dpa* meinte sie: «Ich gehe in die innere Emigration. Ich bin jetzt fünfzig und habe es satt, mich ständig zu engagieren und dafür niedergemacht zu werden.»[32]

Zwischen Elfriede Jelinek und Österreich bestand längst ein Verhältnis wechselseitiger Reizung. Ihre Aussage wurde in ihrem Heimatland sogleich mit Thomas Bernhard in Verbindung gebracht, der in seinem Testament festgelegt hatte, dass nach seinem Tod keine Stücke mehr in Österreich aufgeführt werden dürften. Elfriede Jelineks Sätze wurden leicht übertrieben als «Österreich-Boykott» gewertet und zogen eine Flut gehässiger Artikel und Kommentare nach sich. Auch Wolf Martin griff wieder zur Feder: «Schon wieder wirft Frau Jelinek/in einem Stück auf Öst'reich Dreck./Doch weil sie auch noch feige ist/gibt's nur im Ausland diesen Mist./Wär' der Charakter ein Gewand/sie liefe nackt herum im Land.»[33] Aber es wäre nicht

Elfriede Jelinek gewesen, wenn sie nicht weitergemacht hätte. Knapp ein Jahr später gab sie *Stecken, Stab und Stangl* wieder für Österreich frei, in der Regie von George Tabori kam es im September 1997 am Burgtheater heraus. Wenn Elfriede Jelinek gegen die österreichische Medienlandschaft anging, gegen die «Demoralisierung und Verwahrlosung der österreichischen Öffentlichkeit aufgrund der Verkommenheit der österreichischen Presse»[34], wie sie es nannte, erinnerte das in Österreich an Thomas Bernhard. Im «Anschluss»-Gedenkjahr 1988, kurz vor seinem Tod, hatte Bernhard sein größtes Übertreibungskunstwerk vorgelegt, das Theaterstück *Heldenplatz.* Darin dienen die «österreichischen Dreckblätter» *Kronen Zeitung* und *Kurier* nur dazu, «den Blutkreislauf schon in der Frühe zur Raserei» zu bringen.[35]

Im Vergleich zu Bernhards kabarettistischer Verve war Elfriede Jelineks Zugang, wie schon in früheren Texten zu Medien, etwa in *Michael,* diskursanalytisch. Den Unterschied deutete sie in ihrem Nachruf auf den «Giganten» Bernhard an: «Und doch war die große Gesellschaftskritik des Thomas Bernhard die Kritik jedermanns an jedermann. [...] Große Satire ist konservativ. So hat Bernhard an diese österreichische Gesellschaft geglaubt, wie der Kranke ja auch mit verzweifelter Wut zu den Gesunden hinüber möchte [...].»[36]

Sie selbst wollte es anders machen, sie wollte, wie schon in ihrem Stück *Burgtheater,* etwas mit Zitaten und Thesen aufdecken. Im Jahr 2002 beschäftigte sie sich noch einmal mit der *Kronen Zeitung.* In der *Süddeutschen Zeitung* schrieb sie eine ganzseitige Polemik auf die *Krone* und Hans Dichands Lebenswerk: Dieser Mann kenne «keine Hierarchien, Gruppen oder Interessen mehr, nur mehr die Masse, die er selber zum Teig gerührt hat und er ist sie, diese Masse, er ist er selbst in ihr, er hat sie seit Jahrzehnten geformt nach seinem Ebenbild.» Kurz und bildhaft: «Er ist Gott, bei dem das Wort ist.»[37] (Dichand in einer Reaktion: «So kann man mit Gott nicht umgehen.»[38])

elfriedejelinek.com Während Elfriede Jelinek sich für einige Zeit aus der Öffentlichkeit zurückzog, erschloss sie sich ein neues Medium: das Internet. Im Mai 1996 ging sie mit ihrer Homepage online. Unter der Adresse *elfriedejelinek.com* veröffentlichte sie von da an regelmäßig neue Texte. Nicht immer zur Freude ihrer Buch- und Theaterverleger, publiziert sie gewissermaßen im Eigenverlag Stücke, Prosa und vor allem Essays zur Musik, zum Theater, zum Film, zur Kunst, zu Politik und Gesellschaft.

Ihr Mann wartet die Homepage. Er stellt online, was Elfriede Jelinek für Zeitschriften und Zeitungen geschrieben hat und freigibt, um es elektronisch zu archivieren. Zusammen suchen sie Fotos aus, schreiben Bildunterschriften, wie eine kleine Redaktion. Auf der Homepage finden sich weder Animationen, Verkaufslinks noch Werbung, weder Pressezitate, Kontaktadressen noch Terminhinweise. Dafür gibt es 1300 Seiten Text, karg gerahmt und rubriziert. Das Internet wurde Elfriede Jelineks Art, eine Chronik zu führen. Sie schreibt autobiographische Notizen unter dem Schlagwort «Biomüll» oder reagiert in kurzen Texten tagesaktuell auf das Geschehen. Durch das Internet fühlt sich Elfriede Jelinek von dem Druck befreit, zwischen zwei Buchdeckeln etwas für die Ewigkeit schaffen zu müssen, keine Essay- oder Kurzgeschichten-Sammlung ist bisher in Buchform erschienen. Und sie hat mit dem Internet das ideale Medium gefunden, sich zu präsentieren: vor den Augen der (globalen) Öffentlichkeit und doch nicht greifbar. *elfriedejelinek.com* ist für Elfriede Jelinek der ideale Zustand des In-der-Welt-Seins geworden. Sie konnte vom Schreibtisch aus nach draußen senden, so wie sie einst als Klavierspielerin vor dem offenen Fenster gespielt hatte, sie war zu vernehmen und doch nicht zu verorten.

Politisch unternahm Elfriede Jelinek vorläufig nichts mehr. Sie unterschrieb keine Petitionen und trat auf keinen Veranstaltungen auf. Das intellektuelle Milieu in Österreich nahm diese Haltungsänderung ambivalent auf. Es gab Stimmen, die ihren Rückzug für unergiebig, ja feige hielten. Wenn sie sich daraufhin doch wieder äußerte, meldeten sich andere, die fanden, dass Künstler die Politik den Berufenen überlassen sollen. Unterschwellig ging es dabei wohl auch um die Rolle der 68er. Mit den 68ern wurde auch in Österreich abgerechnet – freilich in abgeschwächter Form, so wie das Jahr 1968 auch in äußerst abgeschwächter Form übers Land gekommen war. Die Diskussion wurde als Diskussion über die Aufgabe von Künstlern geführt, die Generation der politisierten Denker und Schriftsteller wurde infrage gestellt, egal, wofür sie stand oder wogegen sie war, exemplarisch traf es ihre bekannteste Protagonistin Elfriede Jelinek.

Zweifel an ihrer Rolle als öffentliche Person und politisch engagierte Künstlerin durchziehen *Ein Sportstück*. «Wer gegen wen?», sagt eine schreibende, älter werdende Frau da. «Alle hören mir nicht mehr zu, weil ich mich beim Sprechen wehleidig winde wie in meinem Gymnastik-Einzelkurs mit der neuesten Selbstbaumusik: eine Göttin, die nicht mehr gebären kann.»[39] Eine andere Frau kommt dazu, während ein Täter auf ein Opfer eintritt. Aber sogar vom Opfer wird sie verlacht, das auf ihre Dienste gerne verzichtet: «Haha, die blöde Kuh hält sich für eine Königin, nur weil sie sich die Brüste abschneiden würde, um in die Zeitung zu kommen! [...] Die soll an ihren eigenen Lauten zerschellen, die komische Gewitterziege, also komisch finde ich persönlich sie nicht. Diese öde Krampfhenne.»[40]

dichter der nichtsgewissheit 1998 lud Ivan Nagel, für ein Jahr Schauspieldirektor der Salzburger Festspiele, Elfriede Jelinek ein, bei ihm «Dichterin zu Gast» zu werden. Erst beim dritten Anlauf gelang es ihm, sie zu überzeugen, dann aber stürzte sie sich in die Arbeit. Sie konzipierte das Programm, die Arbeit habe ihr geholfen, die Trauer und die Angst zu bewältigen, wie Ivan Nagel meinte.[41] Mit Hilfe der Dramaturgin Brigitte Landes plante sie Lesungen und ein Ein-Tages-Fest unter dem Titel «Reise durch Jelineks Kopf», mit Modenschau, Musikdarbietungen und Horrorfilmen. Sie vertiefte sich in das monumentale Werk der verkannten österreichischen Autorin Marianne Fritz, das sie einem breiteren Leserkreis präsentieren wollte, und schrieb für Salzburg das Robert-Walser-Stück *er nicht als er.*

Überhaupt fungierte Walser, einer ihrer liebsten Schriftsteller, in diesem Sommer als schutzloser Schutzpatron aller «Dichter der Nichtsgewissheit». Der Dichter-Typus, zu dem sich Elfriede Jelinek hingezogen fühlte, ist «nicht heimisch und weiß auch nicht, wo sonst er sein sollte»[42]. Sie veranstaltete eine Lesungsreihe mit dem Titel «Jelineks Wahl», in der es um «Literarische Verwandtschaften» ging, und gab gemeinsam mit Brigitte Landes ein Buch dazu heraus. Zu den Schriftstellern, denen sie sich verwandt fühlte, gehörten noch Friedrich Glauser, Paul Celan, Walter Serner, Konrad Bayer, Sylvia Plath sowie Friedrich Hölderlin und Georg Trakl.

Sie lud Freunde und gute Bekannte ein, die ihr den Rücken stärkten und von denen es unzählige gab und gibt. Sie ließ Freunde und Lieblingsautoren in Lesungen auftreten, wie etwa Wolf Haas, Elfriede Gerstl, Heidi Pataki, Sissi Tax und Gerhard Rühm. Elfriede Jelinek ist, grundsätzlich gesprochen, ein Vernetzungstalent. Auch wenn sie nicht oft unter Leuten ist, bringt sie doch Leute zusammen. Sie leitet Informationen weiter, von denen sie weiß, dass sie zwei Personen miteinander verbinden könnten, und stiftet so künstlerische Verbindungen. Sie fördert unbekanntere Schriftsteller und ziert sich nicht lange, wenn es darum geht, Laudationes zu halten oder Empfehlungsschreiben zu verfassen. Sie interpretiert Bücher von Bekannten in langen Nachworten oder gibt ein Statement ab, das man für den Buchumschlag verwenden kann, oder setzt sich zur Buchpräsentation aufs Podium. Sie schreibt Essays über die Kunst und Filme ihrer Freunde und Kollegen und erwähnt deren Namen, wo es geht. Texte sind ihre Art, sich mit Leuten in Beziehung zu setzen, Freundschaften zu pflegen und Kontakte zu halten, ihre Weise, sich an Leute zu verschenken.

Sie lässt Freunde und Freundinnen teilhaben an ihrem Leben, indem sie ihnen ihre Kunst in die Hand gibt, den Komponistinnen Libretti, den Regisseurinnen Stücke, den Übersetzern Essays. Sie hat für eine Fotografin posiert, für eine Ausstellung Stofftiere gestrickt, für eine Modeschöpferin Modelle vorgeführt, in Filmen von Freundinnen und Bekannten mitgewirkt. Sie kann sich bedingungslos für andere interessieren und deren künstlerische Leistungen bewundern. «Sie ist da wie ein Kind, das nicht aus dem magischen Alter heraus ist», sagt Brigitte Landes. «Deshalb kann sie vieles auf sich beziehen und sich in einen ungeschützten Zusammenhang mit den Dingen bringen.»[43]

Das Netz, das Elfriede Jelinek zwischen ihren Wohnsitzen München und Wien aufgebaut hat, mit vielen Kontakten außerdem in Berlin, ist dicht gesponnen. Elfriede Jelinek empfängt Besuch zu Hause oder trifft sich im Kaffeehaus. Sie schreibt viele E-Mails am Tag und beantwortet eintreffende innerhalb kürzester Zeit. E-Mails sind ihre ideale Form der Kommunikation, schriftlich und doch spontan. Brigitte Landes beschreibt eine «große Zugewandtheit, wenn etwa ein Autor ihr etwas schickt. Per E-Mail ist sie einem dann ganz nah.»

Elfriede Gerstl schrieb: «Elfriede Jelinek, die ich seit mehr als 20 Jahren als hilfsbereite und solidarische Freundin kenne, die für jüngere Autorinnen/Autoren Manuskripte an Verlage schickt, Geld herleiht, mitunter modesensiblen stieren (Kunst-) Studentinnen einen Mantel oder Schuhe abkauft, macht es ihr Übelwollenden/von ihr Irritierten leicht, weil sie diese freundliche schüchterne Jelinek ja vor anderen als ihren wenigen guten Freunden verbirgt. Öffentlich erscheint sie distanziert und distanzierend, sie muß gar nichts Provokantes mehr äußern, um z. B. bei Journalisten [...] aggressive Phantasien zu evozieren.»[44] Ihr Verhalten Kollegen gegenüber wird von diesen als mustergültig beschrieben, Gert Jonke vergleicht Elfriede Jelinek mit Thomas Bernhard, dessen Platz sie in der öffentlichen Wahrnehmung ja eingenommen hat: «Er war für mich und für viele andere eine Art Naturereignis und wir dachten, er sei auf unserer Seite und umgekehrt. Mit der Zeit merkte man, dass er nach einer kriegerischen Methode alles besetzte und keinen Raum für andere ließ. Elfriede Jelinek ist keine Diktatorin, sie besetzt kein Land. Ich konnte mich immer freuen, wenn es ihr gut ging.»[45]

Zu Ehren der «Dichterin zu Gast» hatte man ein Plakat mit Elfriede Jelineks Porträt an der Fassade des Festspielhauses angebracht. Die Reaktion, die das Bild in Salzburg, der barocken Stadt des Klerus, auslöste, könnte aus einem Roman von Wolf Haas stammen. Der Salzburger Weihbischof Andreas Laun schrieb einen Leserbrief an die *Salzburger Nachrichten*, dass er es nicht mehr wage, am Festspielhaus vorbeizugehen, «dort würde mich das überlebensgroße Bild von Frau Jelinek an ihre Klosetts auf der Bühne des Burgtheaters erinnern und daran, wie unflätig sie sich über Christen äußert und wie sie über Salzburg schimpft (statt abreist!).»[46] Wenig später wurde das Plakat mit Jelineks Porträt von unbekannten Tätern von der Festspielhausfassade gefetzt.

Gottfried Hüngsberg machte ein Foto seiner Frau vor der entstandenen Lücke, Elfriede Jelinek selbst ließ sich nicht beirren. In sommerlichem Schick zeigte sie sich in der Stadt, sie besuchte Ausstellungseröffnungen und Premierenfeiern. Sie schickte eine Gummiente für Christoph Schlingensief an den nahe gelegenen Wolfgangsee. Schlingensief hielt sich dort mit der von ihm gegründeten Partei «Chance 2000» auf und wollte mit fünf Millionen Arbeitslosen baden gehen, um auf diese Weise Helmut Kohls Ferienhaus zu fluten. Nach der Aktion fuhr Schlingensief ins Salzburger Landestheater und beteiligte sich an einer Dauerlesung von *Die Kinder der Toten*.

Das Jahr 1998 war eines ihrer erfolgreichsten Jahre. Am Wiener Burgtheater war *Ein Sportstück* mit großer Resonanz uraufgeführt worden, und Elfriede Jelinek bekam den Büchner-Preis, die höchste deutschsprachige Auszeichnung für Literatur. Damit stand sie endlich in einer Reihe mit ihren Landsleuten Ingeborg Bachmann (sie erhielt den Büchner-Preis 1964), Thomas Bernhard (1970), Peter Handke (1973), Ernst Jandl (1984), Erich Fried (1987) und H. C. Artmann (1997). Im Oktober nahm Elfriede Jelinek den Preis in Darmstadt entgegen. Sie hatte eine Dankesrede geschrieben, in der sie sich auf den kämpfenden, den steckbrieflich gesuchten Georg Büchner bezog; und auf den schnellen Sprachmonteur, der wörtlich die Reden der Französischen Revolution in sein Stück *Dantons Tod* eingebaut hatte, eine Technik des Zitierens, in deren Tradition sie sich sieht. «Der Student hat sich [...], denn viel Zeit hatte er nicht, von andren ein wenig Sprechen genommen, das bereits vorhanden war, weil es ihm dort hineingepasst hat, wo er es für sein Sagen gerade gebraucht hat.»[47]

Ivan Nagel nannte Elfriede Jelineks Werk in seiner Laudatio «fast unerträglich; aber es ist groß und notwendig»[48]. Und er richtete seinen Blick auf die gesellschaftliche Sprengkraft des Werks. Mehr Feindschaft als Elfriede Jelinek habe wohl, «außer den deklarierten Staatsfeinden totalitärer Regime, kein Schriftsteller dieser zweiten Jahrhunderthälfte auf sich gezogen»[49]. Sie war auf diese Bilanz nicht stolz. Weniger Feindschaft wäre ihr angenehmer gewesen.

● der wanderer

ein sportstück 1998

Immer wieder wurde Elfriede Jelinek gefragt, ob sie sich nicht, nach der großen Abrechnung mit der Mutter in *Die Klavierspielerin,* auch mit ihrem Vater literarisch beschäftigen wolle. Jedes Mal verneinte sie, obwohl das Bild des Vaters ihr bisweilen ins Werk gerutscht war, etwa in *Die Klavierspielerin* oder in *Die Kinder der Toten*. Man kann vor allem *Die Klavierspielerin* auch als Versuch lesen, *nicht* über den Vater schreiben zu müssen, als Umkreisen einer Leerstelle. «So ist das mit dem Wesen der Wahrheit, die es nicht gibt, obwohl sie überall geschrieben steht. Ein blinder Fleck, der aufgeschrieben wurde, indem er nie aufgeschrieben wird. Indem um ihn herumgeschrieben wurde», heißt es in Elfriede Jelineks Monolog *Das Schweigen* (2000).[1] In dem Stück arbeitet eine Figur, die in ihrer monomanen Art zu reden einem Thomas Bernhard'schen Charakter nachempfunden ist, an einer Schrift über Robert Schumann. Doch der Sprecher kommt nicht auf den Punkt, er kommt zu nichts. «Indem ich schweige, zeige ich Ihnen das Innigste, mein Innerstes, das Nichts, das da entsteht, indem ich daran schreibe.»[2]

Die Erinnerung an den Vater war für Elfriede Jelinek überlagert von der Erfahrung eines schleichenden Verlusts. Friedrich Jelineks Krankheit war eine zentrale Erfahrung ihrer Kindheit und darüber hinaus gewesen. Es begann damit, dass seine Schrift zittrig wurde, dann kam die Phase, in der der vormals so witzige und eloquente Vater sich immer schlechter artikulierte, bis er schließlich ganz verstummte, niemanden mehr erkannte, die tschechische Pflegerin im Heim für seine Mutter hielt. Den Sprachverlust ihres Vaters erlebte Elfriede Jelinek als gleichbedeutend mit Existenzverlust. Vielleicht ist ihr Werk, vor allem in seiner späten Phase, auch deshalb ein so gewaltiger Sprechakt. Nur solange man spricht, lebt man.

Das letzte Mal hatte sie Friedrich Jelinek im privaten Pflegeheim gesehen, die Trauer um den Vater war jahrzehntelang begleitet gewesen von der Vorstellung, sich ihm gegenüber nicht richtig verhalten zu haben, von einem schlechten Gewissen, wie es Kinder haben, wenn sie sich für das Schicksal eines Erwachsenen die Schuld geben. Nach dem Verdrängungsroman *Die Kinder der Toten* wurde die Beschäftigung mit dem Vater nun Thema ihres Werks.

1997 schrieb Elfriede Jelinek *Ein Sportstück*. Das Stück ist wie eine antike Tragödie gebaut, einzelne, statische Sprecher wechseln sich mit dem Chor ab. In dem Stück ist die durch banale Sportereignisse geformte Masse aufgestellt, als ginge es in eine antike Schlacht. Eine Mutter sagt: «Bitte, mein Sohn, geh heute einmal ausnahmsweise nicht auf den Sportplatz! Ich bin innerlich so bang, daß ich dich nicht wiedersehe!»[3] Der Mensch erscheint als ewig auf Krieg gestimmtes Wesen, Sport ist Metapher für ausgrenzende Gewalt.

papi Zu Beginn und gegen Ende tritt in *Ein Sportstück* eine Figur namens Elfi Elektra auf. Wie ihr mythologisches Vorbild hat sie einen toten Vater zu beklagen und eine Mutter anzuklagen. «Also ganz kurz: Meine Mami hat meinen Vater wie einen Hund begraben, ohne Begräbnis verscharrt [...]⁴.» Im letzten Bild spricht eine Figur, die sich «Die Autorin» nennt und, wie es in einer Szenenanweisung heißt, auch von Elfi Elektra gesprochen werden kann. «Und ich habe selber dabei mitgemacht, als mein Papa umgebracht worden ist. Das wollte ich Ihnen jetzt, da wir allein gemütlich beieinander sind, noch einmal sagen. Bitte lassen Sie mich einmal wenigstens ausreden!»[5] *Ein Sportstück* kulminiert in der Anrufung des Vaters, eines erst durch Nichtsprechen bestrafenden, dann langsam verstummenden und schließlich ganz verstummten Mannes. Der Monolog ist getragen von Scham, Wut und Schuldgefühlen. «Papi. Du sollst jetzt bitte auftreten und mir einen Vorwurf machen. Aber du kannst dich mir ja schließlich nicht nachtragen! Da warst du und ich hab dich nicht gesehen. Wo ich jetzt bin, bist du halt nicht. Bitte, da ist dein letztes Bettzeug aus dem Irren-Haus, ich habe dafür gesorgt, daß es nachgewaschen wurde [...].»[6]

Eingearbeitet ist das Gedicht *Daddy* von Sylvia Plath aus dem Jahr 1962. In *Daddy*, von Erich Fried mit *Papi* übersetzt, imaginierte Plath ihren früh verstorbenen Vater, einen deutschstämmigen Insektenforscher aus Polen, als Nazi. Dem Vater gegenüber steht ein Ich, das redet «wie ein Jud». Berühmt ist die Plath'sche Zeile «Jede Frau liebt einen Faschisten» und der Schlussvers «Papi, Papi, du Dreckstück, zwischen uns ist es aus»[7]. Bei Elfriede Jelinek ist es dagegen Papi, also der von den Nazis ausgesonderte, zum Stillhalten verdammte Vater, von dem es heißt: «Du hast manchmal geredet wie ein Jud.» Die Angst vor ihm ist nicht «absolut», wie es bei Plath heißt, «sondern daß du nicht daß du nicht daß du nicht geredet hast. Manchmal wochenlang.»[8]

tragödie Als Elfriede Jelinek ihr Stück fertig hatte, beteiligte sie sich, wie sie es gerne tat, tatkräftig an der Suche nach einem Regisseur für die Uraufführung. Freunde hatten ihr von Einar Schleef erzählt, Elfriede Jelinek las 1997 sein gerade erschienenes Buch *Droge Faust Parsifal*. Sie schlug ihn dem Burgtheater als Regisseur vor. Er bekam das Stück zugeschickt, drei Tage später sagte er zu. Er hatte nur eine Bedingung an die Direktion des Burgtheaters: Großes Haus. Auch für Elfriede Jelinek war es das erste Mal auf der großen Bühne am Ring.

Einar Schleef, 1944 geboren und im thüringischen Sangerhausen aufgewachsen, war Maler, Schriftsteller, Theaterregisseur, Bühnen- und Kostümbildner. Zwei Themen haben ihn ein Leben lang beschäftigt: seine Mutter und die Tragödie. Über die allgewaltige Mutter, die ihn in ländlich-archaischen Verhältnissen großzog, schrieb er den Roman *Gertrud*. In seiner Theatertheorie beklagte er das Verbanntsein der Tragödie und des Matriarchats aus dem Drama, seit – mit Medea – die letzte trauernde Frau aus dem Zentrum der Handlung verschwunden sei. Schleef wollte die Frau zurückholen und wieder mit dem Chor verbinden. Mächtige Sprech-, Gesangs- und Bewegungschöre, die sogar Stücken von Hauptmann, Brecht und Hochhuth antikische Strukturen verliehen, wurden seine Spezialität. Trauerarbeit verstand Einar Schleef als Staatsaufgabe, und deshalb sollte sie am Staatstheater stattfinden.

Elfriede Jelinek traf Einar Schleef im Café Museum, dem verrauchten Treffpunkt für Künstler und Müßiggänger. Schleef kam zu spät, weil er unterwegs oft stehen geblieben war und seiner Dramaturgin Rita Thiele Vorträge über Wien gehalten hatte. Schleef kannte die Stadt, 1976 hatte er einen Arbeitsaufenthalt am Wiener Burgtheater genutzt, um die DDR zu verlassen. Elfriede Jelineks Unterhaltung mit Schleef verlief stockend, Momente peinlichen Schweigens entstanden. Die Unterschiede zwischen Jelinek und Schleef hätten auch nicht größer sein können. Sie sah sich einem vierschrötigen Ostdeutschen gegenüber, er sich einer kapriziösen Dame aus Wien. Als vor dem Kaffeehausfenster ein Zug Kostümierter vorbeimarschierte, stand Einar Schleef abrupt auf und ging.

Seinen Schauspielern gegenüber hatte Schleef ehrfürchtig von einem Text «zum Niederknien» gesprochen und von einer Sisyphus-Arbeit, die ihnen bevorstünde: «Es wird anstrengend sein, diesen Brocken, den sie uns da hingeschmissen hat, zurückzurollen.»[9] In seiner Inszenierung bewegte er einen gewaltigen Chor, das Grundbild waren etwa fünfzig Personen in weißer Turnerkluft, aufgestellt nach einem Foto aus den dreißiger Jahren, auf dem sich die Massen zwischen Burgtheater und Wiener Rathaus ertüchtigen. Der Chor repräsentierte, wie im antiken Theater, Krankheit, allerdings unter umgekehrten Vorzeichen: Krank ist das so genannte Gesunde, Sportliche, das Starke, das den Schwächeren ausstößt. Der Chor verstärkte, was die Solisten deklamierten, oder wechselte opportunistisch die Seiten. In oft zigfacher Wiederholung spuckte er Sätze aus und turnte im Rhythmus der Sprache.

Den Text der «Autorin» sprach Einar Schleef selbst. Elfriede Jelineks Papi-Text war auf ein Bodentuch gedruckt, Marianne Hoppe, die ursprüngliche Wunschbesetzung für die «Autorin», konnte sich nicht mehr gut Text merken und sollte den Monolog im Abschreiten lesen können. Doch Hoppe hatte abgesagt, andere Schauspielerinnen ebenfalls, und so hatte der Regisseur den Text einstudiert. Schleef betrat das beschriebene Bodentuch, in Frack und Socken, die Schuhe hatte er in der Hand. Er sprach den Text nicht verletzlich oder latent aggressiv, wie man ihn beim Lesen verstehen würde, er brüllte ihn. Zwischendurch unterbrach er sich immer wieder und sprach die wirkliche Autorin direkt an: «Da fehlt ein Wort, Frau Jelinek!», oder «Das ergibt keinen Sinn!» Wenn er, an Papis Adresse, lesen sollte: «Ich bin allerdings die einzige in meiner Nähe. Hast du eine Ahnung, wie die Leute sich hier für mich genieren!», schrie Schleef: «Ich auch, Frau Jelinek! Für mich geniert sich auch jeder!» Wenn der Text lautete: «Ich bin so lächerlich, lächerlich, lächerlich», tobte er, als Schleef: «*Ich* bin lächerlich!» Und immer wieder dazwischen das schneidende «Papi!».

In einer Mischung aus Rivalität und Verbundenheit mit einer, die sich «selbst ausstößt und ausgestoßen wird», wie Schleef einmal über Elektra sagte[10], forderte er Elfriede Jelinek schließlich lauthals auf, den Text mit ihm «gemeinsam durchzugehen». Elfriede Jelinek stand gerade in der Bühnengasse, sie wartete darauf, zum Verbeugen hinauszugehen. Sie sagt, sie wüsste bis heute nicht, ob Schleef die Aufforderung wörtlich gemeint und gewollt hätte, dass sie zu ihm hinauskäme. Sie blieb auf ihrem Platz hinter der Bühne.

Berühmt wurde die Uraufführung nicht zuletzt durch einen theatralischen Akt der anderen Art. Einar Schleef hatte sich plötzlich vor der Loge des Intendanten Claus Peymann auf die Knie geworfen, der Chor in Matrosenuniformen kniete ebenfalls. Wie ein Untertan vor seinem Kaiser flehte Schleef darum, die mit 23 Uhr angesetzte Sperrstunde hinausschieben zu dürfen – «damit wir diese Aufführung zu Ende spielen können, wenigstens in dieser Kurzfassung!». Peymann erlaubte es, nach ein Uhr morgens klatschten die Zuschauer noch immer. Unter ihnen war auch Ilona Jelinek, die gemeinsam mit ihrem Schwiegersohn in einer Loge saß. Sie hatte es sich auch mit 93 Jahren nicht nehmen lassen, die Uraufführung ihrer Tochter zu besuchen. Die Autorin und der Regisseur verbeugten sich schließlich Hand in Hand.

nicht zu viel nähe Für Elfriede Jelinek war Einar Schleef nicht nur ein Regisseur, der ihr zu einem Triumph am Wiener Burgtheater verholfen hatte. (*Ein Sportstück* wurde zum Theatertreffen eingeladen und mehrfach ausgezeichnet.) In ihm sah sie jemanden, der ihre Texte durchdrang, der der Monomanie ihres Sprechens seine eigene Monomanie entgegensetzte. Elfriede Jelinek führte die empfundene Nähe psychologisch auf Schleefs kleinbürgerliche «Gigantenfamilie»[11] zurück, an der er sich abgearbeitet habe – als «lebender Drillbohrer in seinem eigenen Fleisch. Aber am Ende war da immer: die Mutter, die Mutter, die Mutter.»[12]

Sosehr Elfriede Jelinek Schleef auf künstlerischer Ebene verbunden war, so ruppig wurde sie von ihm persönlich behandelt. Schleef, der Fragen wie Angriffe parierte, konnte mit Elfriede Jelineks koketter Ironie nichts anfangen und fand das Gewese um ihre Person, die Leute, die ihr im Kaffeehaus ihre Aufwartung machten, albern. Sie wurde von ihm fast geschnitten. Sei es, weil er sich nicht in die Karten schauen lassen wollte, sei es aus «Doppelgänger-Scheu», wie Freud einmal sein Verhältnis zu Schnitzler genannt hatte. Nach der Generalprobe zu *Ein Sportstück* saßen Elfriede Jelinek und er in der Kantine an verschiedenen Tischen, weil «nicht zu viel Nähe» sein sollte, wie Schleef meinte.[13] Karin Rocholl wollte die beiden zusammen fotografieren, aber Schleef postierte immer neue Schauspieler zwischen sich und Elfriede Jelinek. Die Fotografin stellte die beiden schließlich in eine Ecke, Rücken an Rücken. «Wir brauchen jetzt nur noch Pistolen», sagte Elfriede Jelinek. «Wieso, ich hab' doch Ihren Text», antwortete Einar Schleef.[14]

Bei der dritten Vorstellung ging Elfriede Jelinek selbst auf die Bühne. Schleef konnte nicht spielen, weil er am selben Tag für *Droge Faust Parsifal* den Bremer Literaturpreis entgegennahm, und so sprang sie ihm zuliebe als «Autorin» ein. Elfriede Jelinek, deren ausschwingender Gang halb tänzerisch, halb ferngesteuert wirken kann, schritt zu ihrem Auftritt über das Bodentuch wie eine Seiltänzerin: mit der höchsten Aufmerksamkeit für den Punkt, den sie mit zehn Schritten erreicht haben würde. Mit Mikroport las sie ihren Papi-Monolog, sehr leise und diszipliniert, mit den für ihre Lesetechnik typischen gleichförmig weichen und ansteigenden Satzenden, die auf ein Weiter, ein Noch-nicht-zu-Ende verweisen. In der einmaligen Aufführung der «Langfassung», in der Schleef alle geprobten Szenen zeigen durfte, trat Elfriede Jelinek noch einmal auf. Diesmal gingen Einar Schleef und sie gemeinsam den Text durch.

der sprechende vater Elfriede Jelinek hatte in Schleef einen Widerpart gefunden, für den sie ihre nächsten Stücke denken wollte. Er war das Ideal einer künstlerischen Beziehung, jemand, der ihr ebenbürtig war und doch vollkommen unabhängig. Und er war derjenige, der die Trauer um ihren Vater als Subtext von *Ein Sportstück* erkannt und ihr Ausdruck verliehen hatte. Elfriede Jelinek entwarf *Macht nichts. Eine kleine Trilogie des Todes*. Thematisch sollte es eine Art Nachspiel von *Ein Sportstück* werden. Die einzelnen Teile der Trilogie tragen Titel, die auf Schubert-Lieder anspielen: Das erste Stück heißt *Erlkönigin,* das mittlere *Der Tod und das Mädchen. Der Wanderer* schließlich ist eine Vater-Phantasie nach dem Lied «Der Wegweiser» aus der *Winterreise.*

Das Motiv des Wanderns in Zusammenhang mit dem Vater klingt bereits in *Die Klavierspielerin* an. Wenn Erika Kohut sich auf ihre Touren durch die Praterauen begibt, hat sie ein Utensil immer dabei: den Feldstecher, vom wanderlustigen Vater vererbt, «der in hirnklarer Zeit damit Vögel und Berge auch nachts ausspähte»[15]. In Erikas Streifzüge sind die ersten Zeilen des 20. Liedes aus der *Winterreise* («Was vermeid' ich denn die Wege/Wo die andern Wandrer gehn») eingeflochten: «Sie ist ganz Auge und Ohr. Ihr verlängertes Auge ist das Fernglas. Sie vermeidet die Stege, wo die andren Wandrer gehn.»[16] Die Zitate und das symbolisch stark aufgeladene Fernglas der Voyeurin Erika deuten wie Wegweiser auf den blinden Fleck des Romans: den Vater.

In *er nicht als er* verwendet Elfriede Jelinek Robert Walsers Geschichte *Der Spaziergang.* Robert Walser kam 1933 in eine Nervenheilanstalt im Appenzell. Ohne je wieder zu schreiben, verließ er sie für die übrigen 23 Jahre seines Lebens nur noch zu ausgedehnten Spaziergängen. Auf einem Winterspaziergang starb er, das berühmt gewordene Foto des Toten zeigt ihn auf dem Rücken im Schnee, seine Wanderschuhe mit den starken Profilsohlen sind aufgestellt. So wie sein Hut einen Meter neben ihm liegt, meinte Elfriede Jelinek, so sei auch Walser selbst «ein Leben lang neben sich hergegangen»[17]. Im Stück verschwimmt das Bild des Schweizer Erzählers mit dem des kranken Vaters.

In *Der Wanderer,* im Jahr nach *er nicht als er* geschrieben, hat der Vater zum ersten Mal eine eigene Stimme. In dem Monolog spricht ein Ich-Erzähler, der einst leidenschaftlicher Touren-geher war. Jetzt ist er in einem unfertigen Haus draußen vor der Stadt eingeschlossen und klärt sein Verhältnis zu der Gesellschaft, die ihn an diese Endstation gebracht hat. Er spricht über seine Beziehungen zu denen, die Macht über sein Leben hatten: der Staat, das Land, der Herr Präsident und der Herr Bundeskanzler, die Kommandeure, der Arzt und immer wieder Loneli (ein Kosename von Ilona). Sie ist die Frau, die den Haushalt «so straff in der Hand hält wie meinen Schicksalsfaden»[18]. Manchmal versucht er, die Türen mit dem Schraubenzieher aufzubrechen. Doch er kommt nicht weiter. «Die Tür zu öffnen erscheint mir fast so schwierig wie das Meer auszutrinken.»[19] Verweise auf das Leben des Chemikers und «Mischlings», der für ein Verbrechensregime arbeiten musste, durchziehen den Text. «Ich habe mir damals schon helfen können, so habe ich unter anderem etwas erfunden, damit auch die Treibriemen gehen konnten, das war nun mal meine Liebhaberei: gehen und sich durch nichts gestört fühlen. Die bringen mich um, wenn diese Treibriemen nicht freihändig gehen oder zumindest stehen können!»[20]

Im Aufsatz *Erschwerende Umstände oder Kindlicher Bericht über einen Verwandten* aus dem Jahr 1977 hatte Elfriede Jelinek ihren der nationalsozialistischen Maschinerie dienenden Vater fast mitleidlos porträtiert, nun war Platz für sein Schicksal als Opfer. In einem Text mit dem Titel *Oh mein Papa,* den sie 2001 für das *Jüdische Echo* schrieb, geht es um Friedrich Jelineks Entlassung als Beamter der Gemeinde Wien 1939. *Oh mein Papa* ist getragen von der Sorge, sich als Tochter eines Opfers womöglich selbst eine Opferrolle zuzuweisen. «Anmaßung. Genau das hassen wir ja so an Leuten wie Ihnen, Frau Jelinek, Tochter von Friedrich, dass sie mitsamt ihrem ranzigen Pathos in ihren Bergschuhen dahergekraxelt kommen [...], nur damit Sie nicht unter ferner liefen rangieren, sondern sich hervorheben können, mittels des Leids von Fremden.»[21]

2002 beschrieb Elfriede Jelinek dann in ihrer Geschichte *Ika-*

rus. Ein höheres Wesen[22] eine unverstellte, fast kindliche Sehnsucht nach dem Vater. Die Geschichte erinnert an ihr Gedicht *ende*. Damals hatte sie den Vater den «fremden mann», den «klippenfisch», der in die Sonne springt, genannt, in *Ikarus* ist es das Kind, das sich an der Sonne verbrennen wird. Ein Ich-Erzähler baut mit dem Vater, wie in der Ikarus-Sage, Flügel für die gemeinsame Flucht. Das tragische Ende ist allgegenwärtig: «Ach so, nur ich selbst werde stürzen? Sonne, ich sags jetzt nicht noch einmal! Platz da! Wer weiß, wie das ausgehen wird, wenn du nicht weggehst.» Umso kostbarer sind die Augenblicke des Glücks, das gemeinsame Basteln, das Vereintsein gegen die Welt, das in diesem Text erstmals in schmerzvoller Zartheit beschworen wird. «So. Das Wachs kocht bereits, wir machen diese Frauenarbeit gern, denn wir werden uns über sie erheben, Papa und ich. Wir werden uns sogar über uns selbst erheben.»[23]

einar schleefs tod Kaum hatte Elfriede Jelinek *Macht nichts* fertig, schickte sie es sofort an Einar Schleef. Er begann, das Stück Ende 2000 am Berliner Ensemble zu inszenieren. Auf einem heimlich mitgeschnittenen Probenvideo hört man ihn sagen, man könne Jelineks ideologische Aussagen in die Mülltonne stecken, aber sie sei «eine Prophetin». Elisabeth Trissenaar probte die Erlkönigin, Nina Hoss das Schneewittchen in *Der Tod und das Mädchen*, Einar Schleef – ohne dass jemand zuschauen durfte – den Wanderer. Nina Hoss erinnert sich an Proben, in denen Schleef mit der ihm eigenen Unbedingtheit von ihr forderte, immer noch weiter zu gehen. «Der tiefe Schmerz und die Dunkelheit in diesen Texten – Schleef hat das intuitiv begriffen», erzählt sie. Das Bühnenbild war durchgehend schwarz, der Chor sang Schubert. «Es gab keine inhaltliche Diskussion. So stark strukturiert, wie Schleef den Text gelesen hat, war er bereits durchdrungen. Er wusste schon alles.»[24]

Elfriede Jelinek traf Einar Schleef wieder in Wien im Café.

Diesmal war der Regisseur redseliger. Er war eigens nach Wien geflogen, um ihr einen Änderungswunsch mitzuteilen. Er wollte den mittleren Text, der ihm zu neckisch schien, gegen Elfi-Elektra-Texte aus *Ein Sportstück* austauschen. Schleef schwebten drei Teile vor: Täterin, Autorin, Opfer beziehungsweise Mutter, Kind, Vater, das unbedingte Dreieck. Elfriede Jelinek stimmte zu, ihr Vertrauen in Schleef war grenzenlos.

Eine Woche vor der geplanten Premiere im Januar 2001 erhielt sie die Nachricht, dass Schleef im Krankenhaus lag. Er hatte einen Herzinfarkt erlitten, die Premiere musste verschoben werden.[25] Elfriede Jelinek, die über seinen Gesundheitszustand nicht viel erfahren hatte, schrieb ihm aufheiternde Briefe in die Reha-Klinik nach Graal-Müritz. «Wenn Sie sich nicht so intensiv mit Parzival beschäftigt hätten, müßten Sie jetzt nicht an einem Ort wie Graal-Müritz sein.»[26] Sie selbst arbeitete, wie ein Kind, das für einen Lieblingsverwandten Zeichnungen anfertigt, schon an den nächsten Projekten für Schleef. Sie schrieb ein Stück über das Wasserkraftwerk im österreichischen Kaprun mit dem Titel *Das Werk*. «Ich kann es kaum noch erwarten, endlich ‹Macht nichts› zu sehen und beschäftige mich im Geist schon mit dem Kraftwerksbau Kaprun samt riesigen Arbeiterchören (ein Teil von ihnen bereits in den Pfeilern des Damms einbetoniert!), das wird Sie den Rest Ihrer Gesundheit kosten», schrieb sie.[27]

Ein anderes Stück hatte sie ebenfalls fertig, *In den Alpen,* der aktuelle Anlass war ein verheerender Unfall in Kaprun gewesen. Zahlreiche Skifahrer waren im November 2000 gestorben, nachdem in der Gletscherbahn ein Feuer ausgebrochen war. Wieder schrieb sie ihm: «Bin *sehr* besorgt wegen Ihrer Gesundheit […]. Könnte ich ein kurzes Bulletin bekommen, wie es Ihnen geht? Möchten Sie vielleicht mein Gletscherbahn-Stück lesen? Als nächstes dann Arbeit und Technik, hoffentlich mit Ihnen! Das hat aber noch Zeit. Erst einmal müssen Sie sich erholen und gesund werden.»[28]

Auch wollte Elfriede Jelinek eine Kassette, auf dem Einar Schleef den *Wanderer*-Text sprach. Der Text war für sie existenziell, weil es darin um ihren Vater ging. Und Schleef war derjenige, von dem sie ihn vorgetragen bekommen wollte. Immer wieder bestürmte sie ihn damit. «Was auch immer passiert mit ‹Macht nichts› – Ich muss eine Kassette vom Wanderer haben, von Ihnen gelesen», bat sie ihn im März 2001 und schloss ihren Brief in «Zuneigung und Bewunderung»[29].

Wie nah am Tod er damals schon gewesen war, wusste Elfriede Jelinek nicht, niemand wusste es. Schleef selbst hatte noch versucht, Verpflichtungen wahrzunehmen. «Natürlich lese ich Ihr Stück, Sie hättens ja gleich schicken können», antwortete er Elfriede Jelinek im Mai in seinem bis zuletzt ruppigen Tonfall, «bin ja hier in Berlin. Entweder zuhaus oder im Krankenhaus, ist ja inzwischen nahezu egal, soweit Hinweis wies mir geht, noch dreckig, aber sonst recht gut, wenn ich nur wüßte, wo ich mich mal erholen könnte, das wär ja gut, aber ich weiß nicht wo, also verkriech ich mich hier in mein Bett, soweit so gut [...]».[30] Er verschwand in einem Krankenhaus, in dem ihn niemand finden sollte und fand. Einar Schleef starb am 21. Juli 2001 an Herzversagen, erst zehn Tage später erfuhr die Öffentlichkeit von seinem Tod. Seine Inszenierung *Macht nichts* kam nicht mehr heraus.

Das ersehnte Video erhielt Elfriede Jelinek bei der Trauerfeier für Schleef am Berliner Ensemble. Auf der Kassette, die ihn beim Üben des *Wanderer*-Monologs zeigt, sieht man am Schluss seine Silhouette zur Seite taumeln und sich abstützen.

Elfriede Jelinek war nach Schleefs Tod am Boden zerstört. Schleef war wahrscheinlich *die* künstlerische Begegnung gewesen. «Für ihn hätte ich alles getan», schrieb sie in einem Nachruf.[31] Der «entsetzliche Verlust», wie sie es ausdrückt, wirkte noch im Jahr darauf. Als sie 2002 den Theaterpreis Berlin bekam, widmete sie ihn dem «zu sehr Abwesenden». In ihrer Dankesrede sprach sie ausschließlich über Einar Schleef und sein

Theater. Was auf Schleefs Bühne hätte wachsen sollen, «existiert jetzt nur noch als Schatten auf einem Videoband, als Licht in meinem Kopf, wenn ich sehe, wie er den Wanderer-Text spricht, den Text über meinen Vater, und wie er dann vom Teppich stolpert, mit den kleinen erschöpften Schritten des Herzkranken, gegen die Wand taumelt wie ein Falter ins Licht, nur daß er doch aus dem Licht kommt und in den Schatten hineingeht, sich dort schwer abstützt, atemlos, und dabei ist der Atem sein Produktionsmittel. [...] Jedesmal, wenn ich dieses Video sehe, auf dem Schleef den Wanderer-Text spricht, stürmt etwas auf mich ein, das mich verdunkelt, obwohl ich ja ins Licht schaue.»³²

Das Werk widmete Elfriede Jelinek posthum Einar Schleef. In ihrer Würdigung hatte sie ihn mit einem Kraftwerk verglichen, «ein Kraftwerk, das Strom erzeugt hat und dann selbst in den Strom gefallen ist. [...] Strom im Strom. Energie im Fluß. Schleef war einer, der manisch um sich selber kreisend, immer wieder sich selbst gemacht hat.»³³ Das Stück über den Bau des Wasserkraftwerks in Kaprun im österreichischen Gletschergebiet – nach Görings Spatenstich unter Einsatz von Zwangsarbeitern begonnen und bei seiner Fertigstellung 1955 als Pionierleistung des Wiederaufbaus verklärt – musste ein anderer inszenieren.

zurück zum pop Das Burgtheater bot es dem Regisseur Nicolas Stemann an, Mitte dreißig. Elfriede Jelinek traf sich auch mit ihm zuerst im Café. Das Gespräch verlief ungleich lockerer als das mit Einar Schleef. Die beiden entdeckten eine gemeinsame Vorliebe für Adidas-Trainingsjacken, die Elfriede Jelinek seit *Ein Sportstück* am liebsten kombiniert mit Turnschuhen und schwarzer japanischer Designerkleidung trug. Elfriede Jelinek hörte sich interessiert an, was den Jüngeren umtrieb. Am Ende schlug sie ihm vor, dass Stemann mit ihrem Text machen könne, was er wolle.

Es geht in *Das Werk* um Pathos und Heroismus aller Art,

sowie abermals um die Aufbauleistung eines Landes, das dafür die Vernichtung von Leben und Natur billigend in Kauf nahm. Die Arbeiter- und Ingenieurs-Mythen vergangener Zeiten, jene einst von Ernst Jünger erwartete «Mobilisierung der Welt durch die Gestalt des Arbeiters», prallen auf Trivialitäten der Jetztzeit: Nicht der Staudamm, «der Stau ist das Hauptproblem des modernen Menschen»[34].

«Wir haben keinen Ehrgeiz mehr», sangen in Stemanns Inszenierung drei verweichlichte Typen, die früher vielleicht Ingenieure geworden wären. Von Selbstgerechtigkeit handelt der Auftritt dreier Girlies mit Anti-Temelin-Sticker, sie tanzen Wasserballett zum Refrain der Sportfreunde Stiller: «Du und ich und sonst noch ein paar Leute, wir sind auf der guten Seite.» Ein bombastischer Arbeiterchor, verkörpert vom Atzgersdorfer Männergesangsverein 1880, steigt aus der Bühne empor. Als migräneanfällige Autorin legt sich Libgart Schwarz auf der Bühne schlafen, doch wird sie von ihrem eigenen *Werk*-Schwall immer wieder hochgeschreckt.

Ein Jelinek-Stück zu inszenieren sei, als würde man einer alten Dame beim Entrümpeln ihrer ideologischen Dachkammer helfen, meinte Stemann frech vor der *Werk*-Uraufführung im April 2003 im Akademietheater. Er habe das als Kompliment gemeint, sagt Stemann zwei Jahre später: «Die alten Ideologien zu entrümpeln war auch ihre eigene Absicht. Wer aus ihrer Generation tut das schon, sich derart zu hinterfragen?» Nicolas Stemann hatte einen Punkt der Übereinstimmung gefunden: Jelineks ständige Zweifel an der eigenen Berechtigung sind seine ständigen Zweifel. Ihm gefällt, «dass man sie nicht zu fassen kriegt. In ihren Texten ist alles in einer paradoxen Schwebe, in der die eine Ironie die andere aufhebt.»[35] So knallig und leicht diese Aufführung wurde, so sehr unterschied sie sich von Schleefs Stil. In ihrem Sinn für Oberflächenreize war die Inszenierung Pop. Sie brachte Elfriede Jelinek in gewisser Weise zu ihren Anfängen zurück, weitergespult in die nächste Generation.

● enden mit schrecken
gier 2000

Im Oktober 1999 war es so weit. Jörg Haiders rechtsgerichtete FPÖ wurde mit 27 Prozent zweitstärkste Kraft in Österreich, im Februar darauf würde sie mit der ÖVP eine Regierung bilden. Dreizehn Jahre Große Koalition zwischen Sozialdemokraten und Volkspartei gingen zu Ende. Elfriede Jelinek schrieb wieder politische Texte, gab Statements ab und ging, wie so viele in diesen Tagen, auf die Straße. Bei einer groß organisierten Demonstration gegen eine Regierungsbeteiligung Haiders im November 1999 hielt sie sogar eine Rede auf der Abschlusskundgebung. Vor Tausenden sprach sie auf dem Wiener Stephansplatz.

Die Gegner der Regierung füllten die Straßen, auf dem Heldenplatz errichtete eine «Botschaft besorgter BürgerInnen» Informationszelte, die Protestaktionen waren so energisch, dass die Mitglieder der neuen Regierung am Tag ihrer Angelobung unterirdisch vom Bundeskanzleramt zur Hofburg gehen mussten. Wien erlebte einen politischen Frühling, es war etwas los im Land, besonders als die 14 EU-Staaten im Februar 2000 ihre spektakulären Sanktionen gegen Österreich verhängten.

Elfriede Jelinek war kaum noch zu bremsen. Sie schrieb Artikel gegen «diese smarten Gewinner, die uns jetzt regieren wollen [...], diese feschen Burschen, die Anhänger der Freiheit, nach der sie sich benannt haben»[1], verteidigte den Boykott der EU und empfahl in der *taz* (deutschen) Touristen, nicht in Österreich Urlaub zu machen. «Woanders ist es auch schön.»[2] Sie sagte, sie werde «wie eine Schlange zustoßen, wenn die Demagogen es am wenigsten erwarten, in den Medien des Aus-

lands. Ich werde mit Wonne mein Nest beschmutzen.»[3] Und
sie verhängte ein Verbot von Neuinszenierungen ihrer Stücke
in Österreich.[4]

Nach nur einem Monat, im März 2000, trat Jörg Haider,
aufgrund des internationalen Drucks, von der Parteispitze der
FPÖ zurück und blieb in Kärnten, wo er Landeshauptmann
war. («Haider wurde in sein Landschulheim zurückgeschickt»,
kommentierte Elfriede Jelinek.[5]) Für die *Welt am Sonntag* verfasste Haider einen sentimentalen Aufsatz über die bitteren
Stunden seines Rücktritts, Elfriede Jelinek nahm ihn als Vorlage für ein Stück, das sie *Das Lebewohl* nannte. In dem Monolog, dessen parodistischer Übermut an *Burgtheater* erinnert, ist
Jörg Haider ein Orest von Österreich, der wehmütig spricht:
«Ich muß jetzt in mein Bundesland zurückfahren.»[6] Klassizis-
tisch tönend, spricht er schönen Jünglingen, die ihn umrin-
gen, Trost und Verheißung zu. «Wir haben Zeit noch. Keine
Angst, Knaben! Einige meiner Getreuen, ihr, seid immer noch
dabei. Gemütlich kommen wir privat zusammen, gemeinsam
frohes Lernen von ein paar Körpersprachen, die sie noch nicht
kennen, die Großkopferten, nie werden sein sie tief drinnen
im Herzen des Volkes.»[7]

Während Elfriede Jelinek in der Öffentlichkeit als Galions-
figur des intellektuellen Österreich präsent war, wurde es bei
ihr zu Hause immer schlimmer. Ilona Jelinek litt inzwischen
an Altersparanoia. Mitte der achtziger Jahre hatte sie noch
weite Reisen unternommen, etwa nach China, selbst mit über
neunzig war sie ab und zu ausgegangen. Nun duldete sie außer ihrer Tochter niemanden mehr um sich und verdächtigte
Leute in ihrer Umgebung, sie zu bestehlen. Elfriede Jelinek
kümmerte sich um ihre Mutter, pflegte und versorgte sie. Sie
war die meiste Zeit mit ihrer Mutter allein zu Hause. Sie ging
nur weg, wenn es unbedingt nötig war, ihrer Mutter wegen
konnte sie monatelang nicht nach München zu ihrem Mann
fahren.

Es war eine Zeit «lodernden Wahnsinns», wie Elfriede Jelinek sagt. Die Mutter war zwar von der Tochter abhängig, hatte aber trotzdem nichts von ihrer Dominanz verloren. Ilona Jelinek war gebrechlich und tyrannisch. Elfriede Jelinek wachte jeden Morgen um fünf besorgt auf. Sie nahm stark ab in diesen Monaten. Ihre Mutter in ein Altersheim abzuschieben kam für sie jedoch nicht infrage. Wenn sie nach ihrer Mutter gefragt wurde, sprach sie über das schwierige Verhältnis, verteidigte die Mutter aber auch. Sie zollte Ilona Jelinek unverändert Respekt dafür, dass sie eine berufstätige Frau gewesen war und sich von niemandem hatte abhängig machen lassen, schon gar nicht von einem Mann. «Ich lieb' sie ja auch sehr», hatte sie schon Mitte der Achtziger, nach dem Erscheinen von *Die Klavierspielerin,* gesagt[8] und wiederholte es später immer wieder. Und so wie Ilona Jelinek einst ihren Mann fast bis zum Letzten zu Hause versorgt hatte, so kümmerte sich nun Elfriede Jelinek um ihre Mutter, pflegte sie und kochte, obwohl sie für sich selbst so gut wie nie kocht.

ein unterhaltungsroman Der einzige Freiraum, den die Mutter ihrer Tochter bedingungslos zugestand, war die Arbeit. Auch darin war das Mutter-Tochter-Verhältnis über die Jahre unverändert geblieben. Noch früher als sonst setzte sich Elfriede Jelinek täglich an den Computer und schrieb. *Gier,* ihr vorläufig letzter Roman, entstand unter ähnlichen Umständen wie ihr erster: Das Schreiben wurde Elfriede Jelinek in der Isolation zu Hause Ausweg und Fluchtmöglichkeit. Hauptfigur von *Gier* ist Kurt Janisch, ein gewiefter Gendarm, der Familie hat, sich aber nebenbei von einer älteren Pianistin aushalten lässt, denn er hat «nur negative Ersparnisse, also Schulden»[9]. Die Frau ist von der Stadt aufs Land gezogen, *Gier* spielt wieder an Elfriede Jelineks literarischem Ort in der Steiermark. Während Janisch mit seiner Geliebten, die wie schon die weibliche Hauptfigur in *Lust* Gerti heißt, ein Doppelleben führt, bändelt er mit der Nächsten an, dem sechzehnjährigen Lehrlingsmädchen Gabi. Anstatt den Bus zur Arbeit zu nehmen, lässt sie sich jeden Morgen von Kurt Janisch fahren, im Auto haben sie Sex. Gabi will den Mann für sich allein, sie fleht, droht. Als sie wieder einmal gemeinsam im Auto sitzen, drückt der Gendarm ihr die Kehle zu. Die Leiche wirft er ins Wasser.

Der «Unterhaltungsroman», wie der Untertitel von *Gier* lautet, ist in der Zeit der New Economy angesiedelt, der kurzen Phase des schnellen Geldes und der smarten Siegertypen. Die Großen schlucken die Kleinen, die Banken bringen den Gendarmen um seine Existenz, der eignet sich das Haus seiner Geliebten an. Selbst Gabi, das schwächste Glied der Kette, erkauft ihren Freiraum mit kleinen Gaunereien. Sie belügt ihre Familie; um den Schein aufrechtzuerhalten, reicht sie beim Arbeitgeber Busfahrscheine ein, die sie sich von Kollegen zusammengebettelt hat. In dem Mikrokosmos eines Dorfes, wie es in *Gier* beschrieben wird, zeigen sich sämtliche Mechanismen des Gewinnens und Verlierens. Kurt Janisch triumphiert über alle. Gerti, die betrogene Frau, bringt sich mit Schlaftabletten um, nachdem sie die Wahrheit über Kurt Janisch herausgefunden hat. Ihr Häuschen überschreibt sie ihm trotzdem.

Es geht in *Gier* um die Gesetze der Ökonomie, nicht zuletzt um die Ökonomie der Aufmerksamkeit. Nur wer im Bild ist, existiert. Im Roman sind die Bilder allgegenwärtig: Werbeplakate für Unterwäsche, Posters von Stars, die Aufnahmen der Unterwasserkameras, mit denen im Toplitzsee nach vermeintlichen Nazi-Schätzen gesucht wird, die Wärmebildkameras, die an den Grenzen aufgestellt sind, um illegale Einwanderer aufzuspüren. Im Tod schafft es auch die sechzehnjährige Gabi, in die Öffentlichkeit zu kommen. Unzählige Male reproduziert, findet sich ihr Bild wieder, an Masten, an die ein Foto der Vermissten gepinnt wird.

verbrechensgeschichte Viele Bücher Elfriede Jelineks finden in einer Gewalttat ihren Höhe- und Endpunkt. Schon *wir sind lockvögel baby!* schließt mit einem Verbrechen, eine Bombenexplosion lässt das Comic-Universum in sich zusammenstürzen. *Die Ausgesperrten* läuft, wie später *Lust,* auf eine Familientragödie zu, die herrschende Gewalt, die eigentlich durchbrochen werden soll, wird dabei perpetuiert. In *Die Klavierspielerin* lauert Erika ihrem Schüler Walter Klemmer mit dem Messer auf. Sie rammt sich das Messer jedoch selbst in die Schulter, es ist der letzte Akt einer Kette von Selbstverletzungen, der auch ihr Schicksal besiegelt – Erika überlebt und geht zur Mutter. In *Oh Wildnis, oh Schutz vor ihr* wird der Holzknecht Erich am Ende versehentlich von einem Leibwächter des Kaufhausbesitzers erschossen, noch im Tod ist er Opfer der Willkür, die sein ganzes Leben bestimmt hat.

Stecken, Stab und Stangl kreist um den rassistisch motivierten Anschlag auf vier Roma, der das Versagen eines Staates transparent macht. Das Verbrechen, wie es in *Die Kinder der Toten* vorkommt, bringt die Schuld eines Kollektivs ans Licht und dessen Unfähigkeit, sich der Verantwortung zu stellen. In *Das Werk* ist es staatliche Profitgier, die Menschen in den Bergen tötet, im Stück *In den Alpen* privatwirtschaftliche. «Das Dasein ist eine Verbrechensgeschichte, es ist unglaublich, was den Menschen alles passieren kann, meist sind es Kleinigkeiten, aber gerade für sie muß man einen Blick haben, auf den zweiten Blick sind Menschen nämlich völlig uninteressant», heißt es in *Gier*.[10] Jede Gesellschaft bringt die für sie typischen Verbrechen hervor, und daher offenbart sich im Verbrechen eine Gesellschaft.

Gier lässt sich aber auch ganz einfach als Kriminalroman lesen. Aus Sicht einer – allwissenden – Erzählinstanz wird die Persönlichkeit des Täters ausgeleuchtet, Kurt Janischs Umfeld als Sohn eines Gendarmen und einer Trinkerin, seine Familiensituation zwischen unscheinbarer Ehefrau und einer pflegebedürftigen Mutter. Nach und nach gleitet er ins Verbrechen ab. Er lässt sich bei Straßenkontrollen schmieren, später notiert er die Nummernschilder von Frauen, um sie zu Hause aufzusuchen und ihnen Geld abzupressen. Nachdem er Gabi getötet hat, fängt das Leben für ihn erst richtig an. Kurt Janisch könnte ein Nachkomme des talentierten Mr. Ripley sein, jenes Antihelden der Kriminalliteratur, der sich in den Romanen von Patricia Highsmith nach oben mordet. Verbrechen sind nichts anderes als Begleiterscheinungen auf seinem Weg nach oben, Alltag für ihn, Alltag für die Welt, in der er diese Verbrechen begeht.

Mit *Gier* knüpfte Elfriede Jelinek an ihre Anfänge an, an die Formen des Trivialen. Der Roman ist geschrieben wie ein Krimi und legt die Mittel des Genres gleichzeitig offen. Die Krimi-Verballhornung gipfelt in der Szene, in der Kurt Janisch sich panisch daranmacht, allfällige Beweismittel zu vernichten. Auf der Suche nach einem Taschentuch, von dem er glaubt, dass es seine und Gabis Spuren enthält, läuft ihm ein Hirsch vors Auto. Der Täter, der von höherer Gewalt ausgebremst wird – dieses klassische Krimi-Motiv wird in *Gier* ironisch gebrochen. Nicht den Gendarmen ereilt sein Schicksal, sondern das Wild, dessen Flugbahn und alle dazu infrage kommenden physikalischen Gesetze minutiös aufgezählt werden. «Dem Wagen Kurt Janischs wurde vollkommen unerwartet der Impuls (P) entzogen, der nötig war, die Masse eines riesigen Hirschen (m), eines ausgewachsenen Zehnenders, für dessen Abschuß der Jagdherr droben etliches hat springen lassen, hätte der Hirsch nicht von selber springen müssen, innerhalb der Zeit (t) vom Bodenniveau auf den Scheitelpunkt seiner Flugbahn (s) zu heben, der sich hinter dem Wagen befand, sowie den Hirschen in Fahrtrichtung zu beschleunigen.»[11]

krimi-leserin und gerichtsreporterin Als Lesende interessierte sich Elfriede Jelinek seit frühester Jugend für das Genre. «Krimis sind Märchenersatz»[12], meinte sie einmal. Sie hat alles gelesen, Ambler, Chandler, Hammett, Highsmith, Millar, Sayers und Simenon, sie liebt P. D. James und Barbara Vine genauso wie Edmund Crispin oder James Ellroy. Inzwischen nimmt sie sogar mit «Zweit- und Drittklassigem» vorlieb, weil sie die Klassiker seit langem durchhat. Elfriede Jelinek hat Hunderte und Aberhunderte Kriminalromane zu Hause, auf Deutsch und auf Englisch, die schwarz-gelben Buchrücken der Diogenes-Taschenbücher bilden in ihrer Bibliothek, die im Keller untergebracht ist, weil sie in ihrem Wohnbereich möglichst keine Bücher herumstehen haben möchte, einen massiven Block.

In ihrem Berliner Jahr 1972 bestritt Elfriede Jelinek ihr Einkommen, indem sie für den Berliner Rundfunk Krimis rezensierte. In den Kolumnen, die sie später noch einmal unter dem Titel «Der Krimi-Tip» im kurzlebigen österreichischen Magazin *Extrablatt* recycelte, stellte Elfriede Jelinck die Klassiker und Neuerscheinungen vor. Mit einer Leichtigkeit, wie sie nur Sachkenntnis in Verbindung mit Leidenschaft hervorbringt, schrieb Elfriede Jelinek über Werke und ihre Autoren, wie etwa Patricia Highsmiths Roman *Lösegeld für einen Hund*. «Lisa ist eine französische Pudelhündin. Lisa wird sterben. Lisa war etwas, an das man sein Herz hängen konnte, nachdem die 18-jährige Tochter erschossen worden ist. […] Wie beinahe immer hetzt auch diesmal die Autorin verschiedene schuldlose Menschen in die Welt hinein, an der sie sich schmutzige Finger holen. Von diesem Zeitpunkt an hinterlassen sie klebrige Tapper überall, wo sie hinfassen. Wer sich in diese Welt begibt, kommt in ihr um.»[13]

Im Frühjahr 1984 bekam Elfriede Jelinek von der Illustrierten *Wiener* einen Auftrag, den sie gerne annahm. Sie sollte einen Prozess am Wiener Landesgericht für Strafsachen beobachten. Der Fall erinnerte an jene Geschichte aus den sechziger Jahren, die sie als Vorlage für *Die Ausgesperrten* verwendet hatte. Diesmal hatte ein Achtzehnjähriger, der Sartre, Camus und Nietzsche las und das Gymnasium absolviert hatte, drei Menschen erschossen: einen Lehrling, eine Freundin und deren Mutter. Die Leichen zerstückelte er, die des Lehrlings vergrub er. Als er festgenommen wurde, erzählte er der Polizei, der verschwundene Lehrling habe die Bluttat begangen.

Elfriede Jelinek zwängte sich an jedem Verhandlungstag in den überfüllten Zuschauerraum des Wiener Landesgerichts und schrieb mit, was Zeugen, Gutachter und der Angeklagte aussagten. In ihrer mehrseitigen Reportage schilderte sie das Leben des zu 20 Jahren Haft Verurteilten; die leibliche Mutter, die ihn weggegeben hatte, die gutbürgerliche Pflegefamilie in Wien, «eine Hölle aus Faschingskostümen, Lacoste-Pullovern und Parties, ein Sumpf aus Vespas, Kinobesuchen und katholischen Jungscharabenden». Schließlich sein langsames Abdriften in die Kriminalität, nachdem der Pflegevater gestorben war. Anders als den Figuren in ihren Büchern, näherte sich die Gerichtsreporterin Elfriede Jelinek den handelnden Personen mit viel Psychologie, schilderte Motive und lieferte ausführliche Deutungen. Die Keimzelle der Gewalt liegt in der Familie: «Die Familie ist etwas, das man, hat man es nicht, niemals bekommen kann. Daher muß man sie wollen, diese Familie, diesen Apparat zur Produktion von Nichts, von Schweigen. [...] Dieser lächerliche, aber unglaublich stabile Mechanismus Familie verträgt alles, selbst Schüsse, um seiner Absurdität nicht gewahr werden zu müssen.»[14]

Manchmal seufzt Elfriede Jelinek auf, sie würde in ihrem nächsten Leben Kriminologie studieren, Mordfälle sind ihr «Hobby». Als solches pflegt sie es auch. Sie tauscht sich mit Freundinnen im Kaffeehaus oder per E-Mail aus und lässt sich von befreundeten Journalisten auf dem Laufenden halten. Ihre Informationen hat Elfriede Jelinek aus Zeitung, Fernsehen, Internet, manchmal auch aus angelsächsischen Buch-Dokumentationen, in denen Tathergänge minutiös protokolliert werden.

«Ich liebe diese Rekonstruktionen tatsächlicher Kriminalfälle bis ins kleinste Detail, bis auf den genauen Zeitpunkt des Aus-dem-Haus-Gehens. Der eine sagt fünf vor zwölf, der andere sagt, es war schon halb eins. So etwas begeistert mich.»[15] Zu dem unterschiedlichsten Material, das Elfriede Jelinek in ihre Texte einfließen lässt, gehören auch Kriminalfälle und Fallgeschichten. In *Die Kinder der Toten* sind, als Gegengewicht zu den historischen Verbrechen, banale und alltägliche Kriminalfälle eingearbeitet, wie sie täglich in den Vermischtes-Meldungen stehen oder in *True Crime*-Serien im Fernsehen zu sehen sind, in *Ein Sportstück* die Geschichte einer Wiener Witwe, die pflegebedürftige Männer vergiftete, um an ihre Häuser zu kommen. Mord aus Habgier erscheint als extremes Beispiel jeder Art von körperlicher Ertüchtigung: «Das Töten ist einfach mein Lieblingssport, bei dem sich Schweiß mit Blut und Exkrementen verbindet.»[16] In *Gier* wird en passant eine Serie von Verbrechen aufgerollt, vom «Bleistiftmord» bis zum Tod eines bei der Abschiebung erstickten Asylbewerbers. Die Geschichte von Gabi ist ebenfalls einem authentischen Fall nachempfunden. 1986 wurde in einer oberösterreichischen Kleinstadt eine 17-Jährige erwürgt und ihre Leiche im Mondsee versenkt. Sie war jeden Tag zu einem Mann ins Auto gestiegen statt in den Bus, der Täter wurde nie gefasst.[17]

im container und auf dem heldenplatz «Es war ein Unfall», lautet der letzte Satz von *Gier* in übermütiger Anspielung auf das Ende von *Malina* («Es war Mord.»). Letzte Sätze sind Elfriede Jelinek wichtiger als erste. Die Anfänge empfindet sie als Quälerei und versucht, so schnell wie möglich darüber hinwegzukommen. Den Enden nähert sie sich hingegen mit Erleichterung. Sie sei am Schluss so glücklich, «daß es endlich aus ist, daß ich den letzten Satz sehr viel lustvoller finde als den ersten»[18].

Während im Frühsommer 2000 Elfriede Jelinek *Gier* fertig stellte, gingen draußen die regierungskritischen Aktionen mit unverminderter Intensität weiter. Der künstlerische Höhepunkt des Wiener Jahres war eine Aktion von Christoph Schlingensief mit dem Titel «Bitte liebt Österreich! Erste europäische Koalitionswoche». Im Rahmen der Wiener Festwochen hatte er vor der Staatsoper eine Containersiedlung aufgebaut, in der, wie in der Fernsehshow «Big Brother», Leute lebten, die man «rauswählen» konnte, nur dass es sich bei Schlingensiefs Insassen um zwölf Asylbewerber mit schwebenden Verfahren handelte, die vom Publikum zur «Abschiebung» bestimmt werden sollten. Auf dem Dach hatte Schlingensief die Aufschrift «Ausländer raus» angebracht, die Asylbewerber wurden (mit einer *Kronen Zeitung* vor dem Kopf) in den Container gebracht, täglich verließ einer die Behausung. Eine Woche lang ging es auf dem von Touristen wie Wienern gleichermaßen frequentierten Herbert-von-Karajan-Platz heiß her. *Kronen Zeitung* und Stadtpolitik lieferten sich mediale Schlachten, es gab tobenden Protest, bis hin zu Versuchen von linken Demonstranten, den Container zu erstürmen.

Vor dem Hintergrund ausländerfeindlicher Ressentiments eines Jörg Haider und der Zeit des Neuen Marktes, die Formate wie «Big Brother» mit sich brachte, war der «Bitte liebt Österreich!»-Container eine sich immer aufs Neue entzündende Wunde. Schlingensief führte Welten zusammen, die von einander nichts wissen wollten: Die einen fürchten die (Wärmebild-)Kameras an der Grenze, die anderen lassen sich von Kameras kontrollieren, um zu Geld zu kommen. Elfriede Jelinek war sofort begeistert, und sie ließ sich nicht lange bitten, als Gast aufzutreten. Sie verbrachte einige Stunden mit den Insassen und ließ sich von ihnen alle Sätze aufschreiben, die sie auf Deutsch konnten. Daraus montierte sie ein Kasperl-Stück, das am Abend aufgeführt wurde.[19] An Schlingensiefs Seite stand sie vor dem Container, Schlingensief mit einem Megaphon vor dem Gesicht, Elfriede Jelinek mit verschränkten Armen. Die Aktion war die Fortführung jener ungezwungen aktionistischen Arbeitsbeziehung zwischen Elfriede Jelinek und Christoph Schlingensief, die in Salzburg 1998 mit einer Gummiente begonnen hatte.

Der Zustand Ilona Jelineks hatte sich indessen verschlimmert. Am 22. Juni brachte Elfriede Jelinek ihre Mutter vorübergehend in ein nahe gelegenes Heim zur Pflege. Am selben Tag wurde *Das Lebewohl* vom Schauspieler Martin Wuttke auf dem Heldenplatz vorgetragen. Der Vortrag war der Auftakt einer wöchentlich stattfindenden «Donnerstags-Demonstration» gegen die Regierungsbeteiligung der FPÖ. Elfriede Jelinek hatte den Initiatoren ihren Haider-Monolog zur Verfügung gestellt und den Schauspieler auf eigene Kosten einfliegen lassen.[20] Auf dem Heldenplatz drängten sich die Leute, es war der erste heiße Tag des Jahres. Elfriede Jelinek mischte sich in ärmellosem Shirt und weiten Hosen unter die Leute oder stellte sich den Fernsehkameras und gab Interviews. Danach ging sie mit Wuttke und anderen ins Café im Palmenhaus. Elfriede Jelinek war entspannt, es war der erste Abend seit sehr langer Zeit, an dem sie nicht auf die Uhr schauen musste, nicht darauf achten musste, ob sie auch rechtzeitig zu Hause bei ihrer Mutter sei.

Im Heim besuchte Elfriede Jelinek ihre Mutter regelmäßig. Ilona Jelinek gefiel es dort gar nicht schlecht, sie mochte die Aufmerksamkeit, die sie hatte, die Gesellschaft anderer. Mutter und Tochter saßen zusammen «wie zwei Damen beim Tee», wie es Elfriede Jelinek nennt, und verstanden sich so gut wie lange nicht. Als die ersten Exemplare von *Gier* gedruckt waren, überreichte sie ihrer Mutter, wie sie es so oft getan hatte, ein Buch.

verlagswechsel Der Roman brachte eine geschäftliche Zäsur: Im Sommer hatte sich Elfriede Jelinek, nach dreißig Jahren und neun Romanen, entschlossen, den Rowohlt Buchverlag zu verlassen. Die vom Holtzbrinck-Konzern eingesetzten neuen Verlagschefs bei Rowohlt hatten durch ihre McKinsey-gestützten Sparmaßnahmen und Programme unter anderem Delf Schmidt veranlasst, das Weite zu suchen. «Was für mich die Rowohlt-Kultur ausmachte, diese Mischung aus Anarchie, Libertinage und Linksliberalität, ist in den letzten Jahren korrodiert», sagte Delf Schmidt in einem Interview.[21] Er wechselte zu Arnulf Conradis jungem Berlin Verlag. Elfriede Jelinek zog mit. Ohne Delf Schmidt, sagte sie zur Begründung, könne sie «nicht arbeiten und nichts herausbringen»[22]. Elfriede Jelinek war im Sommer 2000 nicht die Einzige, die auf die zugespitzte Situation bei Rowohlt reagierte. Auch Péter Nádas und der – mittlerweile als Nobelpreisträger zu Rowohlt zurückgekehrte – Imre Kertész verließen den Verlag.

Parallel zu diesem Verlagswechsel vollzog sich ein zweiter. Nyssen & Bansemer verkauften ihre Rechte an Elfriede Jelineks dramatischem Werk nach zähem Ringen an den Rowohlt Theaterverlag, der gerade dabei war, unter Corinna Brocher ein neues deutschsprachiges Programm aufzubauen. Das Ergebnis war etwas verwirrend: Elfriede Jelineks Stück mit dem sprechenden Titel *Das Lebewohl* war im September 2000 das erste, das als Buch im Berlin Verlag und nicht, wie zuvor *Ein Sportstück,* bei Rowohlt erschien. Gleichzeitig war es aber auch das erste, für das die Aufführungsrechte bei Rowohlt und nicht mehr bei Nyssen & Bansemer lagen. Delf Schmidt wiederum lektorierte, während in Berlin schon *Das Lebewohl* gedruckt wurde, in seinen letzten Arbeitsstunden in Reinbek *Gier* für den Rowohlt Verlag. Weil Elfriede Jelinek danach nur für die Bühne schrieb, verlegt der Berlin Verlag fast ausschließlich Theaterstücke von ihr, sofern er nicht, wie im Fall von *Bambiland,* verzichtet und Rowohlt das Buch herausgibt.

Kein Wunder, dass bei der Bekanntgabe des Nobelpreises 2004 gleich zwei Verleger feierten: Arnulf Conradi und der neue Rowohlt-Chef Alexander Fest. Dass Rowohlt etwas lauter feierte, hat mit den Neuauflagen ihrer Romane zu tun und mit den internationalen Rechten an ihrem Werk, die Elfriede Jelinek in Reinbek gelassen hatte. Allein von *Die Klavierspielerin* wurden 110 000 Taschenbücher zwischen Oktober und Dezember 2004 verkauft, bis März 2005 schloss Rowohlt für neunzig fremdsprachige Neuausgaben Verträge ab.

das letzte geschenk Das Exemplar von *Gier,* das Elfriede Jelinek ihrer Mutter gebracht hatte, war das letzte Geschenk einer immer funktionierenden Tochter. Ilona Jelinek erkrankte, am 20. September starb sie im Alter von 96 Jahren.

Zur selben Zeit wurde in Wien Elfriede Jelineks Buch über ihre Mutter verfilmt. Im Herbst 2000 drehte Michael Haneke *Die Klavierspielerin.* Die Dreharbeiten waren Stadtgespräch, besonders weil Isabelle Huppert Erika Kohut spielte und einige klassische Wiener Schauplätze betrat. Es waren zwar nicht dieselben wie im Roman – statt im Konservatorium wurde in der Hochschule für Musik neben dem Akademietheater gedreht, statt im Musikverein im Konzerthaus, statt in den Praterauen in einem Autokino –, aber es war Wien, die Stadt der Musik, wo sie sich am abgründigsten präsentiert. Erika, ihre Mutter (Annie Girardot), und Klemmer, der Liebhaber (Benoît Magimel), wirken im Film einzementiert in die privaten Behausungen und öffentlichen Orte. Nicht die raschen Wege der Romanhandlung treiben sie von einem zum Nächsten, sie sind wie von einer Allgewalt hineingestellt. In seiner Dichte und Kälte verbreitete der Film die gleiche Schockwirkung wie fast zwei Jahrzehnte davor der Roman. «Obszön, skandalös, pervers!», wurde die DVD beworben.

Die Rolle, für die sie in Cannes 2001 als beste Schauspielerin ausgezeichnet wurde (Haneke bekam den «Großen Preis der Jury», Magimel wurde «bester Schauspieler»), vergleicht Isabelle Huppert in ihrer tragischen Ironie mit Madame Bovary. «*Die Klavierspielerin* ist auch eine Liebesgeschichte. Erika ist auch eine positive Heldin. Im Roman des 19. Jahrhunderts gibt es die unvermeidliche Folge: Man hat zuviel geliebt, man verbrennt daran, man stirbt. In *Die Klavierspielerin* hat man geliebt, man hat sich verbrannt, aber man lebt weiter. Das ist nicht schlecht. Das ist ein Fortschritt.»[23] Während der Dreharbeiten hat sie Elfriede Jelinek nicht getroffen, das Sterben der Mutter ließ keinen Besuch am Set zu.

Als alles vorbei war, die Beerdigung, die Formalitäten, erfasste Elfriede Jelinek das Gefühl einer tief greifenden Erleichterung. In den folgenden Monaten fuhr sie nach Deutschland und hielt Lesungen aus *Gier*. Sie entrümpelte das Haus und gab bis auf den Fauteuil ihres Vaters die meisten alten Möbelstücke weg. «Könnten Sie sie nicht im Rahmen einer Inszenierung öffentlich zertrümmern?», schrieb sie später an Einar Schleef.[24] Sie baute um und richtete sich so ein, wie sie wollte. Beim Aufräumen fand Elfriede Jelinek den Pass ihrer Mutter, mit einem Regenmantel und Bargeld zu einer Art Fluchtgepäck geschnürt.

Gier wurde im «Literarischen Quartett» besprochen. Reich-Ranicki zollte Elfriede Jelinek abermals Respekt, von ihm und anderen wurde das Buch jedoch aus denselben Gründen kritisiert wie schon *Lust*: Der zutiefst pessimistische Blick Elfriede Jelineks verberge, dass es auch Menschen mit glücklicher Sexualität gebe, hieß es. In den meisten Rezensionen stand der Österreich-Aspekt im Vordergrund, wegen seiner Anspielungen auf die Tagespolitik wurde der Roman in erster Linie als innenpolitischer Kommentar gelesen.

Sooft Elfriede Jelinek auch behauptete, politisch «resigniert» zu haben, so treu blieb sie Jörg Haider als Kritikerin – bis zur Selbstzerstörung der FPÖ und Haiders Abspaltung im Jahr 2005. Dafür hatte sie dann nur einen Satz übrig: «Der Gentleman genießt und schweigt.» In Wien hatte Haiders neue

Partei bald weniger Stimmen als die KPÖ, er zog sich in sein Bundesland zurück. Dass sich das Phänomen Haider nicht zuletzt aufgrund biologischen Abbaus erledigte, also durch den Verlust jugendlich-erotischer Anziehungskraft, befriedigte eine kritische Freud-Leserin wie Elfriede Jelinek zutiefst.

ängste Nach Ilona Jelineks Tod hatten sich Elfriede Jelineks äußere Lebensumstände zwar verbessert, doch der Verlust der Mutter machte ihr auch eine plötzliche Schutzlosigkeit bewusst. Ilona Jelinek hatte nie aufgehört, Beschützerin für ihre Tochter zu sein. Solange die Mutter lebte, hatte Elfriede Jelinek sich halbwegs sicher gefühlt, nach ihrem Tod kehrten nach und nach die alten Ängste zurück, die Angst vor Menschenmengen, die Angst davor, angestarrt zu werden, die Angst vor öffentlichen Auftritten, die Angst vor Ortswechseln, und mit diesen Ängsten war Elfriede Jelinek nun ganz allein. «Oft überkommt mich unsagbare Wut, auch auf mich selbst, hauptsächlich auf mich selbst», schrieb sie 2005, «das ist das Selbstzerstörerische der Angst: daß man sie nicht überwinden kann. Man kann vieles nicht überwinden, sollte es vielleicht auch gar nicht erst versuchen, aber die Angst ist wie ein ständiger Spaziergang ins Nichts, in den Abgrund. Die Wut, nicht hineinzukommen, aber auch nicht wieder heraus, obwohl man gar nicht drinnen war, richtet sich gegen einen selber, gegen die eigene Unfähigkeit, sich dem zu stellen, vor dem man sich fürchtet. Unsere Wehrlosigkeit letztlich uns selbst gegenüber kann niemand verstehen, der das nicht selbst durchgemacht hat. Der sie nicht kennt, diese aufgezwungene, umfassende Passivität. Es ist, als ob man ein Tier wäre, und die Angst säße einem auf dem Rücken.»[25]

Elfriede Jelinek ging immer seltener aus dem Haus, manchmal, vor allem unmittelbar nach Bekanntgabe des Nobelpreises, gab es Zeiten, in denen sie gar nicht hinauskonnte. Auch ihren Hund Floppy musste sie weggeben, das Tier kam auf einen Gutshof auf dem Land. Eine melancholische Vorahnung auf das Alleinsein findet sich schon in *Gier*. Am Ende geht die Nebenerwerbs-Pianistin, wie schon die Klavierlehrerin Erika, wieder dorthin zurück, von wo sie aufgebrochen war, diesmal ist es der Stadtrand Wiens. Während sie auf der Heimfahrt im Auto sitzt, erinnert sie sich an die «lieben Stätten der Kultur, zu denen die Frau einst geschritten ist wie zur Feldarbeit»[26], sie rekapituliert ihre Anfänge als Musikerin. «Immer muss man aufhören, wenn es am schönsten ist, sagt ein Kind, das in der Tür erscheint und zum Klavier geht, auch eine Tastende, aber die Tastenenden wird es doch erwischen müssen, sonst setzts was, und zwar hoffentlich die richtigen Tasten.»[27] Immerhin hat «das Mutterkind» das Gefühl, dass etwas ausgestanden ist. «Keiner wird mehr mit der Uhr in der Hand stehen und warten, daß es nach Hause kommt.»[28]

krieg der bilder Ihren politisch motivierten Theaterboykott hob Elfriede Jelinek im April 2002 wieder auf, und das Burgtheater gab seine Pläne mit Nicolas Stemann und *Das Werk* bekannt. Schon ein Jahr davor hatte Elfriede Jelinek mit dem Burgtheaterdirektor über eine Aufführung verhandelt, die damals noch Einar Schleef inszenieren sollte, das Stück wollte sie wegen seines historisch-alpinistischen Hintergrunds auf jeden Fall in Österreich aufgeführt sehen. Den Boykott weiter aufrechtzuerhalten wäre für sie «nur noch leere Geste» gewesen.[29] In Deutschland gab es im gleichen Jahr einen regelrechten Jelinek-Boom auf dem Theater. Zwischen Oktober und Dezember 2002 wurden uraufgeführt: *Prinzessinnendramen I–III* am Deutschen Schauspielhaus in Hamburg, *In den Alpen* an den Münchner Kammerspielen, *Prinzessinnendramen IV–V* am Deutschen Theater Berlin und schließlich eine Theaterfassung von *Die Liebhaberinnen* in Düsseldorf. *In den Alpen* in ihrer Zweitstadt

München, inszeniert von Christoph Marthaler, hat Elfriede Jelinek gesehen, von den Aufführungen in Hamburg und Berlin – dort führte Hans Neuenfels Regie, den sie sich schon für *Totenauberg* gewünscht hatte – ließ sie sich Videos schicken. Die letzten Wochen des März und die ersten Wochen des April 2003 verbrachte Elfriede Jelinek vor dem TV-Gerät. Die USA führten Krieg gegen den Irak, das Fernsehen berichtete live und nonstop auf allen Kanälen. Elfriede Jelinek hatte ihr Thema. Stunde um Stunde schrieb sie mit, Zitate von Kommentatoren, technische Details von Waffen, die Statements der Politiker vor der Presse. Aus dem Material machte sie zwei Stücke, *Bambiland* und *Babel*. Tomahawk-Raketen und andere Waffen setzen in *Bambiland* die Handlung in Gang wie die V2 in Pynchons *Die Enden der Parabel*. Ein Sprecher kommentiert wie in einem Botenbericht oder einer Mauerschau die Kriegsereignisse. «Ja. Die Natur kommt dem Gegner entgegen als ein Sandsturm. Dieser schadet uns nur. Und unsren Fluggeräten erst! Die sind das nicht gewöhnt. Der Sand entflieht dem Boden, und wo rennt er hin? In unsere Triebwerke rennt er hinein, wo er nun wirklich nichts zu suchen hat.»[30]

Die Perspektive wechselt ständig, manchmal fast satzweise, es geht hin und her zwischen den einmarschierenden Truppen, Politikern, Kommentatoren, *embedded journalists,* am Ende spricht sogar der Schöpfer selbst. «Hier das Bild, es erscheint und leuchtet hell, wir haben es im Kasten, ich habe das gemacht. Sein und Schein.»[31] In diesem Krieg hängt alles von den Bildern ab, die Macht über Leben und Tod hat derjenige, der die Macht über die Bilder hat. *Babel,* angesiedelt im Nachkriegs-Irak (der Titel spielt auf den Namen einer von Saddam Husseins Sohn Udai herausgegebenen Sport-Zeitschrift an, *Bambiland* hieß ein von Slobodan Miloševičs Sohn Mirko betriebener Vergnügungspark), handelt dann gänzlich von den Bildern. Den Fernsehbildern, den Bildern, die in den Folterkellern von Abu Ghraib gemacht wurden, den Bildern, die sich die Selbstmordattentäter vom Paradies machen, den Bildern vom Erlöser, den Feindbildern. Die Bilder sind es, die zum Krieg führen, und der Krieg geriert die notwendigen Bilder.

Als Regisseur für *Bambiland* hatte Elfriede Jelinek dem Burgtheater Christoph Schlingensief vorgeschlagen, den «Generator»[32], wie sie ihn nannte. Schlingensief ließ am Wiener Burgthater auf einem Vorhang in Portalbreite einen in Schwarz-Weiß gedrehten Pornofilm laufen, einmal konnte das Publikum einer mystischen Prozession in den Theseus-Tempel im Volksgarten folgen. Schlingensiefs ständiges Ensemble aus Laien und früheren Fassbinder-Stars wie Irm Hermann und Margit Carstensen – ihre Vornamen verwendete Jelinek gleich für ihr nächstes Stück *Babel* als Figurennamen – war wieder mit ihm gekommen, seine Truppe nannte sich in dieser Phase «Church of Fear», das Motto des Abends lautete «Angst ist geil». Schlingensief ließ nicht den Text spielen, sondern ging frei um mit den Themen des Texts, eines «Maschinengewehrtexts gegen Maschinengewehre – die militärischen, medialen, menschlichen», wie er sagte.[33] Diesmal kam Elfriede Jelinek sogar öfter in eine Vorstellung, sie fürchtete, eine besonders gelungene Variante der Inszenierung zu versäumen.

Schlingensief ist ein «Medium», Jelinek ist ein «Medium». Sie nehmen, jeder auf seine Weise, im Moment auf, was von außen hereinschwappt, treiben künstlerisch zum Äußersten, was im nächsten Moment schon wieder von der Bildfläche verschwunden sein wird. «Es ist total klasse, mit ihr zu arbeiten», sagte Schlingensief. «Zu mir hat sie gesagt: ‹Mach mit dem Text, was du willst. Ich habe ihn auch nur gefunden.› Und das gefällt mir: Sie lässt Texte durch sich durchlaufen; sie will nicht belehren, das ist total obsessiv gesteuert.»

● schlussakkord aus schweden
im abseits 2004

Elfriede Jelinek schrieb gerade ihre Dankesrede zum Kafka-Preis, als das Telefon läutete. Es war der 7. Oktober 2004, ein Donnerstag, und es war halb eins. Am anderen Ende der Leitung wurde ihr auf Deutsch mit schwedischem Akzent zum Nobelpreis gratuliert. Helmut Qualtinger, der österreichische Protagonist des *practical joke* (Journalisten hatte er einmal, sich als «Eskimodichter und Nobelpreisträger Nobuk» ausgebend, zum Westbahnhof gelockt), lebte schon lange nicht mehr, Elfriede Jelinek war sich schnell klar, dass kein Telefonscherz mit ihr gemacht wurde, sondern dass sie die neue Literaturnobelpreisträgerin war, ausgezeichnet «für den musikalischen Fluss von Stimmen und Gegenstimmen in Romanen und Dramen, die mit einzigartiger sprachlicher Leidenschaft die Absurdität und zwingende Macht der sozialen Klischees enthüllen», wie die offizielle Begründung lautete. Elfriede Jelinek bedankte sich, fügte aber gleich hinzu, dass sie sich aufgrund ihrer Angstzustände außerstande sehe, nach Stockholm zur Verleihung zu fahren. Horace Engdahl, der Ständige Sekretär der Schwedischen Akademie, zeigte sich verständnisvoll und kündigte den Besuch der schwedischen Botschafterin bei ihr an.

Die halbe Stunde, die Elfriede Jelinek noch bis zur öffentlichen Bekanntgabe hatte, verbrachte sie damit, sich zu schminken. Elisabeth Ruge vom Berlin Verlag gratulierte ihr als eine der Ersten und gab der Autorin den Rat, dass sie, wenn sie abtauchen wolle, jetzt sofort losmüsse. Elfriede Jelinek blieb daheim und stellte sich den Medien, wie sie es immer getan hatte. Sie gab dem schwedischen Rundfunk ein erstes Telefoninterview und nannte den Preis eine «überraschende und große Ehre», sie wolle ihn jedoch nicht als «Blume im Knopfloch für Österreich» sehen, zu dessen Regierung sie sich «in völliger Distanz» befinde. Der österreichischen Nachrichtenagentur APA sagte sie noch, sie verspüre «mehr Verzweiflung als Freude». Trotz des «sorgenfreien Lebensabends», den ihr der – mit umgerechnet einer Million Euro dotierte – Preis bringe, habe sie «böse Ahnungen», er könnte zur Belastung werden. Und Elfriede Jelinek nannte im ersten Überschwang und nicht ohne Koketterie sofort andere, die ihrer Meinung nach den Preis eher als sie verdient hätten: Peter Handke und Thomas Pynchon zum Beispiel. Ein weiterer Satz galt der Sache der Frauen. Wenn eine Frau diesen Preis bekomme, bekomme sie ihn immer auch «als Frau», deshalb könne sie sich «nicht uneingeschränkt freuen». Das waren die Zitate, die ab 13.04 Uhr um die Welt gingen.

pizza und leitungswasser Während auf der Frankfurter Buchmesse an den Ständen des Berlin und des Rowohlt Verlages die Sektkorken knallten, läuteten die ersten Gratulanten an Elfriede Jelineks Tür. Die schwedische Botschafterin kam mit Blumen, die Journalisten rückten an, um Interviews zu machen. Elfriede Jelinek, die noch keinen vergleichbaren Ansturm auf ihr Haus erlebt und überhaupt in letzter Zeit sehr zurückgezogen gelebt hatte, begegnete der Anforderung, wie sie es seit ihrer Kindheit gewohnt war: Sie funktionierte.

Sie öffnete allen die Tür und bat ins Empfangszimmer, das nur drei Sitzgelegenheiten hatte, die anderen stiefelten durch das Haus. Sie gab Interviews, dem ORF-Fernsehen genauso wie *El País,* sie setzte sich für die Fotografen in den «Bubble Chair», auf die Couch oder vor das Fenster, lachend, mit verschränkten Armen oder gestikulierend. Ihr Vertrauter Daniel Eckert, der vorbeigekommen war, nahm indessen die Telefongespräche entgegen. Am Abend, als langsam wieder Ruhe einkehrte, holte er Pizza vom Italiener. Zu Hause aßen sie dann und tranken Leitungswasser. Gottfried Hüngsberg war inzwischen damit beschäftigt, bei Compuserve in Colorado einen Homepage-Upgrade zu erwirken und Strafzahlungen abzuwenden, weil der Zugriff auf das Hundertfache gestiegen war. Am nächsten und an den folgenden Tagen saß Elfriede Jelinek inmitten eines Blumenmeers am Schreibtisch und beantwortete Hunderte von E-Mails, sie schrieb fast allen Gratulanten ein paar Zeilen. Sie empfing Journalisten, gab Interviews am Telefon oder per E-Mail, sie wollte es allen recht machen, wenn sie schon nicht nach Stockholm fahren würde. Und sie schrieb die «Nobel Lecture», die von Preisträgern traditionell drei Tage vor der Verleihung des Preises in Stockholm gehalten wird. Wovon diese handeln werde, wurde sie bereits am Tag nach der Bekanntgabe gefragt. Eine Kafka-Preisrede zu schreiben sei nicht schwer, antwortete sie, «denn Kafka liebe ich. Mich selbst liebe ich nicht, Österreich liebe ich nicht. Worüber also schreiben?»[1] Sie entschied sich für das Schreiben und die Sprache. Innerhalb weniger Stunden hatte sie eine erste Fassung.

reaktionen auf den nobelpreis Die Reaktionen auf den Preis entsprachen den Meinungen, die Elfriede Jelinek seit ihren Anfängen begleiteten. Es gab Stimmen, die eine Moralistin feierten, und solche, die eine Provokateurin gewürdigt sahen. Mit Zustimmung oder Ablehnung wurde die Sprachkünstlerin beschrieben, die Feministin, die Avantgardistin, die Pornografin, die Antifaschistin, die Nihilistin, die politische Mahnerin, die Kunstfigur.

Die in solchen Fällen üblichen statistischen Einordnungen hatten ergeben: Elfriede Jelinek war die erste österreichische Literaturnobelpreisträgerin, sie war die zehnte Frau, die ihn bekam, die erste seit acht Jahren, die zweite deutschsprachige (nach Nelly Sachs).

Im Vorfeld war von vielen mit einer Frau gerechnet worden, mit Margaret Atwood, Joyce Carol Oates oder Doris Lessing, nicht aber mit Elfriede Jelinek. Auch die beiden Grandes Dames der österreichischen Literatur, Friederike Mayröcker und Ilse Aichinger, waren gelegentlich genannt worden. Etwas stutenbissig gab Friederike Mayröcker auf die Frage, ob sie Elfriede Jelinek nicht zum Nobelpreis gratulieren möchte, zur Antwort: «So selbstlos bin ich nicht.»[2] Ilse Aichinger wiederum stieß die «Verzweiflung» der jüngeren Kollegin auf. Selbst von Schicksalsschlägen getroffen, schrieb Ilse Aichinger in einem Artikel über die «Depressionen der vom Glück Verfolgten». Den Nobelpreis hätten «von Sully Prudhomme bis zur letzten, verzweifelten Preisträgerin» immer wieder diejenigen bekommen, «die darauf bedacht waren».[3]

Mit dieser Einschätzung stand sie nicht allein da. Manche hielten Elfriede Jelineks Entscheidung, nicht nach Stockholm zu reisen, für eine Pose, zimperlich oder unhöflich. Wieder einmal schien nicht zusammenzupassen, dass Elfriede Jelinek einerseits in den Medien allseits präsent war, andererseits in Zurückgezogenheit lebt und sich vielem nicht persönlich aussetzen kann und will. Die für ihr Leben charakteristische Mischung aus Vorpreschen und Rückzug, Stilisierung und Schüchternheit, Eitelkeit und Bescheidenheit, Vertrauensseligkeit und Unbarmherzigkeit, wenn dieses Vertrauen missbraucht wird, irritierte im Zusammenhang mit der bedeutendsten Auszeichnung für Literatur. Dass sich der Moment des größten Triumphs ausgerechnet mit einem der größten Angst verband, wurmte am meisten wohl Elfriede Jelinek selbst. Immer wieder sprach sie von der Zeremonie und vom Galadiner, über dessen geplanten Ablauf sie sich hatte unterrichten lassen.

Der Jubel war vor allem bei den Österreichern groß. «Na so

was! Super! Unglaublich! Gewaltig! Da muss ich mich erst einmal setzen. Elfriede Jelinek ist eine Schriftstellerin von heute – wie sonst fast niemand. Sie bringt alles auf den Punkt»,[4] meinte stellvertretend Peter Handke, als man ihn telefonisch um eine Stellungnahme bat. Bis auf den Kunststaatssekretär, der den Nobelpreis allen Ernstes als Auszeichnung für den «Kreativstandort Österreich» bezeichnete, wurde Elfriede Jelinek von offizieller Seite durchaus höflich gratuliert.

Das bürgerliche Anti-Jelinek-Lager schrieb ein paar Leserbriefe, Jörg Haider meinte, er werde ihr sicher keine Blumen schicken. Die *Kronen Zeitung* weigerte sich, die Nachricht, wie alle anderen Zeitungen, als Schlagzeile auf die Seite eins zu setzen, und titelte stattdessen bockig: «Führerschein kann schnell weg sein!» (Nur in einer Regionalausgabe, der so genannten *Steirer Krone,* gab es Widerstand: «Nobelpreis an Obersteirerin!», hieß es da.) Insofern war alles wie gehabt. Neu war hingegen die Untergriffigkeit in den deutschen Zeitungen. Eckhard Henscheid mokierte sich, um ein Beispiel zu nennen, in der *Welt* über Elfriede Jelineks «psychische Instabilität» und nannte die Autorin eine «Vollnullität»[5]. Der Kulturchef des *Spiegel* zog über sie her und nahm noch ein Jahr später, 2005, die Bekanntgabe des Nobelpreisträgers Harold Pinter zum Anlass, Elfriede Jelinek als «Vorjahres-Trutsche»[7] zu schmähen. In der *Bild*-Zeitung wandte sich Franz Josef Wagner an Elfriede Jelinek: «Die Tinte Ihrer Bücher war Männerhass, die Tinte der Frauen von heute ist Lebensfreude. Nehmen Sie Ihr Preisgeld, geben Sie es aus für Therapeuten – und werden Sie glücklich.»[8]

Elfriede Jelinek konterte mit Schmäh: «Also eine Million Euro gebe ich bestimmt nicht für den Therapeuten aus. Da kauf ich mir lieber ein japanisches Kleid.»[9] Jede Form der Ehrung verbat sie sich. Ein Denkmal, das man in Neuberg an der Mürz aufstellen wollte, lehnte sie ebenso ab wie eine Sonderbriefmarke der Post mit ihrem Konterfei. Neben den Glückwünschen gab es auch kuriose Anfragen. So meldete sich der Besitzer jener vorübergehend geschlossenen Gaststätte in Krampen, die in *Die Kinder der Toten* als Pension Alpenrose von einer Mure überschüttet wird. Er bot der Euro-Millionärin den Gasthof zum Kauf an.

heine, lessing, kafka Seit der Jugendkulturwoche in Innsbruck 1969 hatte Elfriede Jelinek eine beträchtliche Menge von Preisen entgegengenommen. Der Büchner-Preis 1998 war nicht, wie in anderen Fällen, Höhe- und Endpunkt einer Karriere, es schien danach erst richtig loszugehen: *manuskripte*-Preis des Landes Steiermark 2000, Theaterpreis Berlin 2002, Mülheimer Dramatikerpreis 2002 (für *Macht nichts*), Heinrich-Heine-Preis der Landeshauptstadt Düsseldorf 2002, Else-Lasker-Schüler-Preis des Pfalztheaters Kaiserslautern für das dramatische Gesamtwerk 2003, Lessing-Preis für Kritik der Lessing-Akademie Wolfenbüttel 2004, Schwedischer Stig-Dagerman-Preis 2004, Hörspielpreis der Kriegsblinden 2004 (für *Jackie*), Mülheimer Dramatikerpreis 2004 (für *Das Werk*), Franz-Kafka-Literaturpreis 2004.

Der Literaturnobelpreis war die sechste Auszeichnung im Jahr 2004. Bei der Entgegennahme von Preisen kannte Elfriede Jelinek keine Koketterie. Preise waren für sie von Anfang an ein Kriterium gewesen, das Erfolg messbar machte und ihren Stellenwert in der Literatur untermauerte. Im Gegensatz zu anderen Autoren hat sie bei Preisverleihungen nie den Skandal gesucht, höchstens fiel sie durch extravagante Kleidung auf oder dadurch, dass sie sich Neue Musik als Rahmenprogramm gewünscht hatte. Manchmal nutzte sie die Veranstaltungen gezielt, um sich politisch zu äußern wie in ihrer Rede zum Heinrich-Böll-Preis. Aber die Zeremonien verfolgte sie aufmerksam und in damenhaft aufrechter Haltung. Durch ihre Wiener Wohlerzogenheit konnte sie noch allen Veranstaltern das Ge-

fühl geben, dass sie, die Ausgezeichnete, eigentlich eine Nebenrolle spiele.

Bis zum Tod ihrer Mutter hat Elfriede Jelinek sämtliche
Preise persönlich entgegengenommen, ob in Bad Gandersheim
oder Graz, Bochum oder Berlin. Dann musste sie, aus psychischen Gründen, wie sie offen zur Begründung gab, den Verlei-
hungen immer einmal fernbleiben, ihre Dankesrede schickte sie
als Video. Auch ihre «Nobel Lecture» wurde aufgezeichnet. Den
Theatern und Literaturhäusern, die zu ihren Ehren am 10. Dezember Veranstaltungen ausrichteten, schickte sie Grußbot-
schaften. Selbst hinzugehen war ihr unmöglich. Den Preis selbst
nahm sie später an der Schwedischen Botschaft in Wien entgegen.

Für die «Nobel Lecture» kam das Kamerateam zu ihr nach
Hause, Elfriede Jelinek ließ sich vor einem Bild des Malers Jürgen Messensee filmen. Sie trug ein Jackett von Watanabe aus
Jeansstoff, ihren Text hatte sie vor sich auf einem alten Notenständer. So las sie *Im Abseits*, ihr poetologisches Manifest über
die Sprache.

Schon die Dankesreden, die sie zuletzt gehalten hatte, han-
delten vom Schreiben als Lebensaufgabe und Lebensausdruck.
In gewisser Weise dokumentieren diese Reden einen schleichenden Rückzug, den die Sprache zugleich erzwingt und er-
möglicht. Am Ende dieses Rückzugs steht die Erkenntnis, für
niemanden mehr Verantwortung tragen zu müssen, weder für
die eigene Mutter noch für die (österreichische) Gesellschaft,
eine bittere, aber auch eine befreiende Erkenntnis. Die Sprache
als von ihr bediente Wirkungsmaschine muss plötzlich keinem
mehr dienen. Sie kann sich frei bewegen, ganz wie in einer
von Elfriede Jelinek gern zitierten Tiermetapher. «Die Sprache
zerrt mich hinter sich her, wie ein Hund seinen Besitzer an der
Leine hinter sich her zerrt, und schnüffelt an jeder Ecke.»[10]

einer geht noch In ihrer Dankesrede zum Heine-Preis, die auch wieder von sprachlichen Mitteln handelte, stellte sie die Grenzen von Spott und Sarkasmus dar. Was die Leichtigkeit des Spotts betreffe, sei Heine ihr Vorbild, «doch der Spott kehrt sich so oft gegen mich. Von Lächerlichkeit und sich lächerlich machen verstehe ich inzwischen etwas mehr [...]. Ich hatte mir solche Mühe gegeben! Mich dabei so stark gefühlt! Überhaupt so stark und so viel gefühlt! Mich auf die Höhe der Zeit hinaufgeschwungen nur um, als ich oben war, zu sehen, daß alles ein Missverständnis war.»[11]

In ihrer Rede zum Lessing-Preis für Kritik ging es abermals um das Schreiben als erzieherische Anmaßung und darum, wie man dieser – Jahrhunderte nach dem Aufklärer Lessing – wieder entkommt: «Ich liebe Kalauer! Dagegen können Sie nichts machen, das sage ich Ihnen gleich, da müssen Sie bei mir durch! Denn durch Kalauer verliert man rapide an Wirkung, und das wird schließlich von mir angestrebt.» Was gerne als Witzelsucht kritisiert wird, erscheint als praktisch umgesetzte Methode: «Trotzdem dürfen Sie mir jetzt nicht ins Wort fallen, solange ich es habe, passen Sie doch auf! Sie könnten sich was tun, wenn Sie in mein Wort hineinfallen, auch wenn Ihnen das Wort zufällig gefällt! Und es ist immer besser, nichts zu tun. Schreiben ist sowieso besser, als etwas zu tun. Von meinen blöden Witzen, meinen müden Scherzen können Sie mich nicht abbringen, nicht einmal mit Gewalt, na ja, mit Gewalt wahrscheinlich schon.»[12]

Das unaufhörliche, zwanghafte Sprachspiel und das fanatische (Um-)Benennen von allem und jedem verbindet sie mit Johann Nestroy. Auch dessen Material waren fremde Stoffe, menschliche Schwächen und edle Regungen, aber in Wahrheit, schrieb Karl Kraus, hatte er es «nur auf die Phrasen abgesehen. Nestroy ist der erste deutsche Satiriker, in dem sich die Sprache Gedanken macht über die Dinge. Er erlöst die Sprache von ihrem Starrkrampf, und sie wirft ihm für jede Redensart einen Gedanken ab.»[13] Auch bei Elfriede Jelinek geht es oft zu wie bei Nestroy: Nichts wird «normal» gesagt. Jeder Satz platzt auf, jede gewundene Formulierung hat mindestens eine Windung zu viel, an verräterischer Stelle, als Zeichen dafür, dass etwas nicht stimmt.

Voraussetzung für den Witz ist das Pathos, das gebrochen wird. Es entsteht bei Elfriede Jelinek überall dort, wo die Figuren eine hohe Meinung von sich haben. Wo sie mehr scheinen wollen, als sie sind. Reden ist Zeitgewinn und Ablenkung (von sich). Die österreichische Sprache ist dafür der beste Nährboden. Auch in ihrer schriftlichen Form bleibt sie stets mündlich. Vor dem schlanken Imperfekt bevorzugt sie grundsätzlich das Perfekt mit seinen Hilfsverben, weit mehr Präpositionen als notwendig begleiten die Verben. Man spielt, aber viel lieber spielt man sich; und lässt sein Gegenüber im Unklaren, wie man es meint. Ein anderes Wort dafür ist Schmäh beziehungsweise Schmähführen, jene von Elfriede Jelinek perfekt beherrschte Wiener Kulturtechnik des Sich-unangreifbar-Machens. Verachtung drückt sich in Komplimenten aus, Angriffe werden durch Selbsterniedrigung unterlaufen. Worüber man selbst redet, darüber müssen die anderen schweigen. Schmähführen bedeutet Autoritätsgewinn durch Witz und Zeitgewinn durch Lavieren. Worauf die Gedanken hinauslaufen und ob sie überhaupt auf etwas hinauslaufen, ist unwichtig, es geht darum, dass «der Schmäh rennt», wie es in Wien so schön heißt. Der Schmäh ist der Wiener Walzer der Sprache, sein Sinn ist es, sich möglichst elegant um sich selbst zu drehen.

von der leinwand «Wir müssen uns vorstellen, dies sei eine Szene aus ‹Star Wars›, und eine Prinzessin spricht zu uns von einem fremden Planeten», sagte Horace Engdahl zu den Besuchern im voll besetzten Festsaal der Schwedischen Akademie, die, drei Tage vor der Zeremonie mit dem schwedischen König, zu Elfriede Jelineks «Nobel Lecture» gekommen waren. Die Lüster brannten, das Rednerpodest war leer, in dem klassizistischen Saal hingen drei Leinwände.

Auf den Bildschirmen erschien Elfriede Jelinek – die Karriere einer Schriftstellerin, die sich seit ihren Anfängen mit der medialen Vermittlung von Wirklichkeit beschäftigt hatte, erfuhr ihren Höhepunkt in einer medialen Präsentation, bei der sie anwesend und abwesend zugleich sein konnte. *Im Abseits* beginnt mit dem Verhältnis der Dichter zur Wirklichkeit: «Was geschieht mit denen, die die Wirklichkeit gar nicht wirklich kennen? Die ist ja so was von zerzaust. Kein Kamm, der sie glätten könnte. Die Dichter fahren hindurch und versammeln ihre Haare verzweifelt zu einer Frisur, von der sie dann in den Nächten prompt heimgesucht werden. [...] Die Wirklichkeit ist das, was unter die Haare, unter die Röcke fährt und sie eben: davonreißt, in etwas anderes hinein. Wie soll der Dichter die Wirklichkeit kennen, wenn sie es ist, die in ihn fährt und ihn davonreißt, immer ins Abseits. Von dort sieht er einerseits besser, andrerseits kann er selbst auf dem Weg der Wirklichkeit nicht bleiben. Er hat dort keinen Platz. Sein Platz ist immer außerhalb.»

Im Abseits handelt davon, was Sprache kann und was sie nicht kann, was sie soll und was sie ist. Sprachtradition, Sprachskepsis, Sprache als Spiel, Witz, Gerede, als Muttersprache, Vatersprache, letztes Wort – alles fließt in *Im Abseits* ineinander. «Die Sprache gerät ja irrtümlich manchmal auf den Weg, aber aus dem Weg geht sie nicht. Es ist kein willkürlicher Vorgang, das mit der Sprache Sprechen, es ist einer, der unwillkürlich willkürlich ist, ob man will oder nicht. Meine Muttersprache ist jetzt dem Vater nachgegangen, sie ist fort.» Ein letztes Mal scheint in dem Text die Wirklichkeit hindurch, kurz deutet Elfriede Jelinek ihre Biografie an. «Der Vater hat mitsamt der Muttersprache diese Kleinfamilie verlassen. Recht hatte er. Ich wäre an seiner Stelle auch nicht geblieben.» Das große Thema des Werks, die familiären Strukturen, die sich als Autoritäts- und Abhängigkeitsverhältnisse darstellen, als Revolten und als Demütigungsrituale, klingen kurz an, wenn die Sprache als aufsässiges Kind bezeichnet wird, das seinen «Anfang wohl vergessen habe»: «Ich bin nicht stolz auf dieses Kind, glauben Sie mir auch das, bitte!»

Der Rest ist Sprache. Im letzten Abschnitt von *Im Abseits* verselbständigt sich die Sprache, sie erscheint als lebendiges Wesen, das ins eigene Leben eingreift. Die Sprache ist Freund und Feind, Sklavin und Gefängniswärter, Herr und Hund, Mutter und Vater. Die Sprache ist ein Tier, das Gehorsam vortäuscht oder zutraulich ist, die Sprache wälzt sich, macht die Beine breit, ist «süchtig nach Liebkosungen», sie ruft, «weiß, was sie will», springt, rennt, verfolgt wie eine Kamera jede Bewegung, sie tritt einem zu nahe, «schnappt jetzt nach mir»[14], sie geht niemals aus dem Weg. Alles ist Sprache und die Sprache ist alles.

Für Elfriede Jelinek ist die Sprache nicht zuletzt das Instrument, das ihr alle anderen Instrumente ersetzt hat. Die Zuschauer blickten auf eine Leinwand, während sie sprach. An ihrem Notenständer war sie allein und ganz bei sich, aber sie wusste um ihre Wirkung und war zu hören, so wie einst als Klavierspielerin bei offenen Fenstern.

• anmerkungen

einstimmen – die instrumente *klage 1964*

[1] Elfriede Jelineks Mutter hieß Olga Ilona. Da sie sich zeit ihres Lebens mit dem zweiten Vornamen ansprechen ließ, wird dieser im Folgenden verwendet.

[2] BAWS, Personalakte Friedrich Jelinek.

[3] WSLA, M. Abt 813, Studentenakte Elfriede Jelinek, Studienjahr 1960/61. Als musikalische Vorbildung sind in den Akten angegeben: 6 Jahre Klavier, 3 Jahre Blockflöte und Geige.

[4] Gespräch mit Leopold Marksteiner am 8. November 2004 in Wien.

[5] WSLA, M. Abt 813, 1960/61.

[6] Ebd.

[7] *Die Zeit flieht. Für meinen Orgellehrer Leopold Marksteiner.* In: Andreas Vejvar (Hrsg): Siebzig. Felicitationi (Festschrift für Leopold Marksteiner), Wien: Apokryphen-Verlag 1999, S. 9.

[8] Ebd., S. 11.

[9] Ebd., S. 9.

[10] WSLA, M. Abt 813, 1964/65.

[11] WSLA, M. Abt 813, 1961.

[12] Elfriede Jelinek im Gespräch mit Adolf-Ernst Meyer. In: Jutta Heinrich, Adolf-Ernst Meyer: Sturm und Zwang. Schreiben als Geschlechterkampf. Hamburg: Ingrid Klein Verlag 1995, S. 71.

[13] Ebd.

[14] WSLA, M. Abt 813, 1963/64.

[15] Ebd., 1961/62.

[16] KL 104

[17] KL 22

[18] WSLA, M. Abt. 813, 1965/66.

[19] KL 105

[20] KL 73

[21] AU 26

[22] AU 8

[23] AU 181

[24] AU 14

[25] AU 45

[26] TS 81

[27] WSLA, M. Abt 813, 1961–1971.

[28] KL 141

[29] KL 38

[30] KL 155

[31] KL 222

[32] KL 67

[33] KL 89

[34] KL 11

[35] KL 17

[36] KL 154

[37] *Ungebärdige Wege, zu spätes Begehen.* In: Schubert 1997. Katalog zur Jubiläumsausstellung 200. Geburtstag Franz Schubert. Hrsg. von Otto Brusatti. Köln: Böhlau 1997, S. 156.

[38] KL 57

[39] A propos Klassik, Radio Ö1, vom 10. Dezember 2004.

[40] Elfriede Jelinek im Gespräch mit Hans-Jürgen Heinrichs. In: Sinn und Form 6 (2004), S. 774.

[41] WSLA, M. Abt 813, 1970/71.

[42] KL 36

[43] WSLA, M. Abt 813, 1970/71.

krankheit oder ein fräuleinwunder
wir sind lockvögel baby! 1970

[1] Elfriede Jelinek im Gespräch mit Peter von Becker. In: Theater heute 9 (1992).

[2] TS 142

[3] *Schule.* In: Homepage Elfriede Jelinek, 28. Mai 2004.

[4] Elfriede Jelinek im Interview mit Heinrichs, a. a. O., S. 783. Vgl. dazu Hannes Frickes Deutung von *Die Klavierspielerin*: Selbstverletzendes Verhalten. Über die Ausweglosigkeit, Kontrollversuche, Sprache und

das Scheitern der Erika Kohut in Elfriede Jelineks *Die Klavierspielerin*. In: Vom Scheitern. Hrsg. von Wolfgang Haubrichs et al. Stuttgart: Metzler 2000, S. 50–81.

[5] AU 10

[6] Archiv der Universität Wien, Inskriptionsakten, WS 64/65 bis SS 67.

[7] WSLA, M. Abt. 813, 1964/65.

[8] Ebd., 1965/66.

[9] WSLA, M. Abt. 813, 1966/97.

[10] Ebd., 1967/68.

[11] Ebd., 1965/66.

[12] *Über mich*. In: o. T. Wien: edition avantypidy 1967 (&cetera 7).

[13] EN 7

[14] EN 6

[15] EN 14

[16] EN 65 f.

[17] Brenner Archiv Innsbruck. Vgl. Innsbruck 1967. Eine Dokumentation der 18. Österreichischen Jugendkulturwoche in Tirol. Gütersloh: Sigbert Mohn Verlag 1967.

[18] *Sergeant Pepper Kunst. Danke für die Blumen und Nadelstiche*. In: profil 17 (2005).

[19] Telefongespräch mit Peter O. Chotjewitz.

[20] Ernst Jandl an Alfred Kolleritsch, Brief vom 22. Oktober 1967. In: manuskripte 149 (2000), S. 82.

[21] Vgl. protokolle 1968, S. 65–71.

[22] Die Wiener Gruppe. Texte, Gemeinschaftsarbeiten, Aktionen. Hrsg. von Gerhard Rühm. Reinbek: Rowohlt 1967.

[23] WSLA, M. Abt. 813, 67/68.

[24] Ilona Jelinek in einem Brief an das Bezirksgericht Hietzing vom 16. Mai 1969. WSLA, 3P 195/68 BG Hietzing.

[25] WSLA, 3P 195/68 BG Hietzing.

[26] Ebd.

[27] EN 32

[28] *Schreiben müssen. In memoriam Otto Breicha*. In: Die Presse vom 30. Dezember 2003.

[29] *Sergeant Pepper Kunst*, profil 17 (2005).

[30] Ebd.

[31] WSLA, 3P 195/68 BG Hietzing.

[32] BU 8

[33] BU 59

[34] manuskripte 1967/68.

[35] Elfriede Jelinek im Interview mit Heinrichs, a. a. O., S. 775.

[36] Elfriede Jelinek im Interview mit Meyer, a. a. O., S. 29.

[37] Brenner Archiv Innsbruck.

[38] Tiroler Tageszeitung vom 3. Mai 1969.

[39] Vgl. Christine Riccabona, Erika Wimmer und Milena Meller: Die Österreichischen Jugendkulturwochen 1950 bis 1969. Treffpunkt der Literaten, Musiker und Künstler in Innsbruck. Innsbruck: Studienverlag 2006.

[40] Zit. n. Evelyne Polt-Heinzl: Ein Leben ohne Netz. In: Emma 5 (2005).

[41] Fritz J. Raddatz: Unruhestifter. Erinnerungen. München: Propyläen 2003, S. 296 ff.

[42] The Times Literary Supplement vom 2. Juli 1970.

[43] LV 27 f.

[44] WSLA, M. Abt 813, 1968/69.

[45] Ebd., 1969/70.

wilde jahre *michael 1972*

[1] WSLA, M. Abt. 212, Sterbebuch Nr. 4296/69.

[2] Vgl. Wolfgang Fuhrmann: Wilhelm Zobl. In: Komponisten der Gegenwart. Hrsg. von Hanns-Werner Heister und Walter-Wolfgang Sparrer. München: text & kritik 1992 ff.

[3] *Udo zeigt wie schön diese welt ist wenn wir sie mit kinderaugen sehen. Untersuchungen zu Udo Jürgens' Liedtexten.* In: Elfriede Jelinek, Ferdinand Zellwecker, Wilhelm Zobl: Materialien zur Musiksoziologie. Wien, München: Jugend und Volk 1972 (Edition Literaturproduzenten), S. 9.

[4] manuskripte 25 (1969), S. 3.

[5] Peter Schneider: Die Phantasie im Spätkapitalismus und die Kulturrevolution. In: Kursbuch 16 (1969), S. 1–37.

[6] manuskripte 26 (1969), S. 6.

[7] Ebd.

[8] manuskripte 27 (1969), S. 3.

[9] *Der fremde! störenfried der ruhe eines sommerabends der ruhe eines friedhofs.* In: Der gewöhnliche Schrecken. Horrorgeschichten. Hrsg. von Peter Handke. Salzburg: Residenz Verlag 1969, S. 146–160.

[10] Elfriede Jelinek im Interview mit Harald Friedl. In: Die Tiefe der Tinte. Hrsg. von Harald Friedl. Salzburg: Verlag Grauwerke 1990, S. 39.

[11] Zit. n. Die Nestbeschmutzerin. Jelinek & Österreich. Hrsg. von Pia Janke. Salzburg, Wien: Jung und Jung 2002, S. 13.

[12] Frankfurter Rundschau vom 6. Februar 1999.

[13] bisher öde kunst gemacht zu haben. In: Grenzverschiebung. Neue Tendenzen in der deutschen Literatur der 60er Jahre. Hrsg. von Renate Matthaei. Köln: Kiepenheuer und Witsch 1970, S. 215.

[14] Zit. n. Janke, Nestbeschmutzerin, S. 15.

[15] Der Artikel in frontal war im Oktober 1968 erschienen und hatte zu einer Distanzierung durch Bruno Kreisky, zu Anzeigen durch Familienverbände und Artikeln in Kirchenzeitungen geführt.

[16] Fritz Keller: Wien, Mai 68 – Eine heiße Viertelstunde. Wien: Junius 1988, S. 58.

[17] Marie-Thérèse Kerschbaumer: Porträt einer jungen österreichischen Autorin (1971). In: Marie-Thérèse Kerschbaumer: Für mich hat Lesen etwas mit Fließen zu tun ... Wien: Wiener Frauenverlag 1989, S. 144.

[18] der fall des leander kaiser, zit. n. Janke, Nestbeschmutzerin, S. 14.

[19] Vom Obersten Gerichtshof 1971.

[20] Neue Kronen Zeitung vom 29. Oktober 1972. Die Zeitung hatte damals sogar noch eine Rubrik «Sonntags-Feuilleton».

[21] Aufforderung zur Unfreundlichkeit. In: Mädchenbuch auch für Jungen. Reinbek: Rowohlt 1975 (rororo rotfuchs 100), S. 8–10.

[22] Gert Loschütz: Unterwegs zu den Geschichten. Frankfurt am Main: Verlag der Autoren 1998, S. 54 f.

[23] Gespräch mit Gert Loschütz am 8. März 2005 in Berlin.

[24] Telefongespräch mit Jürgen Manthey am 16. April 2005.

[25] MI 84

[26] F.A.Z.-Magazin 228 vom 13. Juli 1984.

[27] wir stecken einander unter der haut. konzept einer television des innenraums. In: protokolle 1 (1970), S. 132.

[28] MI 112

[29] MI 38

[30] Rolf Dieter Brinkmann: Rom, Blicke. Reinbek: Rowohlt 1979 (das neue buch 94), S. 433.

[31] kein licht am ende des tunnels – nachrichten über thomas pynchon. In: manuskripte 52 (1976), S. 36.

[32] Ebd., S. 44.

[33] Elfriede Jelinek im Interview mit Karin Fleischanderl. In: wespennest 73 (1988), S. 24.

[34] Thomas Pynchon: Die Enden der Parabel. Deutsch von Elfriede Jelinek und Thomas Piltz. Reinbek: Rowohlt 1981 (das neue buch 112).

[35] Elle 12 (1990).

[36] Ich bitte um Gnade. Alice Schwarzer interviewt Elfriede Jelinek. In: Emma 7 (1989).

[37] Elfriede Jelinek an Otto Breicha, Brief ohne Datum. ÖLA, Nachlass Otto Breicha.

[38] Cosmopolitan 5 (1984).

das ist eine schöne landschaft *die liebhaberinnen 1975*

[1] Erstveröffentlicht in manuskripte 42 (1974), S. 36–38.

[2] Erstveröffentlicht in manuskripte 50 (1974), S. 49–51.

[3] LI 22

[4] LI 111

[5] LI 99 f.

[6] LI 11

[7] Elfriede Jelinek im Interview mit Friedl, a. a. O., S. 44.

[8] Elfriede Jelinek im Interview mit Meyer, a. a. O., S. 57.

[9] Heinrich Vormweg in Süddeutsche Zeitung vom 25./26. Mai 1976.

[10] mamas pfirsiche – frauen und literatur 9/10 (1978), S. 170–181.

[11] Gespräch mit Reinhard Urbach in Berlin.

[12] Blimp, Sommer 1985.

[13] Ebd.

[14] Ebd.

[15] TS 67

kleinbürger, sozis, kummerln *die ausgesperrten 1980*

[1] Elfriede Jelinek an Franz Novotny, Brief vom 2. Oktober 1978. Dokumentationsstelle für neuere österreichische Literatur, Vorlass Franz Novotny.

[2] Einführung zum Film *Die Ausgesperrten*, Dokumentationsstelle für neuere österreichische Literatur, Vorlass Franz Novotny.

[3] Ebd.

[4] AU 263

[5] Elfriede Jelinek an Otto Breicha, ohne Datum. ÖLA, Nachlass Otto Breicha.

[6] Hansjörg Graf in der F.A.Z. vom 9. Oktober 1979.

[7] Hans Christian Kosler in der Süddeutschen Zeitung vom 21. Mai 1980.

[8] Tante-Emma-Laden, Unbeholfener, Ungeschickter.

[9] AU 92

[10] AU 256

[11] AU 29

[12] BAWS, Personalakte Friedrich Jelinek.

[13] AU 81

[14] Vgl. Herbert Exenberger, Johann Koß, Brigitte Ungar-Klein: Kündigungsgrund Nichtarier. Die Vertreibung jüdischer Mieter aus den Wiener Gemeindebauten in den Jahren 1938–1939. Wien: Picus 1996.

[15] Matriken 1899, Pfarre Reindorf.

[16] Zit. n. Elisabeth Spanlang, Studien zum Frühwerk. Wien: Dissertation 1992, S. 3.

[17] Arbeiter Zeitung vom 11. Februar 1964.

[18] Elfriede Jelinek an Franz Novotny, Brief vom 25. Juni 1979. Dokumentationsstelle, Vorlass Franz Novotny.

[19] Elfriede Jelinek im Interview mit Friedl, a. a. O., S. 31.

[20] Drehbuch Die Ausgesperrten. Dokumentationsstelle für neuere österreichische Literatur, Vorlass Franz Novotny.

[21] Minutenbuch von Elfriede Jelinek. Kein Tod in Berlin. In: Basta 1 (1983).

[22] Ebd.

[23] blimp, Sommer 1985.

[24] Volksstimme vom 14. August 1983.

[25] Wir unnützen Idioten. In: Wiener 9 (1983).

[26] Zur Lage der Intelligenz in Österreich. Protokoll der theoretischen Konferenz abgehalten am 19. Juni 1975. Hrsg. von der Kommission des ZK der KPÖ für Intellektuellenarbeit. Wien: Globus 1975 (Kleine theoretische Reihe Nr. 6).

[27] Die Kommunistische Partei Österreichs. Beiträge zu ihrer Geschichte und Politik. Wien: Globus 1991.

[28] Zit. n. Janke, Nestbeschmutzerin, S. 24.

[29] Wiener 3 (1982).

[30] Marie-Thérèse Kerschbaumer, S. 146.

[31] Salto vom 19. Februar 1993.

[32] Wiener 3 (1982).

[33] Falter 42 (1998).

[34] Zit. n. Janke, Nestbeschmutzerin, S. 27.

familienaufstellung *die klavierspielerin 1983*

[1] Vgl. Spanlang, Studien zum Frühwerk.

[2] Elfriede Jelinek im Interview mit Meyer, a. a. O., S. 37.

[3] KL 158 f.

[4] KL 42

[5] KL 41

[6] Plärrer 3 (1984).

[7] KL 7

[8] KL 73

[9] KL 7

[10] KL 136 f.

[11] KL 69

[12] KL 294

[13] *Im Lauf der Zeit*. In: Haneke/Jelinek: Die Klavierspielerin. Drehbuch, Gespräche, Essays. Hrsg. von Stefan Grissemann. Wien: Sonderzahl 2001, S. 116.

[14] Elfriede Jelinek im Gespräch mit André Müller. In: André Müller: Österreicher(innen). Wien, Linz, Weitra, München: Bibliothek der Provinz 1994, S. 203.

[15] Benjamin Henrichs in Die Zeit vom 15. Juli 1983.

[16] Süddeutsche Zeitung vom 16./17. Juni 1983.

[17] F.A.Z. vom 9. April 1983.

[18] Vgl. Frank W. Young. «Am Haken des Fleischhauers». Zum politökonomischen Gehalt der «Klavierspielerin». In: Gegen den schönen Schein. Texte zu Elfriede Jelinek. Hrsg. von Christa Gürtler. Frankfurt am Main: Verlag Neue Kritik 1990, S. 75–80. Annegret Mahler-Bungers: Der Trauer auf der Spur. Zu Elfriede Jelineks «Die Klavierspielerin». In: Masochismus in der Literatur. Hrsg. von Johannes Cremerius et al. Würzburg: Königshausen und Neumann 1988 (Freiburger literaturpsychologische Gespräche 7), S. 80–95. Uda Schestag: Sprachspiel als Le-

bensform. Strukturuntersuchungen zur erzählenden Prosa Elfriede Jelineks. Bielefeld: Aisthesis 1997. Elizabeth Wright: Eine Ästhetik des
Ekels. Elfriede Jelineks Roman «Die Klavierspielerin». In: text + kritik
117 (1999), S. 83–91.

[19] Gespräch mit Hans Uhl am 19. März 2005 in Wien.

[20] BAWS, Personalakte Friedrich Jelinek.

[21] WSLA, Meldeunterlagen Friedrich Jelinek.

[22] UATU, Inskriptionsunterlagen Friedrich Jelinek.

[23] BAWS, Personalakte Friedrich Jelinek.

[24] Matriken Pfarre Wien-Reindorf 1928.

[25] BAWS, Personalakte Friedrich Jelinek.

[26] Ebd.

[27] UATU, Inskriptionsunterlagen Friedrich Jelinek.

[28] Ilona Jelinek 1983 im Interview mit Elisabeth Spanlang.

[29] BAWS, Personalakte Friedrich Jelinek.

[30] Vgl. Juliane Mikoletzky: «Von jeher ein Hort starker nationaler Gesin-
nung». Die Technische Hochschule in Wien und der Nationalsozialismus. Wien: 2003 (Veröffentlichungen des Universitätsarchivs der Technischen Universität Wien 8), S. 24.

[31] UATU, Prüfungsprotokoll Nr. 7 vom 14. November 1940.

[32] UATU, Rigorosenakt 2/25 aus 1954.

[33] Ein Haus in Traiskirchen. Semperit Reifen – Die ersten 100 Jahre.
Traiskirchen o. J.

[34] UATU, Rigorosenakt Friedrich Jelinek.

[35] BAWS, Personalakte Friedrich Jelinek.

[36] Ebd.

[37] Elfriede Jelinek im Interview mit Heinrichs, a. a. O., S. 783.

[38] UATU, Rigorosenakt Friedrich Jelinek.

[39] Schule. In: Homepage Elfriede Jelinek, 28. Mai 2004.

[40] Gespräch mit Hans Uhl.

[41] Erschwerende Umstände oder Kindlicher Bericht über einen Verwandten.
In: Das Lächeln meines Großvaters und andere Familiengeschichten erzählt von 47 deutschen Autoren. Hrsg. von Wolfgang Weyrauch. Düsseldorf: Claassen 1977, S. 109.

[42] BAWS, Personalakte Friedrich Jelinek.

[43] Elfriede Jelinek im Interview mit Müller, a. a. O., S. 200.

[44] Elfriede Jelinek im Interview mit Friedl, a. a. O., S. 34.

[45] KL 117

[46] KL 120 f.

[47] KL 121

[48] KL 123

[49] Ilona Jelinek im Interview mit Elisabeth Spanlang 1983.

[50] *Im Lauf der Zeit,* a. a. O., S. 116.

[51] KI 78

[52] KI 482 ff.

weg einer wienerin *burgtheater 1985*

[1] Vgl. Heinz Sichrovsky in Basta 11 (1985).

[2] TS 134

[3] TS 189

[4] Elfriede Jelinek an Reinhard Urbach, Brief vom 15. September 1980.

[5] Gespräche mit Reinhard Urbach und Klemens Renoldner, damals Jelineks beide Gesprächspartner, im Dezember 2004.

[6] Neue Kronen Zeitung vom 31. März 1981.

[7] Elfriede Jelinek an Otto Breicha, undatiert. ÖLA, Nachlass Otto Breicha.

[8] Otto Breicha an Elfriede Jelinek, Brief vom 24. Februar 1981, a. a. O.

[9] Elfriede Jelinek an Otto Breicha, undatiert, a. a. O.

[10] Elfriede Jelinek an Otto Breicha, undatiert, a. a. O.

[11] Vgl. Hellmuth Karasek im Spiegel 40 (1982).

[12] Michael Jeannée in der Kronen Zeitung vom 1. Dezember 1985.

[13] Peter Michael Lingens in profil 48 (1985).

[14] Zit. n. Michael Jeannée in der Kronen Zeitung vom 12. Dezember 1985.

[15] In seinem spektakulären «Geheimreport», den er 1943/44 für den amerikanischen Geheimdienst verfasste, bewertete Zuckmayer den Fall Paula Wessely als «positiv». Sie hätte «nach Möglichkeit Klassiker und ältere Stücke gespielt und sich auch im Film nie auf Propaganda-Rollen eingelassen».

[16] Format vom 15. Mai 2000.

[17] *Das zweite Gesicht.* In: Die Zeit vom 15. Mai 1992. *Kitschliesl.* In: Homepage Elfriede Jelinek, 10. September 2003.

[18] MN, S. 23 f.

[19] Wienerin 11 (1986).

[20] *In den Waldheimen und auf den Haidern.* In: Die Zeit vom 5. Dezember 1986.

[21] Kurier vom 22. Dezember 1986.

[22] Vgl. Die Zeit vom 18. Juli 1986, S. 44.

[23] Zit. n. Janke, Nestbeschmutzerin, S. 50.

[24] Volksstimme vom 23. Juni 1987.

[25] Johann Nestroy: Komödien. Dritter Band. Frankfurt am Main: Insel 1987 (insel taschenbuch 526), S. 530.

[26] *Präsident Abendwind.* In: Text + Kritik 117 (1999), S. 32.

[27] In Innsbruck 1992.

in den alpen *oh wildnis, oh schutz vor ihr 1985*

[1] trend-profil-Extra 1 (1987).

[2] Cosmopolitan 5 (1985).

[3] trend-profil-Extra 1 (1987).

[4] Ebd.

[5] OW 276

[6] Volksstimme vom 1. November 1986.

[7] OW 24 f.

[8] Roland Barthes: Mythen des Alltags. Frankfurt am Main: Suhrkamp 1964. Vgl. dazu die Darstellung von Marlies Janz, die das Gesamtwerk Elfriede Jelineks unter dem Gesichtspunkt der Barthes'schen Trivialmythen-Theorie deutet. Marlies Janz: Elfriede Jelinek. Stuttgart: Metzler 1995 (Sammlung Metzler 286).

[9] *Albertgasse 38.* In: Festschrift RG/WRG VIII. Wien 1994, S. 141.

[10] Zit. n. Volksstimme vom 25. März 1988.

[11] Interview mit Olga Neuwirth am 9. März 2005 in Berlin.

[12] Olga Neuwirth: Über die Faszination der Texte Elfriede Jelineks für eine/n Komponistin/en und über die Schwierigkeiten einer Realisierung von Partituren mit Texten Elfriede Jelineks. In: Elfriede Jelinek. Die internationale Rezeption. Hrsg. von Daniela Bartens und Paul Pechmann. Graz, Wien: Droschl 1997 (Dossier Extra), S. 220.

[13] Ebd., S. 224.

[14] LU 189

[15] KI 25

[16] IA 173 f.

[17] Falter 14 (2003).
[18] Zit. n. Die Zeit vom 11. März 2004.

feministin und fashion victim *lust 1989*

[1] Frankfurter Rundschau vom 7. Juli 1986.
[2] Ruhr-Nachrichten vom 11. August 1986.
[3] *Begierde & Fahrerlaubnis (eine Pornographie). Erster Text von vielen ähnlichen.* In: manuskripte 93 (1986), S. 74–76.
[4] Ebd., S. 76.
[5] Elfriede Jelinek im Interview mit Herlinde Koelbl. In: Herlinde Koelbl: Im Schreiben zu Haus – wie Schriftsteller zu Werke gehen. München: Knesebeck 1998, S. 64.
[6] Ebd.
[7] Volksstimme vom 22. Juli 1978.
[8] Verena Stefan: Häutungen. Autobiographische Aufzeichnungen. München: Verlag Frauenoffensive 1975, S. 98.
[9] Die Schwarze Botin 1 (1976).
[10] Die Schwarze Botin 2 (1977).
[11] Ebd.
[12] Gespräch mit Eva Meyer am 11. April 2005 in Berlin. Vgl. Eva Meyer: Den Vampir schreiben. Zu «Krankheit oder Moderne Frauen». In: Gegen den schönen Schein. Texte zu Elfriede Jelinek. Frankfurt am Main: Verlag Neue Kritik 1990, S. 98–111.
[13] Süddeutsche Zeitung vom 17. Februar 1987.
[14] die tageszeitung vom 10. Oktober 1987.
[15] stern 37 (1988).
[16] ... und alle Fragen offen. Das Beste aus dem Literarischen Quartett. Hrsg. von Stephan Reichenberger. München: Heyne 2000, S. 61 f.
[17] Volker Hage in der Zeit vom 7. April 1989.
[18] Frank Schirrmacher in der F.A.Z. vom 22. April 1989.
[19] Annette Meyhöfer im Spiegel 14 (1989).
[20] Rudolf Krämer-Badoni in der Welt vom 20. Mai 1989.
[21] Dorothea Zeemann: Die Jungfrau und das Reptil. Frankfurt am Main: Suhrkamp 1989.
[22] stern 18 (1989).
[23] profil 13 (1989).

[24] Tempo 4 (1990).

[25] Elfriede Jelinek im Interview mit Alice Schwarzer, a. a. O., S. 50.

[26] Elfriede Jelinek im Interview mit Müller, a. a. O., S. 195.

[27] Ebd., S. 206.

[28] Elfriede Jelinek an André Müller. Postkarte vom 25. Juni 1990. In: Müller, Gespräche, S. 395.

[29] Heiner Müller. Bonner Krankheit. In: Theater der Zeit 11 (2004), S. 5.

[30] Frankfurter Rundschau vom 13. Oktober 2004.

[31] Elfriede Jelinek im Gespräch mit Ulrich Weinzierl. In: Die Welt vom 8. Dezember 2004.

[32] Ina Hartwig: Sexuelle Poetik. Proust. Musil. Genet. Jelinek. Frankfurt am Main: Fischer 1998 (Fischer Taschenbuch 13959), S. 233.

[33] LU 26

[34] LU 16

[35] LU 203

[36] Definition des OLG Düsseldorf, auf die in der deutschen Rechtsprechung oft zurückgegriffen wird. Danach handelt es sich bei Pornografie um «grobe Darstellungen des Sexuellen, die in einer den Sexualtrieb aufstachelnden Weise den Menschen zum bloßen, auswechselbaren Objekt geschlechtlicher Begierde degradieren. Diese Darstellungen bleiben ohne Sinnzusammenhang mit anderen Lebensäußerungen und nehmen spurenhafte gedankliche Inhalte lediglich zum Vorwand für provozierende Sexualität.» (Neue Juristische Wochenschrift 1974, S. 1474)

[37] LU 24

[38] LU 78

[39] LU 28

[40] Elfriede Jelinek im Interview mit Alice Schwarzer, a. a. O., S. 51.

[41] Das Über Lager. In: Ablagerungen. Hrsg. von Elfriede Gerstl und Herbert J. Wimmer. Linz, Wien: edition neue texte 1989.

[42] Ebd.

[43] Elfriede Gerstl: Sie narrt den Stier. In: du 700 (1999), S. 29.

[44] Ebd.

[45] Elfriede Gerstl. Die Frau als Wutableiter. In: Literaturlandschaft Österreich. Wie sie einander sehen, wie die Kritik sie sieht: 39 prominente Autoren. Hrsg. von Michael Cerha. Wien: Brandstätter 1995, S. 33.

[46] Vgl. Brauchen wir eine neue Gruppe 47? 55 Fragebögen zur deutschen Literatur. Eingesammelt von Joachim Leser und Georg Guntermann. Bonn: Reinhard Nenzel Verlag 1995.

[47] *Der Krieg mit anderen Mitteln*. In: Kein objektives Urteil – nur ein lebendiges. Texte zum Werk von Ingeborg Bachmann. Hrsg. von Christine Koschel und Inge von Weidenbaum. Müchen, Zürich: Piper 1989 (sp 792), S. 312.

[48] *Der Krieg mit anderen Mitteln*, S. 313.

[49] Ebd.

[50] Isabelle Huppert in Malina. Ein Filmbuch von Elfriede Jelinek. Frankfurt am Main: Suhrkamp 1991, S. 21.

[51] Elfriede Jelinek im Gespräch mit Alice Schwarzer, a. a. O., S. 54.

[52] Gespräch mit Isabelle Huppert am 12. Mai 2005 in Recklinghausen.

zwischenspiel auf dem theater *wolken.heim. 1993*

[1] NT 145

[2] Kleine Zeitung vom 10. April 1981.

[3] Heiner Müller, Bonner Krankheit, a. a. O., S. 4.

[4] Die Zeit vom 27. Februar 1987.

[5] TS 266–285

[6] M. Das Magazin. 9 (1984), S. 76.

[7] *Ich möchte seicht sein.* In: Theater heute, Jahrbuch 1983, S. 102.

[8] Ebd.

[9] Ebd.

[10] TheaterZeitSchrift 7 (1984).

[11] Einar Schleef: Droge Faust Parsifal. Frankfurt am Main: Suhrkamp 1997, S. 487 f.

[12] Vgl. Robin Detje: Castorf. Provokation aus Prinzip. Berlin: Henschel 2002, S. 205.

[13] stern 4 (1995).

[14] *Die Puppe.* In: Das allerletzte Schauspielhaus-Magazin. Hamburg 2000, S. 184.

[15] Ebd.

[16] Ebd.

[17] SP 7

[18] PR 103

[19] Elfriede Jelinek im Interview mit Roland Koberg. In: DT Magazin 6 (2002).

gespenstergeschichte *die kinder der toten 1995*

[1] profil 44 (1994).

[2] Die Presse vom 29. Oktober 1994.

[3] Gernot Rumpold, zit. n. Roland Koberg. In: Die Zeit vom 24. November 1995.

[4] KI 46. Vgl. auch Haider. Österreich und die rechte Versuchung. Hrsg. von Hans-Henning Scharsach. Reinbek: Rowohlt 2000 (rororo 22933).

[5] Erlass des Bundesministeriums für Unterricht und Kunst vom 11. Oktober 1991.

[6] Kronen Zeitung vom 10. Mai 1992.

[7] *Die weiße Frau und der Fluß.* In: Der Standard vom 24. Februar 1995.

[8] KI 159

[9] KI 645

[10] profil 38 (1991).

[11] KI 525

[12] KI 632

[13] KI 490

[14] KI 459

[15] KI 602

[16] Sigmund Freud: Das Unheimliche. In: Gesammelte Werke. Zwölfter Band. Werke aus den Jahren 1917–1920. Frankfurt am Main: S. Fischer 1947, S. 231.

[17] Ebd., S. 254.

[18] KI 568

[19] KI 380

[20] KI 643

[21] KI 643

[22] Vgl. Uda Schestag: Sprachspiel als Lebensform. Strukturuntersuchungen zur erzählenden Prosa Elfriede Jelineks. Bielefeld: Aisthesis 1997.

[23] Elfriede Jelinek an Otto Breicha, undatiert, a. a. O.

[24] Vgl. Klaus Nüchtern in Falter 36 (1995).

[25] Der Standard vom 14. Oktober 1995.

[26] News 40 (1995).

[27] Die Presse vom 9. September 1995.

[28] Kronen Zeitung vom 10. Mai 1992. Die Wiener Staatsanwaltschaft stellte zwar fest, der Artikel verharmlose den nationalsozialistischen Massenmord, aber nicht «gröblich». Vgl. Janke, Nestbeschmutzerin, S. 104.

[29] NT 51

[30] Elfriede Jelinek im Gespräch mit Stefanie Carp. In: Programmheft des Deutschen Schauspielhauses in Hamburg zu Stecken, Stab und Stangl, S. 11.

[31] Vgl. Janke, Nestbeschmutzerin, S. 113.

[32] dpa vom 3. April 1996.

[33] Kronen Zeitung vom 12. April 1996.

[34] Elfriede Jelinek im Gespräch mit Stefanie Carp, a. a. O., S. 11 f.

[35] Thomas Bernhard: Heldenplatz. Frankfurt am Main: Suhrkamp 1988, S. 97.

[36] *Atemlos.* In: Die Zeit vom 24. Februar 1989.

[37] *Hier sitz' ich, forme ein Menschenpaket nach meinem Bilde.* In: Süddeutsche Zeitung vom 9. März 2002.

[38] Zit. n. Janke, Nestbeschmutzerin, S. 111.

[39] SP 10

[40] SP 48

[41] Ivan Nagel. In: Die Bühne 7/8 (1998).

[42] Jelineks Wahl. Literarische Verwandtschaften. Hrsg. von Elfriede Jelinek und Brigitte Landes. München: Goldmann 1998 (btb 72369), S. 13 f.

[43] Gespräch mit Brigitte Landes am 13. Februar 2005 in Berlin.

[44] Elfriede Gerstl, Die Frau als Wutableiter, S. 32.

[45] Gespräch mit Gert Jonke am 31. Januar 2005 in Wien.

[46] Salzburger Nachrichten vom 8. August 1998.

[47] *Was uns vorliegt. Was uns vorgelegt wurde.* In: Text + Kritik. Zeitschrift für Literatur. Heft 117. Elfriede Jelinek. Hrsg. von Heinz Ludwig Arnold. Zweite, erweiterte Auflage. Göttingen: August 1999. S. 7.

[48] F.A.Z. vom 19. Oktober 1998.

[49] Ebd.

der wanderer *ein sportstück 1998*

[1] *Das Schweigen.* In: Das Lebewohl. 3 kl. Dramen. Berlin: Berlin Verlag 2000, S. 46.

[2] Ebd., S. 47.

[3] SP 17

[4] SP 170

[5] SP 184

[6] SP 185

[7] Sylvia Plath: Ariel. Frankfurt am Main: Suhrkamp 1974.

[8] SP 184

[9] Rita Thiele: Sportstück. In: Einar Schleef Arbeitsbuch. Berlin: Theater der Zeit 2002, S. 216 f.

[10] Einar Schleef: Droge Faust Parsifal. Frankfurt am Main: Suhrkamp 1997, S. 266.

[11] *Unter dem Lichtspalt (noch einmal zu Einar Schleef).* In: Theater der Zeit 4 (2004).

[12] Elfriede Jelinek im Gespräch mit Wolfgang Kralicek. In: Falter 32 (2001).

[13] stern 43 (2004).

[14] Ebd.

[15] KL 140

[16] KL 140

[17] Jelineks Wahl. Hrsg. von Elfriede Jelinek und Brigitte Landes. München: Goldmann 1998, S. 14.

[18] MN 70

[19] MN 71

[20] MN 76

[21] *Oh mein Papa.* In: Das jüdische Echo, Dezember 2001.

[22] Der Text war ursprünglich für eine Tanztheater-Performance geschrieben, 2004 wurde er als Hörspiel mit Elfriede Jelinek als Sprecherin produziert.

[23] *Ikarus. Ein höheres Wesen.* In: Homepage Elfriede Jelinek.

[24] Gespräch mit Nina Hoss am 16. April 2005 in Berlin.

[25] Die Uraufführung von *Macht nichts* fiel damit an Zürich, wo Jossi Wieler das Stück probte (die Inszenierung mit André Jung als Wanderer bekam später den Mülheimer Theaterpreis).

[26] Elfriede Jelinek an Einar Schleef, Brief vom 19. Februar 2001. Einar Schleef-Archiv, Akademie der Künste Berlin.

[27] Ebd.

[28] Elfriede Jelinek an Einar Schleef, Brief vom 22. Mai 2001, a. a. O.

[29] Elfriede Jelinek an Einar Schleef, Brief vom 5. März 2001, a. a. O.

[30] Einar Schleef an Elfriede Jelinek, undatierter Brief, a. a. O.

[31] Frankfurter Rundschau vom 7. August 2001.

[32] *Dankrede aus Anlass der Verleihung des Theaterpreises Berlin,* gehalten am 9. Mai 2002 im Berliner Ensemble. In: Homepage Elfriede Jelinek.

[33] *Dankrede,* a. a. O.

[34] IA 170

[35] Frankfurter Allgemeine Sonntagszeitung vom März 2003.

[36] Gespräch mit Nicolas Stemann in Berlin.

enden mit schrecken *gier 2000*

[1] Moment! Aufnahme! Folge vom 28.1.2000. In: Frankfurter Rundschau vom 3. Februar 2000.

[2] tageszeitung vom 1. Februar 2000.

[3] *Wie eine Schlange zustoßen.* In: Format 6 (2000).

[4] Der Standard vom 7. Februar 2000.

[5] Kleine Zeitung vom 20. September 2000.

[6] LW 14

[7] LW 21

[8] Die Presse vom 3./4. März 1984.

[9] GI 369

[10] GI 209

[11] GI 345

[12] Weltwoche vom 1.10.1992.

[13] *Der Krimi-Tip.* In: Extrablatt 4 (1980).

[14] Wiener 4 (1984).

[15] Elfriede Jelinek im Interview mit Meyer, a. a. O., S. 41.

[16] SP 85

[17] Der Standard vom 9. November 1998.

[18] Elfriede Jelinek im Interview mit Koelbl, a. a. O., S. 66.

[19] «*Ich liebe Österreich*». In: Schlingensiefs Ausländer raus. Dokumentation von Matthias Lilienthal und Claus Philipp. Frankfurt am Main: Suhrkamp 2000, S. 151 f.

[20] Welt am Sonntag vom 11. Juni 2000.

[21] Sächsische Zeitung vom 31. Juli 2000.

[22] Ebd.

[23] Isabelle Huppert im Gespräch.

[24] Elfriede Jelinek an Einar Schleef, Brief vom 21. Juni 2001, a. a. O.

[25] *Angst.Störung.* In: Homepage Elfriede Jelinek, 14. September 2005.

[26] GI 445

[27] GI 458

[28] GI 460

[29] APA vom 12. April 2002.

[30] BA 71

[31] BA 82

[32] *Interferenzen im E-Werk.* In: Schlingensiefs Ausländer raus, S.165.

[33] BA 9

schwedischer schlussakkord *im abseits 2004*

[1] Falter 42 (2004).

[2] Zit. n. Berliner Zeitung vom 16. Oktober 2004.

[3] Ilse Aichinger: Nobelsonne – kein Schattenspiel. In: NZZ vom 9. Dezember 2004.

[4] Zit. n. Die Welt vom 8. Oktober 2004.

[5] Die Welt vom 10. Dezember 2004.

[6] Der Spiegel 42 (2004).

[7] Der Spiegel 42 (2005).

[8] Bild vom 8. Oktober 2004.

[9] Elfriede Jelinek im Interview mit André Müller. In: Berliner Zeitung vom 27./28. November 2004.

[10] Elfriede Jelinek im Gespräch mit Heinrichs, a. a. O., S. 764.

[11] *Österreich. Ein deutsches Märchen.* In: Homepage Elfriede Jelinek, 13. Dezember 2002.

[12] *Das Wort, als Fleisch verkleidet.* In: Homepage Elfriede Jelinek, 13. Juni 2004.

[13] Karl Kraus: Nestroy und die Nachwelt. Frankfurt am Main: Suhrkamp 1975.

[14] *Im Abseits.* In: Homepage Elfriede Jelinek, 9. Januar 2005.

● literaturverzeichnis

werke von elfriede jelinek

lyrik

Lisas Schatten. München: Relief-Verlag-Eilers 1967 (Der Viergroschenbogen Folge 76)

ende. gedichte 1966–1968. München: Lyrikedition 2000 = *EN*

prosa

wir sind lockvögel baby! Reinbek: Rowohlt 1970 = *LO*

Michael. Ein Jugendbuch für die Infantilgesellschaft. Reinbek: Rowohlt 1972 (das neue buch 12) = *MI*

Die Liebhaberinnen. Reinbek: Rowohlt 1975 (das neue buch 64) = *LI*

bukolit. hörroman. mit bildern von robert zeppel-sperl. Wien: Rhombus 1979 (Hrsg. von Vintila Ivanceanu) = *BU*

Die endlose Unschuldigkeit. Prosa – Hörspiel – Essay. München: Schwiftinger Galerie Verlag 1980.

Die Ausgesperrten. Reinbek: Rowohlt 1980 = *AU*

Die Klavierspielerin. Reinbek: Rowohlt 1983 (das neue buch) = *KL*

Oh Wildnis, oh Schutz vor ihr. Reinbek: Rowohlt 1985 = *OW*

Lust. Reinbek: Rowohlt 1989 = *LU*

Die Kinder der Toten. Reinbek: Rowohlt 1995 = *KI*

Gier. Ein Unterhaltungsroman. Reinbek: Rowohlt 2000 = *GI*

theaterstücke

Theaterstücke. Was geschah, nachdem Nora ihren Mann verlassen hatte oder Stützen der Gesellschaften. Clara S. musikalische Tragödie. Burgtheater. Krankheit oder Moderne Frauen. Reinbek: Rowohlt 1992 (rororo 12996) = *TS*

Totenauberg. Ein Stück. Reinbek: Rowohlt 1991 = *TO*

Neue Theaterstücke. Stecken, Stab und Stangl. Raststätte oder Sie machens alle. Wolken.Heim. Reinbek: Rowohlt 1997 (rororo 22276) = *NT*

Ein Sportstück. Reinbek: Rowohlt 1998 = *SP*

er nicht als er (zu, mit Robert Walser). Frankfurt am Main: Suhrkamp 1998 = *ER*

Macht nichts. Eine kleine Trilogie des Todes. Reinbek: Rowohlt 1999 (Rowohlt Paperback) = *MN*

Das Lebewohl. 3 kl. Dramen. Berlin: Berlin Verlag 2000 = *LE*

In den Alpen. Drei Dramen. Berlin: Berlin Verlag 2002 = *IA*

Der Tod und das Mädchen I–V. Prinzessinnendramen. Berlin: Berliner Taschenbuchverlag 2003 = *PR*

Bambiland. Babel. Zwei Theatertexte. Reinbek: Rowohlt 2004 = *BA*

homepage

www.elfriedejelinek.com

Veröffentlichungen in Sammelbänden, Essays, Hörspiele, Drehbücher und Übersetzungen sind in den Anmerkungen bibliographiert.

interviews

Friedl, Harald: Elfriede Jelinek. In: Die Tiefe der Tinte. Hrsg. von Harald Friedl. Salzburg: Verlag Grauwerke 1990, S. 27–51.

Heinrichs, Hans-Jürgen: Gespräch mit Elfriede Jelinek. In: Sinn und Form 6 (2004), S. 760–783.

Koelbl, Herlinde: Elfriede Jelinek. In: Herlinde Koelbl: Im Schreiben zu Haus – Wie Schriftsteller zu Werke gehen. Fotografien und Gespräche. München: Knesebeck 1998, S. 64–66.

Maresch, Rudolf: Elfriede Jelinek. Nichts ist verwirklicht. Alles muss neu definiert werden. In: Zukunft oder Ende. Hrsg. von Rudolf Maresch. München: Boer 1993, S. 125–143.

Meyer, Adolf-Ernst: Elfriede Jelinek. In: Jutta Heinrich, Adolf-Ernst Meyer: Sturm und Zwang. Schreiben als Geschlechterkampf. Hamburg: Ingrid Klein Verlag 1995, S. 5–74.

Müller, André: Elfriede Jelinek. In: Österreicher(innen). Wien, Linz, Weitra, München: Bibliothek der Provinz 1994, S. 191–206.

Roscher, Achim: Macht und Demütigung, mein Thema. Gespräch mit Elfriede Jelinek. In: Lebensmuster. Zehn Gespräche. Berlin: Aufbau 1995, S. 9–28.

Sauter, Josef-Hermann: Elfriede Jelinek. Interviews mit österreichischen Autoren. In: *Weimarer Beiträge* 6 (1981), S. 109–117.

archive

Wiener Stadt- und Landesarchiv (WSLA)
Betriebsarchiv Wienenergie-Wienstrom (BAWS)
Betriebsarchiv Siemens
Universitätsarchiv der Technischen Universität Wien (UATU)
Österreichisches Literaturarchiv (ÖLA)
Dokumentationsstelle für neuere österreichische Literatur
Alfred-Klahr-Gesellschaft
Verein der Geschichte der Arbeiterbewegung
Stiftung Akademie der Künste Berlin/Einar Schleef-Archiv
Forschungsinstitut Brenner-Archiv der Universität Innsbruck
Archiv der Universität Wien

ausgewählte literatur zu elfriede jelinek

Elfriede Jelinek: Hrsg. von Kurt Bartsch und Günther A. Höfler. Graz,
Wien: Droschl 1991 (Dossier Band 2).

Elfriede Jelinek. Die internationale Rezeption. Hrsg. von Daniela Bartens
und Paul Pechmann. Graz, Wien: Droschl 1997 (Dossier Extra).

Elfriede Jelinek. Hrsg. von Heinz Ludwig Arnold. Text + Kritik 117
(Zweite, erweiterte Auflage 1999).

Elfriede Jelinek. Framed by language. Hrsg. von Katherine Arens und
Jorun B. Johns. Riverside: Ariane 1994 (Studies in Austrian Literature,
Culture and Thought).

Elfriede Jelinek. Schreiben. Fremd bleiben. *du* 700 (1999).

Fiddler, Allyson: Rewriting Reality. An Introduction to Elfriede Jelinek.
Oxford: Berg 1994 (New Directions in European Writing).

Haneke/Jelinek. Die Klavierspielerin. Drehbuch, Essays, Gespräche.
Hrsg. von Stefan Grissemann. Wien: Sonderzahl 2001.

Hoffmann, Yasmin: Elfriede Jelinek. Sprach- und Kulturkritik im Erzähl-werk. Opladen: Westdeutscher Verlag 1999 (Kulturwissenschaftliche Stu-dien zur deutschen Literatur).

Gegen den schönen Schein. Texte zu Elfriede Jelinek. Hrsg. von Christa Gürtler. Frankfurt am Main: Verlag Neue Kritik 1990.

Hartwig, Ina: Sexuelle Poetik. Proust, Musil, Genet, Jelinek. Frankfurt am Main: Fischer 1998 (Fischer Taschenbuch 13959).

Isabelle Huppert in Malina. Ein Filmbuch von Elfriede Jelinek. Nach dem Roman von Ingeborg Bachmann. Frankfurt am Main: Suhrkamp 1991.

Janz, Marlies: Elfriede Jelinek. Stuttgart: Metzler 1995 (Sammlung Metz-ler 286).

Janke, Pia: Werkverzeichnis Elfriede Jelinek. Wien: Edition Praesens 2004.

Janke, Pia: Die Nestbeschmutzerin. Salzburg, Wien: Jung und Jung 2002.

Jelineks Wahl. Literarische Verwandtschaften. Hrsg. von Elfriede Jelinek und Brigitte Landes. München: Goldmann 1998 (btb 72369).

Schestag, Uda: Sprachspiel als Lebensform. Strukturuntersuchungen zur erzählenden Prosa Elfriede Jelineks. Bielefeld: Aisthesis 1997.

Spanlang, Elisabeth: Studien zum Frühwerk. Wien: Diss. 1992.

Aufsätze, Zeitungsartikel, Interviews in Zeitungen und verwendete Literatur sind in den Anmerkungen bibliographiert.
Die nicht eigens ausgewiesenen Zitate entstammen Interviews, die die Auto-ren mit Elfriede Jelinek persönlich oder per E-Mail geführt haben.

● zeittafel

1946 Elfriede Jelinek wird am 20. Oktober im steirischen Mürzzuschlag geboren. Die Eltern sind die Angestellte Olga Ilona Jelinek (geb. 1904 in Steierdorf) und der Beamte Friedrich Jelinek (geb. 1900 in Wien), sie leben in Wien.

1950 Elfriede Jelinek, die in der Laudongasse in Wien VIII aufwächst, besucht an der Klosterschule Notre Dame de Sion den Kindergarten und später auch die Volksschule. Sie erhält Ballettunterricht.

1953 Lernt Klavier an der Bezirksmusikschule, später auch Blockflöte, Geige, Gitarre und Bratsche.

1956 Eintritt ins Realgymnasium für Mädchen in der Albertgasse in Wien VIII.

1960 Beginn der Ausbildung zur Berufsmusikerin am Konservatorium Wien. Fächer: Orgel, Klavier, Blockflöte und Komposition. Anzeichen einer psychischen Krise, Behandlung.

1962 Schrittweiser Umzug der Familie nach Wien XIV.

1964 Matura. Auf der Heimfahrt vom Ferienort in der Obersteiermark erleidet Elfriede Jelinek einen Zusammenbruch und muss behandelt werden. Beginn des Studiums der Theaterwissenschaft und Kunstgeschichte an der Universität Wien, das sie nach sechs Semestern aufgibt. Erste Gedichte und Kompositionen nach eigenen Gedichten.

1967 In der Österreichischen Gesellschaft für Literatur interessiert man sich für ihre Gedichte. Teilnahme an der 18. Österreichischen Jugendkulturwoche in Innsbruck. Der Lyrikband *Lisas Schatten* erscheint in München.

1968 Krankheitsbedingt verlässt Elfriede Jelinek das Haus ein Jahr nicht. Im August wird ihr Vater in ein Pflegeheim gebracht. Elfriede Jelinek veröffentlicht Gedichte in der Zeitschrift *protokolle*. Erster Roman *bukolit*, der aber erst 1979 erscheint.

1969 Der alzheimerkranke Vater wird in das Psychiatrische Krankenhaus Baumgartner Höhe verlegt. Elfriede Jelinek erhält bei der 20. Jugendkulturwoche in Innsbruck die Preise für Prosa und Lyrik. Im Mai stirbt der Vater. Lyrikpreis der Österreichischen Hochschülerschaft.

1970 Romandebüt *wir sind lockvögel baby!* im Rowohlt Verlag.

1971 Abschluss des Orgelstudiums.

1972 Umzug nach Berlin im Frühjahr, Krimi-Kolumne im Radio SFB, Verleihung des Österreichischen Staatsstipendiums für Literatur. Roman *Michael. Ein Jugendbuch für die Infantilgesellschaft.*

1973 Januar bis März Aufenthalt in Olevano bei Rom, danach Rückkehr nach Wien.

1974 Beitritt zur Kommunistischen Partei Österreichs. Heiratet den in München lebenden Informatiker Gottfried Hüngsberg.

1975 *Die Liebhaberinnen.*

1976 Fernsehfilm *Ramsau am Dachstein*. Elfriede Jelinek beendet die Arbeit an der Übersetzung von Thomas Pynchons *Gravity's Rainbow*.

1978 Roswitha-Gedenkmedaille der Stadt Bad Gandersheim.

1979 *Was geschah, nachdem Nora ihren Mann verlassen hatte* (Uraufführung am Schauspielhaus Graz). Drehbuchförderung des Bundesministeriums des Innern (BRD) für das Exposé von *Die Ausgesperrten.*

1980 Schreibt *Burgtheater*. Roman *Die Ausgesperrten*.

1981 Thomas Pynchons *Die Enden der Parabel* erscheint in der Übersetzung von Elfriede Jelinek und Thomas Piltz.

1982 Verfilmung von *Die Ausgesperrten*. *Clara S.* (Schauspiel Bonn).

1983 Roman *Die Klavierspielerin*.

1984 Österreichischer Würdigungspreis für Literatur.

1985 Prosa *Oh Wildnis, oh Schutz vor ihr*. Am Schauspiel Bonn wird *Burgtheater* uraufgeführt und sorgt für Aufregung in Österreich.

1986 Elfriede Jelinek erhält als erste Frau den Heinrich-Böll-Preis.

1987 *Krankheit oder Moderne Frauen* (Schauspiel Bonn). Literaturpreis des Landes Steiermark.

1988 *Wolken.Heim.* (Schauspiel Bonn).

1989 Ihr Roman *Lust* wird ein Bestseller. Preis der Stadt Wien.

1991 Austritt aus der KPÖ.

1992 *Totenauberg* (Akademietheater Wien). Beginnt ihren Roman *Die Kinder der Toten*.

1993 *Wolken.Heim.* wird am Deutschen Schauspielhaus Hamburg aufgeführt und später als deutschsprachige «Inszenierung des Jahres» ausgezeichnet.

1994 Walter Hasenclever-Preis der Stadt Aachen. *Raststätte oder Sie machens alle* (Akademietheater Wien). Peter-Weiss-Preis der Stadt Bochum.

1995 *Raststätte* (Deutsches Schauspielhaus Hamburg). *Die Kinder der Toten*. Im Oktober affichiert die Freiheitliche Partei ein Plakat, auf dem zu lesen ist: «Lieben Sie Scholten, Jelinek, Häupl, Peymann, Pasterk ... oder Kunst und Kultur?»

1996 Bremer Literaturpreis für *Die Kinder der Toten*. *Stecken, Stab und Stangl* (Deutsches Schauspielhaus Hamburg).

1998 *Ein Sportstück* (Burgtheater Wien). «Dichterin zu Gast» bei den Salzburger Festspielen. Erhält den Georg-Büchner-Preis.

2000 Als die ÖVP eine Koalition mit Jörg Haiders rechtsgerichteter FPÖ bildet, will Elfriede Jelinek keine Neuinszenierungen ihrer Stücke gestatten (nach zwei Jahren wieder aufgehoben). Ihr Stück *Das Lebewohl* wird als Auftakt einer Demonstration auf dem Wiener Heldenplatz vorgetragen. Im September stirbt ihre Mutter. Roman *Gier*. Elfriede Jelinek gibt ihren Wechsel zum Berlin Verlag bekannt. *manuskripte*-Preis des Landes Steiermark.

2001 Die Premiere von *Macht nichts* in Berlin kann nach dem Tod Einar Schleefs nicht stattfinden. Die Verfilmung von *Die Klavierspielerin* wird in Cannes mehrfach ausgezeichnet.

2002 Theaterpreis Berlin der Stiftung Preußische Seehandlung. Mülheimer Dramatikerpreis. *In den Alpen* (Kammerspiele München), *Prinzessinnendramen I–III* (Deutsches Schauspielhaus Hamburg), *Prinzessinnendramen IV–V* (Deutsches Theater Berlin). Heinrich-Heine-Preis der Stadt Düsseldorf.

2003 *Das Werk* (Akademietheater Wien). Else-Lasker-Schüler-Preis des Pfalztheaters Kaiserslautern für das dramatische Gesamtwerk. *Bambiland* (Burgtheater Wien).

2004 Lessing-Preis für Kritik. Hörspielpreis der Kriegsblinden für *Jackie*. Mülheimer Dramatikerpreis für *Das Werk*. Prager Franz Kafka-Literaturpreis. Schwedischer Stig Dagerman-Preis. Elfriede Jelinek erhält den Nobelpreis für Literatur. Aus gesundheitlichen Gründen fährt sie nicht zur Verleihung. Dankrede *Im Abseits*.

2005 *Babel* (Akademietheater Wien).

● dank

Wir danken Elfriede Jelinek für die Großzügigkeit, mit der sie uns Einblick in ihre Arbeit und in ihr Leben gewährt hat. Alexander Fest und Uwe Naumann haben sich für das Projekt zu einer Zeit begeistert, als von Nobelpreis keine Rede war. Frank Wegner hat uns als Lektor geduldig und entschlossen über Hürden hinweggeholfen. Romy Rottmann hat in mühevoller Kleinarbeit den Bildteil besorgt.

Das Buch wäre nicht zustande gekommen ohne unsere Interviewpartner, die sich für ausführliche Gespräche Zeit genommen haben: Aramis, Karl Baratta, Ilse Barta, Christa Breicha, Corinna Brocher, Peter O. Chotjewitz, Peter Eschberg, Elfriede Gerstl, Renate Gutschelhofer, Peter Henisch, Nina Hoss, Isabelle Huppert, Gert Jonke, Patricia Jünger, Leander Kaiser, Alfred Kolleritsch, Adele Kraft, Brigitte Landes, Gert Loschütz, Paulus Manker, Jürgen Manthey, Leopold Marksteiner, Eva Meyer, Friedl Neuhauser, Olga Neuwirth, Klemens Renoldner, Karin Rocholl, Robert Schindel, Delf Schmidt, Eleonore Schön, Wilfried Schulz, Susanne Sohn, Christl Squires, Nicolas Stemann, Nils Tabert, Rita Thiele, Hans Uhl, Reinhard Urbach, Jossi Wieler, Miriam Zobl.

Mit Auskünften oder bei der Beschaffung von Archiv-Material haben uns geholfen: Pia Janke (Elfriede Jelinek-Forschungszentrum), Günter Kaindlstorfer, Julia Kleindienst, Wolfgang Maderthaner, Juliane Mikoletzky, Wolfgang Paterno, Christine Riccabona, Martin Riegler, Franz Simanov, Susan Todd, Ann Victorin, Erika Wimmer. Elisabeth Spanlang hat uns ihre Interviews mit Elfriede und Ilona Jelinek zur Verfügung gestellt, Gerhard Eder hat das Material aus dem Keller geholt. In den Archiven, in denen wir recherchiert haben, stießen wir auf freundliche Unterstützung, besonders bedanken wollen wir uns bei den Mitarbeiterinnen und Mitarbeitern der Dokumentationsstelle für neuere österreichische Literatur.

Die Kollegen vom Deutschen Theater zeigten viel Toleranz, Annabel Wahba und Stephan Lebert haben uns ermutigt. Niki Dietrich, Lisi Gräf, Margarethe Szeless und Wolfgang Kralicek waren wie immer für uns da.

werkregister

● personenregister

• bildnachweis